叢書　震災と社会

南海トラフ巨大地震　歴史・科学・社会

社会と震災叢書

南海トラフ巨大地震

歴史・科学・社会

石橋克彦

岩波書店

はじめに

　２００５年2月23日の第１６２回国会衆議院予算委員会公聴会で、私は、「迫り来る大地震活動期は未曽有の国難――技術的防災から国土政策・社会経済システムの根本的変革へ」と題する公述をおこなった[1]。約30分の短時間だったが、日本列島が大地震活動期に入っていること、今世紀半ば頃までにほぼ確実に発生すると考えられる東海・南海地震は「広域複合大震災」をもたらすこと、東海地震によって中部電力浜岡原子力発電所（静岡県御前崎市）が大事故を起こせば、１９９７年以来私が警告している「原発震災[2]」が現出して首都喪失も生じかねないこと、原発震災のリスクは全国にあることなどを述べた。原発震災というのは、地震で原発事故が起こり、放射能災害と通常の震災が複合・増幅しあう破局的災害のことである。私は、これらの大災害は技術的な地震防災対策では乗り切れないだろうから、自然の摂理に逆らわない暮らし方や社会のあり方と、地震と共存する文化の確立が必要であることを訴えた。

　ところが、その6年後の２０１１年3月11日、マグニチュード9・0の平成23年東北地方太平洋沖地震によって東日本大震災が発生し、東京電力福島第一原子力発電所が過酷事故を起こして、現実に広域複合大震災と原発震災が起きてしまった。被害は岩手・宮城・福島３県を中心に東北～関東地方のほぼ全域、さらには北海道や西日本にも及び、２万１５００人近い命が奪われた[3]。現在も震災は深く重く続いており、原発事故の被害者はもとより、地震・津波の被災者がいつになったら平穏な生活を取り戻せるのか、見通しがまったく立っていない。

ここで、「震災」というのは、人間社会が激しい地震の揺れや大津波に襲われたときに生じる災害（社会現象）であって、「地震（自然現象）の大きいのが震災」ではないことに注意しよう。地震は、日本列島では少なくとも数十万年前から同じように発生しているが、震災は人々がこの島国に集住するようになって生じはじめ、社会の発展とともに大規模・複雑・深刻化してきたのである。だが、地震は止められないが震災は私たちの智慧で軽減できる！

東日本大震災によって、駿河湾～四国沖で発生する南海トラフ巨大地震とそれによる「西日本大震災」が、あらためて現実的課題になった。東海・東南海・南海地震については以前から中央防災会議のもとで地震対策が進められていたが、過去のくり返し発生が確認される地震だけにもとづいていた。ところが3・11東北沖地震は同様の手法による予測をはるかに超え、想定を超絶する災害をもたらしたから、南海トラフについても再検討が急務となった。

２０１２年8月と２０１３年3月に発表された内閣府と中央防災会議の検討結果は、可能性は低いものの、最大級の南海トラフ巨大地震はマグニチュード9・1で、震度7の揺れが静岡県から宮崎県までの10県に及び、高さ20ｍ以上の津波が7県と伊豆諸島を襲って、風の強い冬の深夜だった場合、津波で23万人など合計32万人余の死者を生じるというものであった。建物の全壊・焼失は最大約２３９万棟で、経済的損失は最大で２２０兆円にのぼるという。

予想被災地の方々はもちろん、多くの国民がこれらの数字にショックを受けたことだろう。なかには絶望感を抱いた海辺の住民もいるかもしれない。しかし、この想定の根拠もふくめて南海トラフ巨大地震の実体を正しく理解し、命を守り、日本列島の上での生き甲斐のある暮らしを持続するために、希望を失わずに適切な対応に全力をあげなければならない。

「叢書　震災と社会」の1冊として「南海トラフ巨大地震」をテーマとする本書は、まず第1章で歴史上の南海トラフ巨大地震をかなり詳しく振り返る。一般向けの解説では説明が簡単すぎたり、間違っていたりするからである。もとより古い地震はよくわからない点が多いし、過去少なくとも数十万年間の活動史のなかのわずか1400年たらずの記録にとらわれるのはよくないが、歴史的事実を正確に知ることが地震対策の出発点になるだろう。本章で初めて通説の誤りを正す点もいくつかある。

第2章では、南海トラフ巨大地震の正体を理解するための科学を説明する。ただし、まだ解明されていないことが少なからずある。じつは、この巨大地震がなぜ起こるのかもその一つだと私は思っており、それについて私の考えを紹介する。それによれば南海トラフ巨大地震と内陸の大地震の連関が重要になる。このことは、過去の事例と同様に、将来の南海トラフ地震の前後に複数の内陸大地震が発生する可能性を示唆する。つまり、南海トラフ巨大地震しか考えない対策では大きな「想定外」が生じかねない。なお、いつ発生するかは残念ながら今の科学ではわからない。しかし、数十年以内には起きると思っていたほうがよいだろう。

第3章は「どう備えるか」だが、ハウツー的な地震対策にはほとんど触れない。南海トラフ巨大地震と複数の内陸大地震（ことによると首都直下地震も）が連鎖する「超広域大震災の時代」に対処する最大の目標は、人命の損失を最小限に抑えることは当然として、被災者がそれぞれの土地で1日も早く平穏な暮らしを取り戻すことだろう。しかし、「顔の見えない他者」に地球規模で無際限に依存することを良しとする現代日本の社会は、震災から各地域が自立的に立ち直ることを非常に困難にしている。今からそのような社会経済構造を根本的に変革しておくことこそが唯一最善の地震対策なのではないか、そしてそれこそが平常時にも、大多数の国民が穏やかに暮らせることにつながるのではないか、そういったことを考えてみたい。

「あとがき」めいてしまうが、眼の障害などで執筆が大幅に遅れ、読者と出版社はじめ関係の方々に多大のご迷惑をおかけしたことをお詫びしたい。それとともに、もう少し調べたり推敲したりしたかったことが叶わず、内容が不十分なのが残念である。そんな状況で忍耐強く叱咤激励してくださり、本書を仕上げてくださった編集部の首藤英児氏に深く感謝したい。また貴重な図や写真を転載させていただいた方々にも御礼申し上げる。

かなり詳細な注をつけたが（とくに第1章、ただし網羅的ではない）、通読する際にいちいち参照する必要はないので、気にせずに読み進めていただきたい。なお、漢数字の年月日は明治五年以前の和暦である（29頁参照）。本文中の人名は敬称を省略させていただいた。

目次

第1章　南海トラフ巨大地震の歴史

1854 年安政東海地震で隆起した薩埵峠下の地震前（左）と現在（右）の様子
静岡市の由比と興津の間の薩埵峠の山裾は大きく隆起し，波打ち際が後退した．それまで磯道は「親知らず子知らず」といわれる難所で，東海道は山の上だったが，地震後は下に移設された．現在では，この隆起した海岸を国道 1 号線，東名高速道路，東海道本線が交差しながら通っている（左：安藤広重「由井　薩多嶺親しらす」〔竪絵東海道〕／右：©朝日新聞社）．

1　くり返し発生した巨大地震

南海トラフ巨大地震の舞台

島国の日本には「湾」と名のつくものが200以上あるが、ほとんどは水深100m以下、深くても200m程度である。そのなかで駿河湾、相模湾、富山湾の3つだけは特別で、1000m以上の水深をもち、**トラフ**（舟状海盆《しゅうじょうかいぼん》）と呼ばれる舟底状の細長い海底凹地が外洋から湾奥までくい込んでいる（図**1-1**）。

駿河湾（最深2500m）の中央を南北に走る**駿河トラフ**は、御前崎の沖合で西南西に向きを変え、名称も**南海トラフ**に変わって（最深約4900m）、九州南端の東沖まで続く（図**1-1**）。そこからは、いくつかの海底凹地を経て、ほぼ南西に延びる**南西諸島海溝**（琉球海溝）になる（図**2-3**参照）。**海溝**はトラフよりも狭くて深い溝状の凹地で、日本列島の東には**日本海溝**と**伊豆・小笠原海溝**が走っている。なお、**相模トラフ**が相模湾内から南東に延びて伊豆・小笠原海溝に達している。これらの海底地形の名称や位置は海上保安庁が標準化したものである[1]。

地球表面の岩石の層は**プレート**と呼ばれる何十枚かのブロックに分かれていて、それぞれが

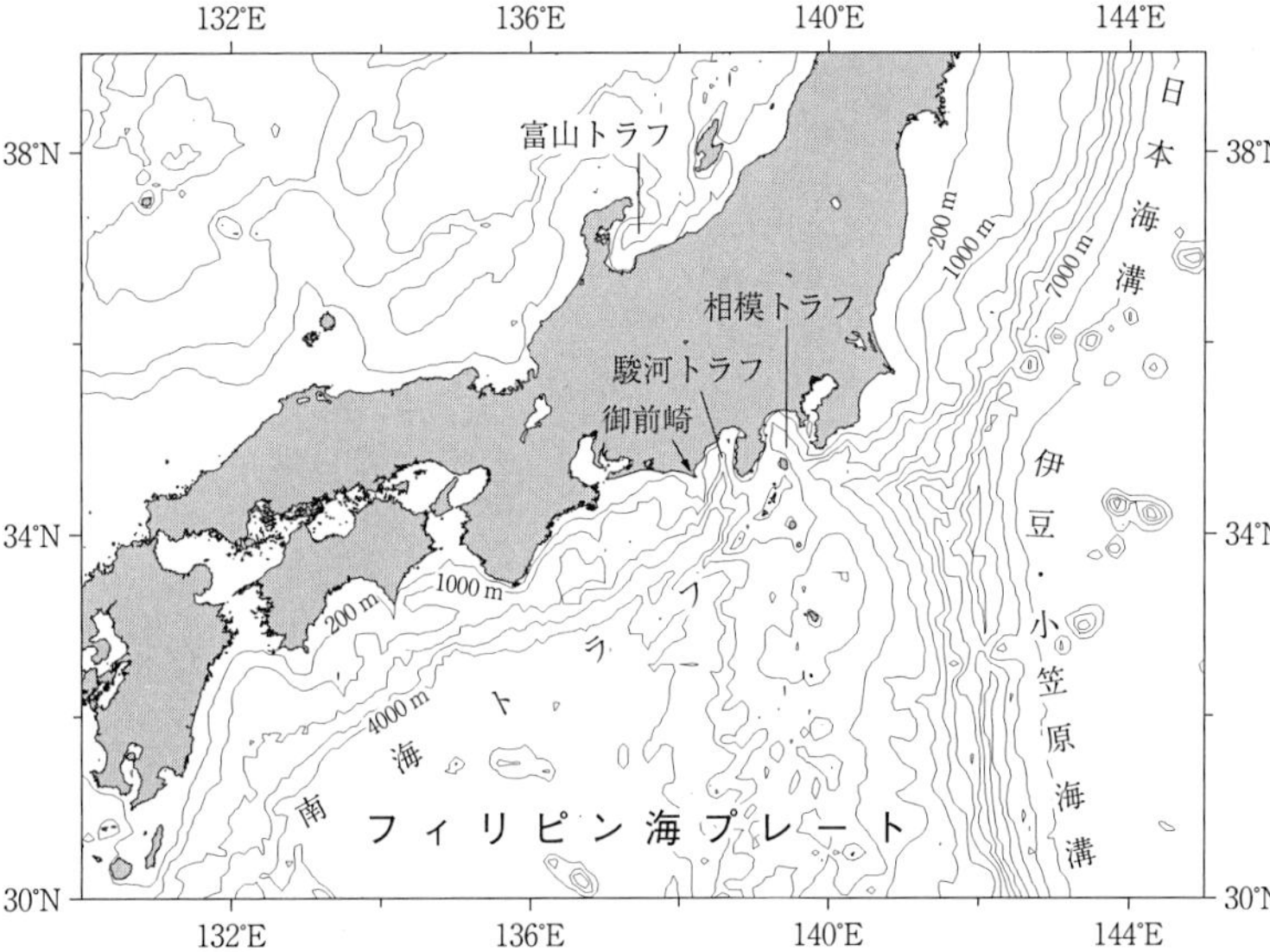

図 1-1　南海トラフを中心とした海底地形図．海域の曲線は，200 m および 1000 m ごとの等深線．

固有の向きと速さ（年間1～十数cm程度）でゆっくりと着実に動いており、2つのプレートの境界付近で地震や火山噴火が多発する。駿河～南海トラフと相模トラフより南、伊豆・小笠原海溝より西の太平洋の海底（伊豆半島を含む）は**フィリピン海プレート**と呼ばれ、駿河～南海トラフから、西南日本の陸のプレートの下へ北西向きに年間5cm前後の速さで無理やりもぐり込み、地球内部へ斜めに沈み込んでいる。プレートについては第2章で詳しく説明する。

　地震というのは、地下の岩盤が「せん断破壊」して地震波を放出する現象である。**地震波**は、岩石の振動が地球内部を猛スピードで伝わる波動で、地表に達すると地面の揺れ、すなわち**地震動**を生ずる。「せん断破壊」を本書では**ズレ破壊**と呼ぶが、それは、破壊面を生じつつ両側の岩石が互いに逆向きに急激にズレ動く(くい違う)ような破壊である。地震の本体は、その破壊面にほかならない。それを**震源断層面**と呼び、それが広がっている地下の領域(ときには対応する地表の領域)を**震源域**という。地震防災行政では「震源域」を「震源断層面」の意味で使うことがあるが、適切ではない。[2] なお本書では、正式ではないが、わかりやすくするために「ズレ」を原則として片仮名で書く。

少なくとも有史以来、駿河〜南海トラフの陸側の海底〜沿岸陸地の地下を震源域として、巨大な地震がくり返し発生してきた。それらを総称して**南海トラフ巨大地震**と呼んでいる。

南海トラフ巨大地震の特徴的な現象

南海トラフ巨大地震の震源断層面は、西南日本の陸のプレートとフィリピン海プレートの境界面だと考えられている。駿河〜南海トラフから西〜北西に緩く傾斜している広大なプレート境界面が、100〜200年ごとに大規模なズレ破壊を起こしたのである(**図1-2**)。

図1-2にあるように、従来は、駿河〜南海トラフの陸側一帯を、土佐沖(A)、紀伊水道沖(B)、熊野灘(C)、伊勢湾沖〜遠州灘西半(D)、遠州灘東半〜駿河湾(E)の5領域に分けて考えるのが一般的だった。[3] 大まかにいって、A〜B領域に震源域があると推定される場合を**南海地震**、C〜E領域に震源域があると考えられる場合を**東海地震**と呼んできた。最近は「東南海

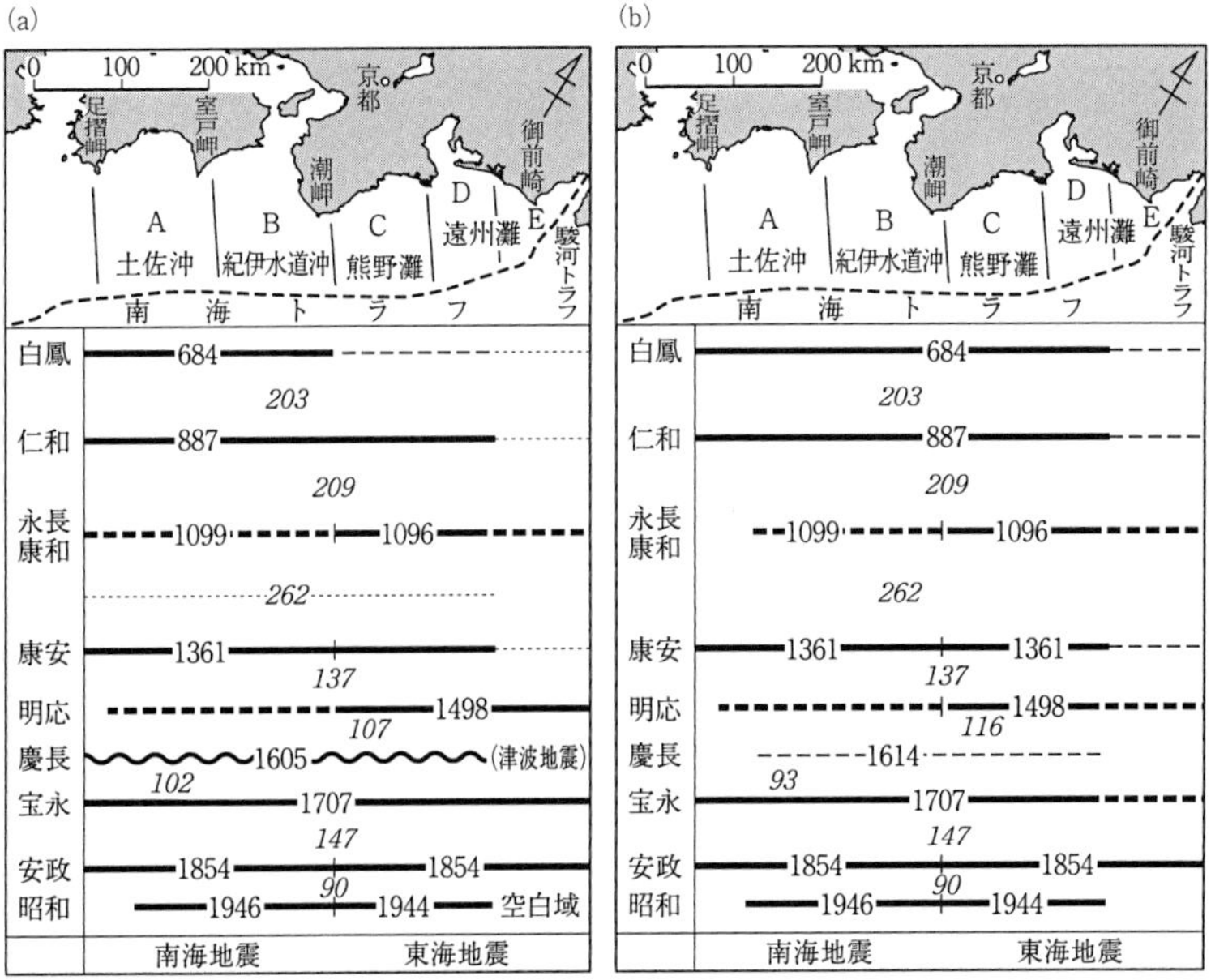

図 1-2 過去の南海トラフ巨大地震の震源域の広がり．太実線は確実，太破線は可能性が高い，細破線は可能性がある，点線は不明，を表す．立体の数字は発生年，斜体の数字は発生間隔．(a)は従来の見方で石橋(2002，注5の文献)にもとづく．(b)は本書で提示する新しい解釈(図2-22に再掲)．

地震」という言葉も聞くが、普遍的な地震名のように使うのは問題だと思うので、本書では1944年の地震の固有名称だけに用いる[4]。

A～E領域に震源域を割り当てるのはもともと近似だった。しかし最近は固定的に受けとめられて、反省や批判も生じている。そのあたりは第2章で述べるが、以下では便宜上図**1-2**を念頭に置きながら話を進める。なお、図**1-2**の(a)[5]は現在の定説に近いものである[6]。(b)は本書で最終的に提示する新しい見方だが、あらかじめ比較のために示しておく。

地震の規模は**マグニチュード**(以下「M」)で表す。それは要するにズレ破壊の規模だから、Mが大きくなるほど破壊面(震源断層面)が大きくなり、**震源時間**(ズレ破壊が完了するまでの時間)も長くなる。南海トラフ巨大地震はほとんどがM8以上で、震源断層面のトラフ沿いの長さは150〜700km、震源時間は1〜5分に達する。ズレ破壊の間じゅう地震波が放出されるので、Mが大きくなるほど各地の揺れは長く続く。地点ごとの揺れ(地震動)の強さを示すのが**震度**である。地震学ではM7・8程度以上を**巨大地震**と呼んできた。

南海トラフ巨大地震には4つほどの特徴的な現象がある。第一は伊豆半島あたりから九州までの**強震動**(強い地震動)である。歴史時代には奈良・京都・大坂などの長時間の強い揺れも目安となる。一般に大きな地震が起こると直後から大小無数の**余震**が続発するが(最初の大地震を**本震**という)、京都などで多数の余震を感じていたかどうかも重要である。

第二は、**地震時地殻変動**といわれるものの特徴的なパターンで、地震に伴って御前崎・潮岬・室戸岬・足摺岬などが隆起し、浜名湖北岸・伊勢湾沿岸・高知平野などが沈降する(例外もある)。海底も広範囲で大きく隆起・沈降するので、海水が上下に動揺し、それが**津波**となって海岸に押し寄せる。すなわち、伊豆半島から九州東岸までの大津波が第三の特徴となる。しばしば大阪湾にもかなりの規模の津波が押し寄せる。津波が発生した海上の領域を**津波波源域**と呼ぶが、それは海底の地殻変動の領域を反映し、地図上に描けば震源域にほぼ一致する。

第四の特徴として、紀伊半島の湯峯《ゆのみね》温泉（和歌山県田辺市本宮町《ほんぐうちょう》）と白浜温泉・湯崎《ゆざき》温泉（同県白浜町《しらはまちょう》）および四国の道後《どうご》温泉（松山市道後湯之町）の湧出停止があげられる。

これらの特徴は、過去の実例と地震発生メカニズムの研究から明らかになってきたのだが、逆に、歴史地震を検討する際の重要な判断材料になる。それぞれの特徴がどの範囲で現れたかなどによって、東海地震か南海地震かを区別したり、Ｍを推定したりすることができる。

以下では、過去の南海トラフ巨大地震で何が起きたのか、１つずつ確認していこう。研究史としては、最近の地震の地学的な意味づけが器械観測データにもとづいておこなわれ、その結果をふまえて昔の地震の地震像も見えてきたという流れがあるので、本章でも昭和の地震から話を始めて、古いほうにさかのぼることにする。[7] なお、いうまでもないが、この分野の研究は精力的に続けられており、以下はあくまでも現時点での私のまとめである。

これらの地震の概要は、宇佐美龍夫らの『日本被害地震総覧５９９−２０１２』[8]（以下「総覧」）のなかに述べられており、その簡略版として『理科年表』の「日本付近のおもな被害地震年代表」[9]（以下「理科年表」）がある。[10] また、『日本歴史災害事典』[11]（以下「災害史事典」）にも１４９８年以降の南海トラフ巨大地震が説明されている。以下では、オリジナルの文献や史料とともに、これらも断わりなく参照する。ただし、これら諸書には誤りもあるので注意を要する。

本章ではＭは総覧の値を用いるが、小数点以下の数字は目安だと思ったほうがよい。総覧も理科年表も、古い巨大地震についても震央（ズレ破壊の開始点（震源）の地表投影）の緯度・経度を与えている。しかし、震源域が広大な巨大地震の震央は地震計がなければ決まらず、古い地震では無意味であるうえに誤解を与えかねないので、本書では問題にしない。

2　昭和の南海トラフ巨大地震

1944年東南海地震

アジア・太平洋戦争の開戦からちょうど3年が経過し、日本の敗色が濃厚になっていた1944(昭和19)年12月7日、13時35分に熊野灘でM7・9の巨大地震が発生した。東北地方南部から大分県の一部までが震度3以上の揺れを感じ、三重県・愛知県・静岡県西部と周辺地域が震度5以上の激しい揺れに見舞われた[12](図1-3)。

ここで**震度**とは、前述のように、場所ごとの揺れ(地震動)の強さを表す尺度である。日本では気象庁(1956年6月以前は中央気象台)の震度階級[13]が使われているが、1996年4月に、人の体感・判断にもとづくものから計測震度(震度計による計測値)にもとづくものに変わった(ただし、震度階級として不変であるように計測震度が工夫されている)。1949年より前は震度7がなかったとか、1996年10月から震度5と6がそれぞれ弱と強に二分されたとかの変遷があるが、以下では原則として現行の震度階級(表1-1)に即して話を進める。

詳細な家屋の倒壊率調査によると、伊勢湾西岸と東海地方の沖積地には震度6(一部は7)の市町村が多数分布する。[15]これにたいして熊野灘沿岸の地震動はそれほど激しくなくて、震度4のところもあった。[16]ただし和歌山県新宮市は、観測所では震度4だが、地盤の影響で局地的に揺れが強く、全壊家屋100戸、死者6人の被害を生じた。敦賀市、福井市、甲府市が遠方なのに震度5で軽微な被害があり、諏訪市の軟弱地盤地帯が震度6で約20棟の全壊建物を出した。全般的に揺れ方は急激ではなく、緩慢だったという。

近世以前の南海トラフ巨大地震を調べる参考として京都の揺れが重要である。測候所（現、京都地方気象台）[17]の報告は震度4だが、次項で述べるように1946年南海地震よりは強く、震度5に近かったと思われる。奈良盆地の奈良、大和郡山、橿原なども震度5だった。

津波が伊豆半島から紀伊半島までを襲い、波の高さは伊豆の下田で2・5m、熊野灘沿岸で6〜8mに達した（総覧によれば尾鷲《おわせ》では8〜10m）。多少の津波は房総半島南部や宮崎県にも及んだが、駿河湾・遠州灘・伊勢湾の沿岸では1〜2mにとどまった（図1-3）。この津波は、ハワイや米国カリフォルニア州の検潮装置にも10cmほど記録された。[18]

被害は、死者・行方不明者1183人[19]、住家と非住家の全壊がともに1万7000棟以上（津波によるものを含む）、流失家屋約3200棟などという。[20]道路・鉄道・橋・堤防・港・船・農地などの被害も甚大だった。

愛知県では名古屋周辺の重工業地帯で圧死者が多かった。耐震性を無視した急造の飛行機製作所などで多数の学徒動員の中学生・女学生（旧制）が犠牲になった。[21]三重県の死者は熊野灘沿

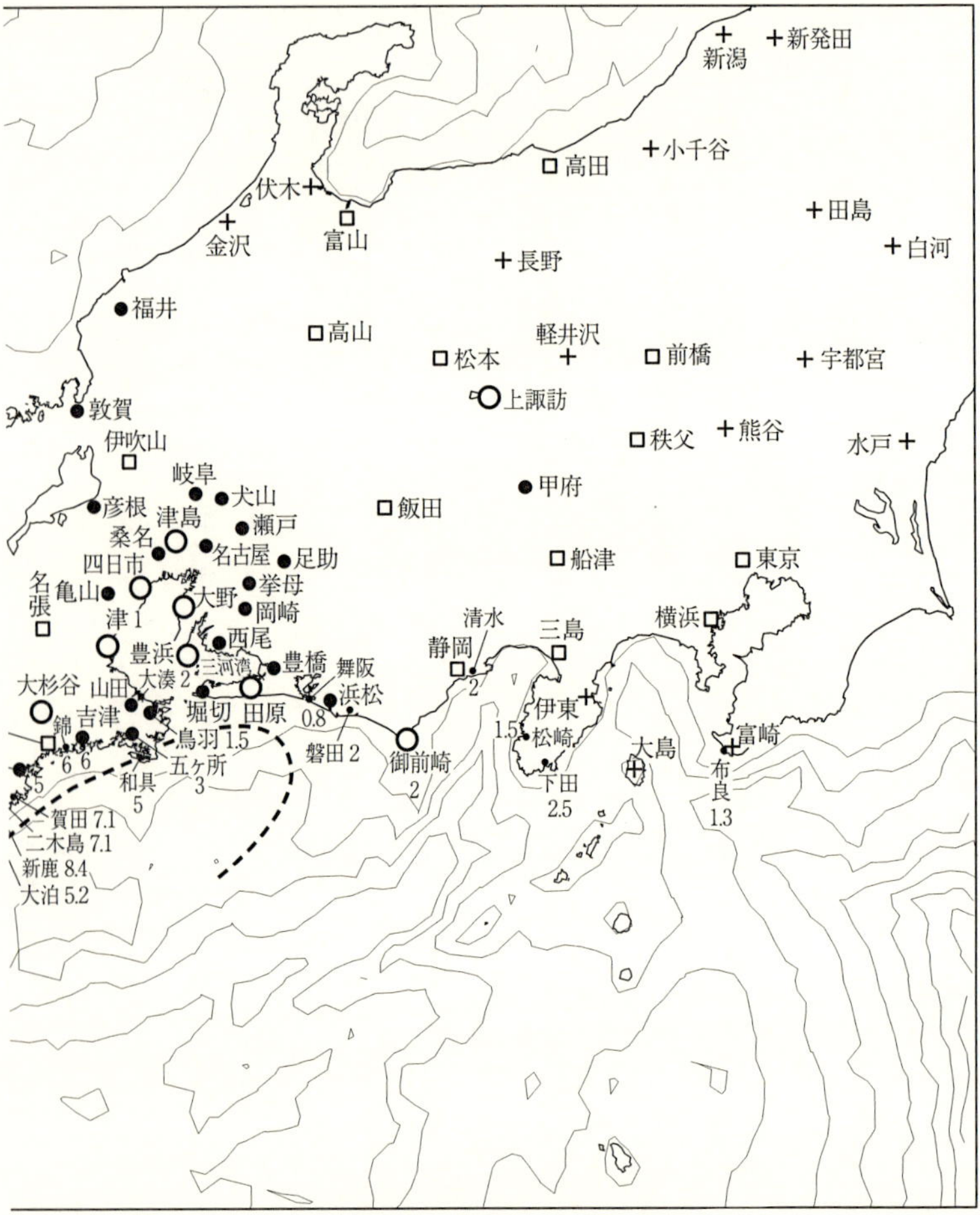

12 と 16 の文献)にもとづく．津波高(m)は羽鳥徳太郎(注 18 の文献)による(個々の地向をみるために示した)．海域の破線は羽鳥が推定した津波波源域．震度 4 以上の記号

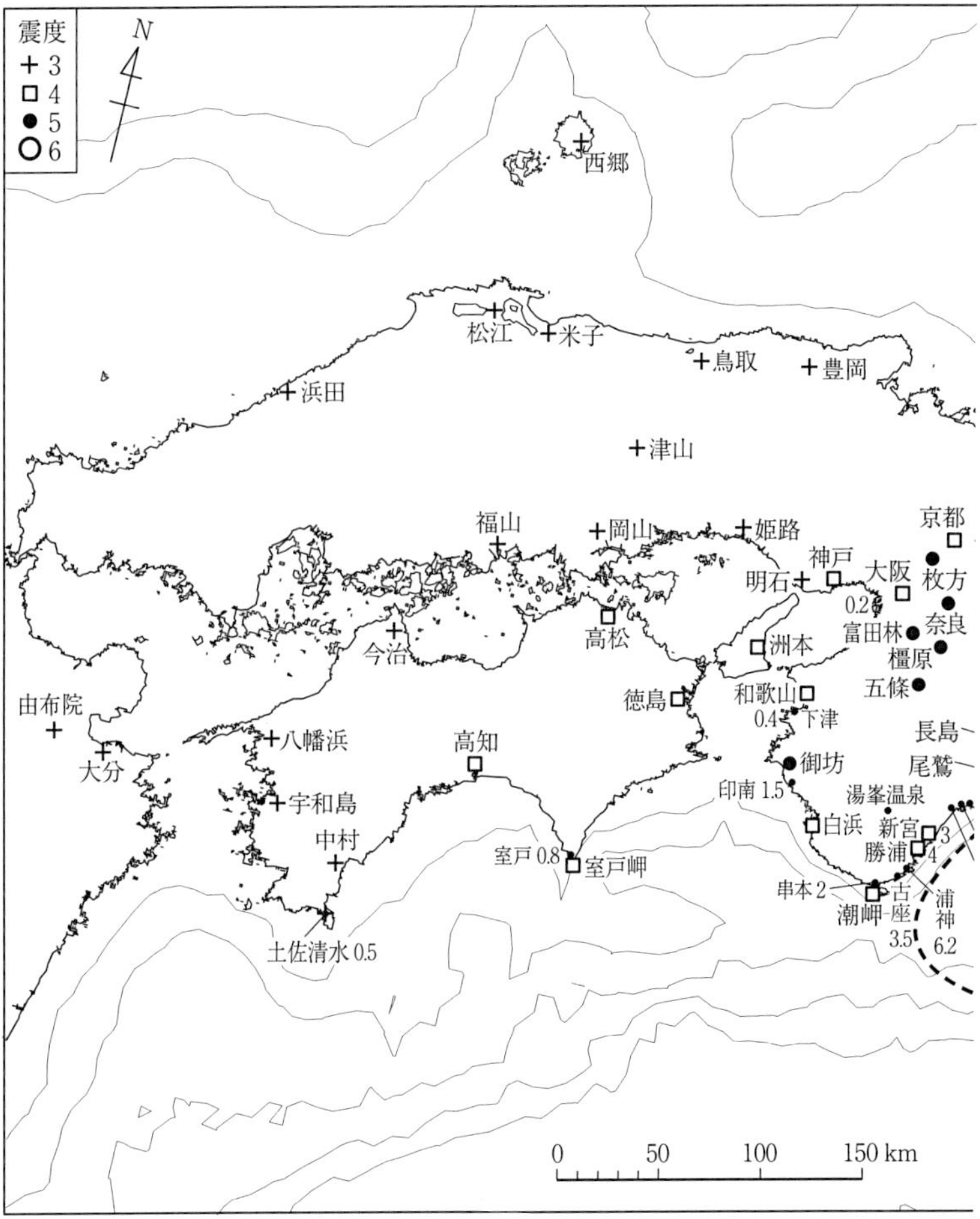

図 1-3　1944 年東南海地震による震度と津波高の分布の概要．震度は中央気象台(注
点については別の研究者・研究機関などによる違う値もあるが，あくまでも全体の傾
は総覧(注 8)に合わせた．

度階級の概要

B．宇佐美龍夫の「歴史地震のための震度表」[3]の一部			
墓石・石灯籠など	家屋・建具	土蔵・石垣	城
	戸・障子がわずかに振動する		
	建物が揺れ，天井・床きしむ．戸・障子が音を立てて振動．壁土の落下あり		
不安定な石灯籠に倒れやずれが生じる	まれに破損する家あり．壁土少し落下．障子の破れあり	土蔵の鉢巻・瓦・壁の落下あり．孕み出す石垣あり	櫓・多門などの壁の剝落，塀の破損あり
石灯籠かなり倒れる．墓石の回転・ずれが生じ，一部倒れる	家かなり破損，傾くものあり．瓦の落下あり．壁土かなり落下．土台のずれわずかに生じる	土蔵の鉢巻・壁などの破損少しあり．破損する石垣もある	櫓・多門などの破損や，塀の転倒がでてくる
ほとんど倒れる．鳥居はかなり破損する	家かなり破損，倒れるものあり．土台のずれ多し．壁土かなり落下．瓦ほとんどずれ，かなり落下	土蔵の鉢巻・壁などの破損多くなる．かなりの石垣が孕み，破損する．崩れるものもあり	多くの櫓・多門が破損する
	かなり多くの家が倒れる．土台はほとんどずれる．瓦ほとんど落下．戸・障子ふきとぶ	ほとんどの土蔵に破損を生じ，倒れるものもある．多くの石垣が破損し，崩れるものも少しある	櫓・多門で倒れるものが少しある
	ほとんどの家が倒れる	かなりの土蔵が倒れる．かなりの石垣が崩れる	天守閣にも被害が生じ，崩れるものもある

まで同様)．2)巻末注の 13．3)巻末注の 14 の第 4 表，江戸時代を念頭に置いた試案だというが，
いように注意しつつ簡略化した(「～あり」という表現は「～すること(もの)がある」というよう

表1-1　気象庁震

震度階級	計測震度1)	A．気象庁震度階級の解説2)の概略		
		揺れの体感・人の行動 屋内の状況	屋外・建物の状況	地盤・斜面等の状況
0	0.5未満	揺れを感じない		
1	0.5以上	屋内で静止中に，わずかに感じる人あり		
2	1.5以上	屋内で静止中の人の大半が感じる．つり下げ物がわずかに揺れる		
3	2.5以上	屋内の人のほとんどが感じる．歩行中に気づく人あり．食器類が音を立てることあり	電線が少し揺れる	
4	3.5以上	ほとんどの人が驚く．つり下げ物は大きく揺れ，倒れる置物あり	電線が大きく揺れる．自動車運転中に揺れに気づく人がいる	
5弱	4.5以上	大半の人が恐怖を覚え物につかまりたいと感じる．棚の物の落下，家具の移動，不安定な物の転倒あり	まれに窓ガラスが割れて落ちる．電柱の揺れがわかる．道路被害の発生あり．耐震性の低い木造建物の壁などに軽微なひび割れ・亀裂の発生あり	亀裂や液状化が生じることがある．落石や崖崩れが発生することがある
5強	5.0以上	物につかまらないと歩行が困難．棚の物の落下が増える．固定してない家具の転倒あり	弱いブロック塀の崩壊，不安定な自販機の転倒あり．自動車の運転が困難となる．耐震性の低い木造建物の壁などにひび割れ・亀裂の発生あり	
6弱	5.5以上	立っていることが困難．固定してない家具の大半が移動，倒れるものあり．ドアが開かなくなることあり	壁タイル・窓ガラスの破損・落下あり．耐震性の低い木造建物に瓦の落下・傾き・倒壊あり．丈夫な鉄筋コンクリート造建物でも，部材にひび割れ・亀裂の入るものあり	地割れや崖崩れ・地すべりが発生することがある
6強	6.0以上	立っていられず，はわないと動けない．揺れに翻弄され飛ばされることもある．固定してない家具のほとんどが移動，転倒も増える	弱い木造建物は傾くもの倒れるものが増える．鉄筋コンクリート造も，弱い建物は倒壊あり，丈夫な建物も亀裂が増える	大きな地割れの発生あり．崖崩れ多発，大規模地すべりや山体崩壊あり
7	6.5以上		耐震性の低い木造建物・鉄筋コンクリート造建物の倒壊が増える．丈夫な建物も亀裂などが増え，まれに傾くものがある	

1)注2の文献を参照．なお震度1にたいしては「0.5以上1.5未満」と書くべきだが略記した(震度6強
歴史地震の震度判定の参考として掲げる．AもBも項目をかなり省略し，説明文も，内容を損なわな
な意味である)．

岸に集中しており、ほとんどが津波による。地震後5～15分の第1波以降、5、6回津波が押し寄せ、最初は避難できたのに、自宅に戻って第2波で遭難した人がいたという。和歌山県でもかなりの津波被害があった。静岡県では、県西部の太田川と菊川の中下流域の軟弱地盤の集落(現在の磐田・袋井・掛川・菊川の市内)が震度7の揺れで大きな被害を出した。清水の巴川《ともえがわ》下流域(現、静岡市)でも被害が多かった。下田では津波による浸水や船の損失があった。

地震に伴う地殻変動として、三河湾・伊勢湾沿岸全域～紀伊半島東岸が20～35㎝程度沈降し、天竜川河口付近を中心とする領域が最高15㎝程度ドーム状に隆起した[22]。御前崎はほとんど変動しなかった。羽鳥《はとり》徳太郎が推定した津波波源域は、**図1-3**のように熊野灘全域～遠州灘西部である[23]。本震後24時間以内の余震はおもに熊野灘～天竜川河口付近で発生した[24]。以上を総合すると、本地震の震源域はほぼ**図1-3**の津波波源域の範囲だったと考えられる。

最近の調査によると、和歌山県の湯峯温泉(7頁)の湧出が停止もしくは減少した[25]。この温泉は昔の地震でも何度か止まっている。総覧は、1498年明応地震の項で「湯の峰温泉の湧出停止は南海地震の特徴であると考えたい」と述べているが、理論的考察によっても[26]、本地震のように熊野灘を震源域に含む東海地震の特徴と考えたほうがよさそうである。

本地震の地震動と津波は、後述の1854年安政東海地震に比べて明らかに小規模で、とくに東海地方東部(駿河湾沿岸地域)ではっきりしている。このようなことから、中央気象台はこの地震を「東南海大地震」と呼んだ。

航空戦力が潰滅に瀕していたなかで、1機でも多くと生産に励んでいた軍需工場がこの地震で大打撃を受けた。そういう事実を国民と外国から隠すために、地震情報は極秘扱いにされた。翌日(3回目の開戦記念日)の新聞でも、戦意高揚の紙面の隅で簡単に報じられただけである。このような情報統制や敗戦時の資料の廃棄のために、被害の正確な数字がいまだに完全にはわかっていない。しかし、強烈な地震波は地球内部を駆けめぐって世界中の地震計に記録されたから、本州付近で巨大地震が発生したことは連合国側に直ちに知られた。翌日の「ニューヨークタイムズ」紙は、大きな被害が生じた可能性を伝えている[27]。

広義の余震活動が伊豆大島方面でも起こった[28]。9日未明には伊豆半島南東沖でM6・3の地震が発生し、周辺で地震が多発した。静岡県中部や中部〜近畿地方の内陸部でも地震が増えた。これらの活動が東南海地震によって活発化したことは間違いないだろう。

そして本震の37日後、1945(昭和20)年1月13日3時38分、M6・8の三河地震が発生し、前年の震災地のなかの狭い範囲(三河湾北岸)で約2300人の死者を生じた。本震前年の1943年9月10日の鳥取地震(M7・2、死者1083人、鳥取市中心部が潰滅)を含めて、敗戦間際の日本を、死者1000人以上の大地震が3年連続で襲ったことになる。いっぽうで、激震地の名古屋・半田・四日市などは米軍の空襲にも晒され、地震をはるかに超える死者(名古屋で7858人など)を生じたことも忘れられない。

東南海地震と三河地震について、中央防災会議の「災害教訓の継承に関する専門調査会」が、貴重な体験談を含めて詳細に報告している。[29] この報告は、諏訪の住民が報道管制のために40年近く、地震被害を「諏訪地震」によるものと信じ込まされていたと述べている。[30] しかし1944年12月8日の朝日新聞東京本社版は、「昨日の地震　震源地は遠州灘」という見出しの70行の記事のなかで諏訪の被害も記しており（過小だが）、この記事に関するかぎり、ことさら遠州灘の大地震から切り離す意図があるようにはみえない。

「巨大地震学」を打ち立てつつあった金森博雄は、1970年代初期に、1944年東南海地震と1946年南海地震について、世界中の地震計データを解析して**震源断層モデル**（対象とする地震のズレ破壊の具体像を定量的に示したもの、第2章参照）を与え、フィリピン海プレートが南海トラフから西日本の下に沈み込んでいるために発生した**プレート間地震**（第2章参照）であることをはじめて明らかにした。[31]

◉コラム　今村明恒の慧眼

南海トラフ巨大地震を考えるとき、明治から昭和の敗戦直後まで震災予防に邁進した地震学者・今村明恒《あきつね》（1870〜1948、**写真**）の慧眼と情熱を忘れることができない。

彼は、明治〜昭和の4つの巨大地震に直接深くかかわった。1891（明治24）年、帝国大学理科大学（現在の東京大学理学部、ほかの帝大は未設）物理学科1年のときに濃尾地震（M8・0）の現地調査を頼まれて地震学に志し、陸軍の数学教官で生計を立てながら無給の東京帝大助教授を務めること二十数年。この間、50年以内の東京大震災の警鐘が「大森・今村論争」をひき起こす。警告の主旨は、焼死者10万以上とも予想される地震火災予防の訴えだったが、間の悪い出来事が重なって社会不安が生じ、大森房吉教授に激しく非難されて社会の反感を買った（例えば、拙著『大地動乱の時代』[32]）。

だが、それから12年目の大正関東地震（1923年、M7・9）で警告どおりの惨状を目の当たりにし、外遊中の大森に代わって事後処理の中心になる。この年、急遽帰国した大森の病没ののち53歳で教授になり、研究と啓発にいっそう活躍して「地震博士」と親しまれた。

その後今村は、歴史地震と地殻変動の研究から南海地震の発生を強く懸念するようになった。1933年の「南海道沖大地震の謎」と題する論文[33]では、かつての警告が潰されて役立たなかった無念を記し、「此一文には同じ運命を辿らせたくない」と、とくに為政者に向けて語っている。そのなかで、現代のプレートテクトニクスによる地震発生論を先取りしたような説明をしつつ[34]、当時の地震学のレベルでは大地震が再来するとは断定できないが、実際問題としては最悪の場合を仮定して震災の予防・軽減に当たるべきだと力説している。

提供：国立科学博物館

いっぽう彼は、南海地震の発生機構の解明と前兆現象検出を目的とした壮大な観測網を計画する。しかし予算が得られず、私財を投じ、家族を動員し、篤志家の助力を得て南海地動観測網を展開した（東京大学地震研究所和歌山地震観測所の前身）。1944年に東南海地震が発生したときには、彼が陸軍陸地測量部に依頼した精密水準測量がまさに実測中であり、貴重な先行現象が検出された。

今村は、この地震の発生後、いよいよ南海地震が近いと考えたが、戦禍による機器の焼失や資材不足と、昔の陸軍教授の職歴のための戦後の恩給停止による困窮とで、観測の継続が不可能になった。それでも、1946年12月13日、高知県室戸町(現、室戸市)の前町長宛に「大地震が起こるかもしれない。検潮器(海面の昇降を連続記録する装置。地盤の昇降がわかる)を至急修理して観測頼む」と依頼する。しかし書信は配達に8日を要し、先方に届いたのは南海地震発生の数時間後であった。その当日、東京でラジオの地震ニュースに耳を澄ました今村は、「ああ18年の苦心が水の泡になった」と長歎息したという[35]。1948年元日払暁、病の床で失意のうちに死去、行年77歳であった。

今村の膨大な研究結果には現在からみれば誤りもあり、議論の進め方に批判もある[36]。しかし、震災軽減にたいする情熱と考え方は、いまなお学ぶべき点が少なくない[37]。

1946年昭和南海地震

1945(昭和20)年8月に戦争が終わった。原爆で壊滅した広島・長崎をはじめとして、全国の多くの都市が米軍の無差別絨毯《じゅうたん》爆撃によって焼け野原になっていた。同年9月17〜18日には枕崎《まくらざき》台風が、10月9〜13日には阿久根《あくね》台風が襲来し、前者は広島県を中心に死者・行方不明者3756人、後者は兵庫県などで同451人を生じた。

翌1946（昭和21）年12月21日4時19分、またしてもM8・0の巨大地震が今度は西日本を襲った。揺れは東北地方南部から九州全域まで感じられ、紀伊半島、四国南半、瀬戸内海沿岸、大分県、東海地方などが震度5ないしそれ以上となった[38]（図1-4）。

ふたたび大津波が発生し、房総半島から九州南部にまで及んだ。とくに、潮岬以西の紀伊半島南部、徳島県南部、足摺岬までの高知県では波高が3〜6mに達した（図1-4）。今回もまた、ハワイとカリフォルニア州の検潮装置に10cm程度の津波が記録された。

さらに、地震に伴う顕著な地殻変動が生じた。紀伊半島と室戸半島が南上がりの傾動を示し、先端の潮岬と室戸岬が、それぞれ0・7m、1・3mほど隆起した。足摺岬付近も0・6〜0・8m隆起し、その痕跡を残した唐船島《とうせんじま》（土佐清水市）が国の天然記念物に指定されている。いっぽう、高知市と須崎町《すさき》（現、須崎市）は1・2m沈降し、高知市で9・3km²、須崎町で3km²が海水に浸かった。足摺岬北西方の宿毛町《すくも》（現、宿毛市）も沈降して3km²が冠水した。紀伊水道南部の両岸や四国北東部の瀬戸内海沿岸も若干沈降した。

『万葉集』や『日本書紀』にも現れる道後温泉（7頁）では、この地震によって4つの源泉の水位が約14m低下して自噴を停止し、約3カ月後に回復した[39]。和歌山県白浜町でも、四十数カ所の温泉のうち湯崎温泉と白浜温泉（7頁）の8泉が湧出停止した[40]。なお、湯峯温泉の湧出も停止ないし激減したといわれるが[41]、前項に記したように東南海地震によるもので、本地震に関しては不明だという。井水の上昇や下降も各地で生じた。

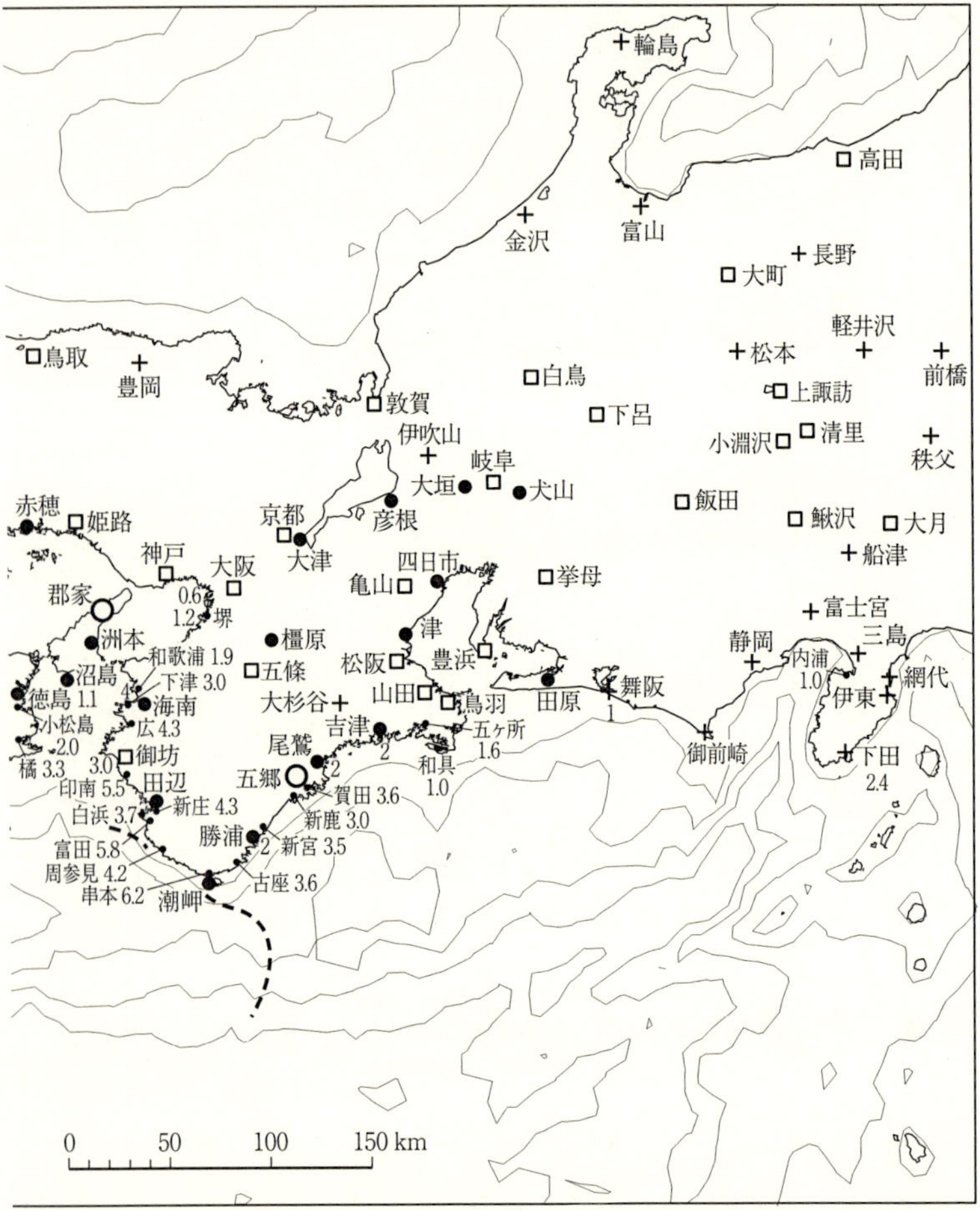

の文献)にもとづく．津波高(m)は羽鳥徳太郎(注 18 の文献)による(個々の地点につい
ために示した)．海域の破線は羽鳥が推定した津波波源域．震度 4 以上の記号は総覧

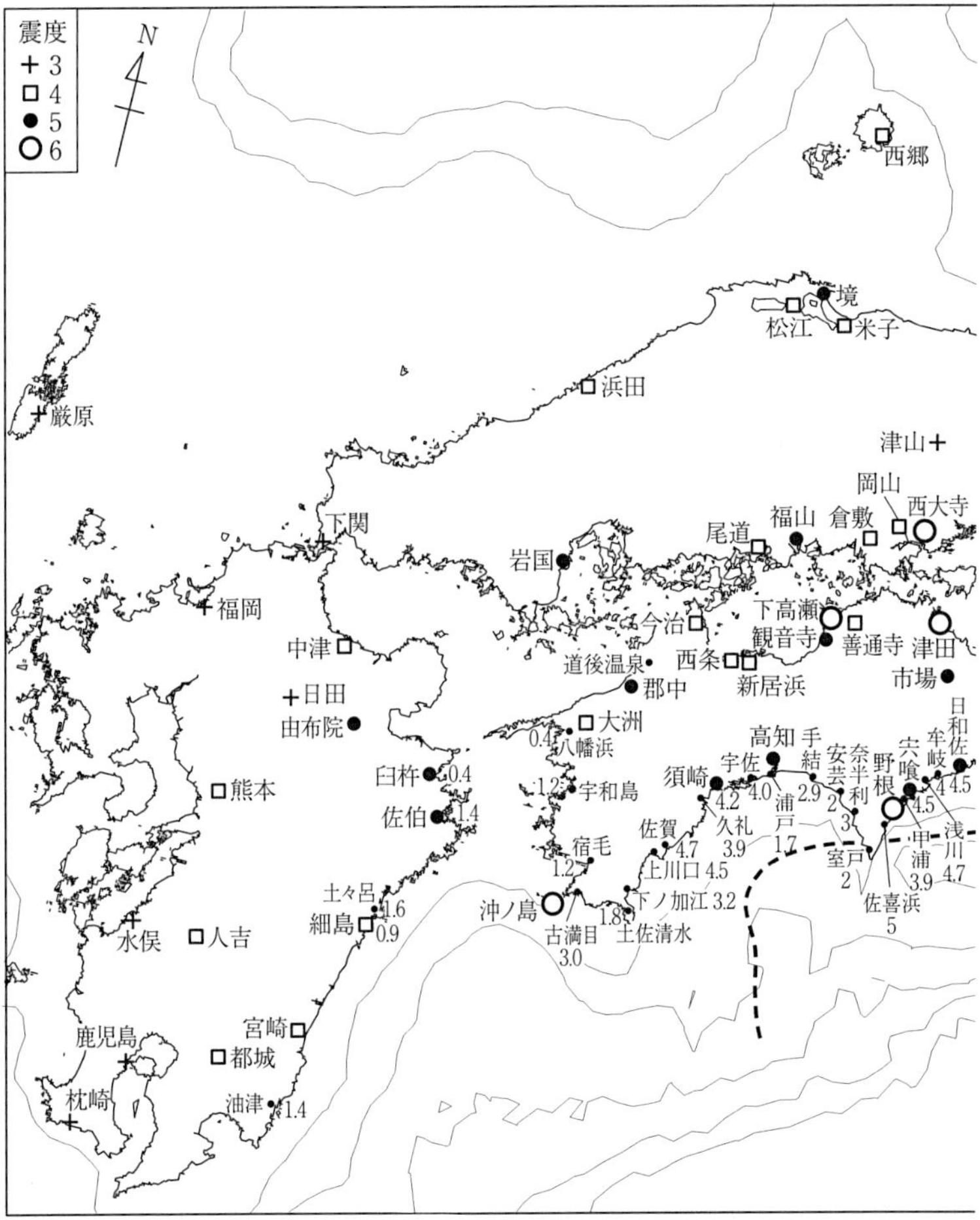

図 1-4　1946 年南海地震による震度と津波高の分布の概要．震度は中央気象台(注 38
ては別の研究者・研究機関などによる違う値もあるが，あくまでも全体の傾向をみる
(注 8)に合わせた．

この地震・津波による被害は中部地方から九州までの25府県に及び、死者・行方不明者1443人（高知県679人、和歌山県269人、徳島県211人、香川・岡山・兵庫県で各50人以上など）、建物全壊1万1661棟（高知県4855棟、和歌山県969棟、徳島県1377棟など）、家屋流失1451棟などとされている。ただし、前述のように被災地の多くが戦災による焦土にバラックが建っている有様だったから、損壊建物の数字にあまり意味があるとは思えない。道路・鉄道・橋・堤防・港・船・農地などにも甚大な被害が及んだ。

高知市は空襲で1万2000戸近くの焼失と438人以上の死者を生じていたが、地震で1000戸以上が倒壊し231人が死亡した。津波は高くなかったが、地盤沈下と堤防決壊で広範な市域が水没した（第3章扉写真）。100日ほどで40cm以上の沈下回復があり、また必死の復旧作業によって翌年1月中旬には排水がほぼ完了したが、後遺症は長く尾を引き、戦災復興に痛手を与えた[42]。土佐の小京都といわれる中村町（現、四万十《しまんと》市中心部）は、四万十川の沖積平野で地盤が悪く、約2300戸中1600余戸が全壊、さらに火災で60余戸が焼失し、約270人の死者を出した。県道の四万十川橋は鉄橋部分8スパンのうち6スパンが落ちた。

和歌山県新宮市は1944年の東南海地震に続いて1945年の空襲と艦砲射撃でも被害を受けていたが、本地震で三たび、死者58人、全壊600戸、全焼約2400戸の大被害をこうむった。太平洋側ばかりでなく、徳島県の吉野川流域、瀬戸内海の南北両岸、大阪府、岐阜県、大分県などの沖積地でも相当の震害があった。かなり遠い島根県の出雲平野（簸川《ひかわ》平野、現在は全域が出雲市）でも、家屋全壊70棟、死者9人などの被害を生じた㊸。

津波は襲来が早く（早いところは地震後5〜10分）、多くの場所に共通する特徴として、①最初は静かで流速が小、②大波は3〜4回で第2波や第3波が最大、③第1波の前に退潮があったらしい、といわれている。波高は歴史地震に比べて全般に低かったが、本地震としては地震動以上の猛威をふるった。和歌山県の新庄村（現、田辺市内）や周参見町《すさみちょう》（現、すさみ町）、徳島県の浅川村《あさかわそん》（現、海陽町）や牟岐町《むぎちょう》、高知県の須崎町、新宇佐町（現、土佐市）などでとくに大きな被害があった。貯木場の木材が流出して凶器になったりもした。

推定された津波波源域㊹は図1‑4のように那智勝浦の沖から高知市の沖まで広がっている。おおまかには、これが震源域を示しているだろう。中央気象台は「南海道地震」と呼んだが、現在は「（昭和）南海地震」といわれている。

京都の震度は1944年東南海地震と同じ4とされているが、京都地方気象台の地震計（2倍強震計）の記録を比べると、1944年が振り切れているのにたいして本地震ではスケール内に収まっており、1944年東南海地震による震度のほうが0・5程度大きかっただろうという指摘がある㊺。これは、震源域での地震波の強さの差というよりは、熊野灘の震源域のほうが南海地震のそれよりもやや京都に近いことなどによる一般的傾向ではないかと思われる。古い南海トラフ巨大地震を調べるときに参考にすべきだろう。

震源域内の余震のほかに、やや北方の四国東部〜紀伊水道周辺でも地震が多発し、さらに、本震前は静穏だった近畿、山陰、九州中部の地震活動も活発化した[46]。九州の地震は、金峰山《きんぽうざん》（熊本市西部）や九重山《くじゅうさん》（大分県西部）に関係する（広義の）火山性地震だったかもしれない。1948（昭和23）年6月15日の田辺市付近の地震（M6・7）では死者2人、家屋倒壊60棟などの被害が出た。そして同月28日、約3800人の死者を生じた福井地震（M7・1）が発生する。東南海地震と南海地震のあとの内陸の広域的な地震活動の活発化は、第2章4節で述べるアムールプレートの運動と関係しているかもしれない。

本地震は、敗戦の痛手から立ち直ろうとしている西日本に甚大な被害をもたらしたものではあったが、次節以降でみる1854年安政南海地震や1707年宝永地震に比べれば、各地の地震動も津波も明らかに弱く、地震そのものの規模が小さかったといえる。

3　幕末の南海トラフ巨大地震

地震史料と歴史地震学

本節から近世以前の南海トラフ巨大地震を見ていくが、まず研究手法を説明しておこう。日本では、太陽暦が採用されて器械的地震観測が始まった1872（明治5）年あたりまでの地震を一般に**歴史地震**と呼んでいる（昭和南海地震くらいまでも今や歴史地震といえなくはないが）。主として地震史料によって歴史地震を研究する分野が**歴史地震学**である。

地震史料というのは、地震記事を含んだ歴史記録（文献史料）のことで、[47] 古記録、古典籍、古《こ》文書《もんじょ》、古地図、金石文《きんせきぶん》、棟札《むなふだ》、寺院の過去帳などからなる。[48] ただし、口碑・伝承も無視できないし、次項で述べる物的証拠ももちろん重要である。

明治の初期以来地震史料の収集・刊行がおこなわれ、武者金吉《むしゃきんきち》の超人的努力による『増訂大日本地震史料』３巻（１９４１、43年）と『日本地震史料』（１９５１年）に結実した。[49] この４冊は**武者史料**と通称されて、現在も歴史地震研究の根本資料になっている。それは、古代から慶応三（おおむね１８６７）年までの地震、火山噴火、関連現象を年代順に並べ、事象ごとに**綱文**《こうぶん》（概要）・史料名・活字化された史料原文を掲げる。このスタイルは、日本史の根本史料集である『大日本史料』（東京大学史料編纂所が１９０１年以来刊行中）に倣ったものである。

１９７０年代からは、東京大学地震研究所の宇佐美龍夫を中心に全国的な地震史料収集が精力的に進められた。その結果、歴史学と地方史研究の進展のおかげもあって、膨大な新史料が『新収日本地震史料』21冊（以下「**新収史料**」）として刊行された。[50] 宇佐美はその後も『日本の歴史地震史料」拾遺』８冊（以下「**史料拾遺**」、非売品）をまとめている。全国には地震史料がまだ埋もれているだろうが、現在知られている限りのものは以上の33冊中に活字化され、世界にも類をみない歴史地震研究のデータ集をなしている。[51]

地震学的にみれば、地震史料集は、最近約１００年間にすぎない近代地震学の10倍以上の長期間にわたる地震観測データであり、それを用いた歴史地震学は「昔の地震の観測」だといえる。地震史料集を現代地震学の最新知見に照らしてくり返し読み込むことは、地震現象に関する新たな発見をもたらす可能性を秘めている。いっぽうで地震史料集は、災害科学、環境学、歴史学、地域研究などの観点からも、貴重な情報や教訓の宝庫といってよい。

ただし、過去約1300年間の地震史料は、時間・空間的に著しく不均一であることも忘れてはならない。[52] 江戸時代は、とくに時代が下るほど、全国的に地震史料が増えるのはもちろんだが[53]、古代律令国家の六国史《りっこくし》(88頁)の時代(仁和《にんな》三年八月末〔887年9月〕まで)も、欠落部分が多いとはいえ、東北地方から九州までの大地震・火山噴火が比較的よく伝わっている。しかしそれ以降は、京都や奈良で書かれた日記類、私撰の史書、各種年代記などが中心で、記録密度が高い時期や地域もあるが、史料の暗黒状態といえる地方や期間が非常に多い。このことが、後述のように南海トラフ巨大地震の解明にも大きな制約になっている。

歴史地震学では、現代地震学の基本的知見にもとづいたうえで、歴史学的に厳密に地震史料を扱う必要がある。すなわち、個々の史料の素性や来歴を吟味して信頼性を評価する**史料批判**が欠かせない。史料の解読の際にも、歴史的背景の理解や考証が重要である。そのうえで歴史的事実を整理して地震学的検討を加え、各地の震度(気象庁震度階級に準ずる)、地殻変動、地変、津波、余震発生状況などを導き出す。そして、それらを総合的に判断して、発生日時・震源域・マグニチュード・震源断層モデル・地学的意味などを求めるわけである。

したがって歴史地震学は、歴史学者の助力が必要な、きわめて学際的な分野である。従来は、地震研究者の不注意から初歩的な誤りが生じたり、実在しない地震（欧米ではfake earthquake〔捏造《ねつぞう》地震〕などと呼んでいる）が導かれたりした。史料の注意深い取り扱いを重視した場合には**史料地震学**と呼ぶこともある。

既存の地震史料集は非常に価値の高いものだが、2つの大きな欠点がある。膨大な印刷物だけなのでキーワード検索などの縦横な活用が不可能なこと、収録されている地震史料そのものが玉石混淆で校訂・校正も不完全なために信頼性が不十分なこと、の2点である。私はこれを1980年代から問題にして、既刊地震史料集の校訂と、そのための手段を兼ねた全文データベースの構築を訴えてきた。[54] これは「昔の地震の観測」の質と観測成果を高めるために必須の基盤整備で、地震国の国家的事業だと思うのだが、まったく取りあげられなかった。

そこで2003年から5年間、文部科学省の科学研究費補助金を得て、私を含めた地震・津波・火山研究者5人、日本史研究者6人、情報学研究者2人、システムエンジニア1人が共同で試行的に、古代から慶長一二年一月（1607年2月）までの既存のすべての地震史料を電子化し校訂して、全文データベースを作成した。[55] まだ入力ミスなどが多く、現在は古代中世地震史料研究会として修正中だが、**［古代・中世］地震・噴火史料データベース**（β版）をインターネットで公開している[56]（**図1-5**、以下「**地震史料DB**」）。

歴史地震における日付の問題を注意しておこう。明治五年一二月二日以前の日本の暦（和暦、旧暦）は太陰太陽暦で、太陽暦の西暦の日付からは最大約50日遅れる。和暦を西暦に変換する

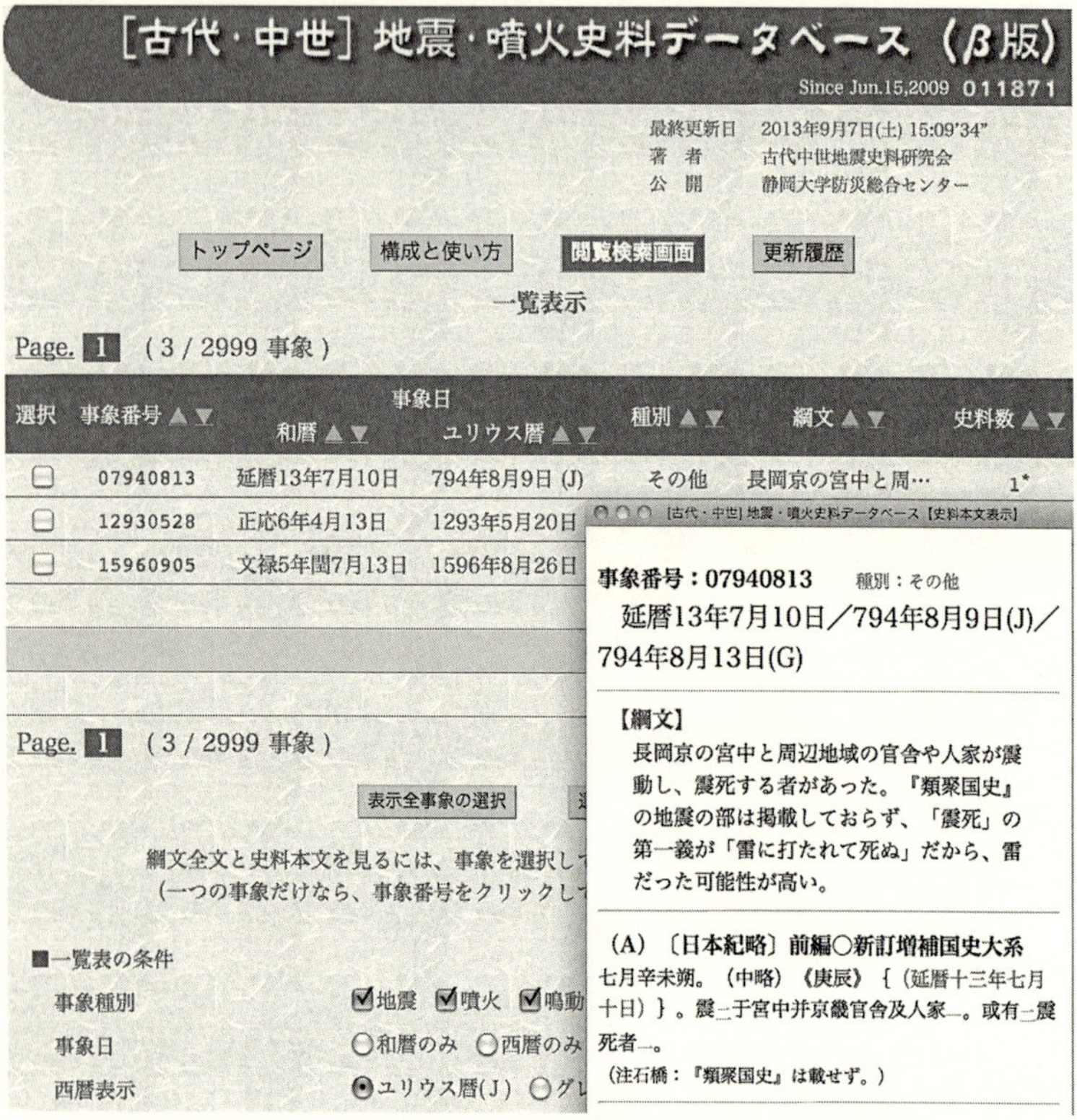

図 1-5　地震史料 DB のパソコン画面の一例.「震死」で検索して 3 事象ヒットした閲覧検索画面に，第 1 の事象の史料本文表示の別ウィンドウを(幅を狭めて)重ねてある．なお，この事象については 93 頁参照.

ときには、年だけではなくて月日も変えなければいけない。赤穂浪士が吉良邸に討ち入った元禄一五年一二月一四日（実際は一五日未明）を、年だけ西暦に変えて1702年12月14日とすることが多いが、それは誤りで、1703年1月30日である（そのほうが季節感も合う）。

さらに西暦に関しても、1582年10月15日以降は現行の**グレゴリオ暦**だが、それ以前は**ユリウス暦**が使われていて、前日は10月4日だったという問題がある。

早川由紀夫・小山真人《まさと》は、地震・津波・火山噴火には国境がないから、これらの歴史を地球規模で研究するためには1582年以前は和暦をユリウス暦に換算すること（従来は、地震史料集も総覧も理科年表もグレゴリオ暦）、また日付の混乱を防ぐために**和暦年月日は漢数字で**、**西暦年月日は算用数字で表記すること**、を提案した[57]。本書でも明治より前はそれに従うことにし、さらに和暦を先に書いて西暦を括弧内に書くことにする。

地震の痕跡と古地震学

一般に、文字記録のない有史以前の地震の研究には、地形・地盤・遺跡などに残された地震や津波の痕跡《こんせき》が用いられる。地震・津波痕《あと》としては、地盤・地層のズレ（活断層を含む）、隆起跡（隆起地形・生物遺骸）、沈降跡（堆積層・沈水木・水中遺跡）、地割れ・陥没、山崩れ、液状化・噴砂跡、津波堆積層・津波石、残留磁化（地層の地震時の再帯磁）、タービダイト（海底の乱泥流《らんでいりゅう》堆積物）、水底木（滑動樹木）、被災遺跡などがある。これらを、主として地質学的手法や考古学的手法で調査・分析する分野を、**地震地質学**および**地震考古学**と呼んでいる。活断層や隆起・沈降地形の調査には**変動地形学**が重要である。

いずれの分野でも、痕跡の発生時期を知るために地層や遺物の年代を推定する必要がある。いくつかの方法があるが、約5万年前より若い時代にたいしては**放射性炭素**（C14）**年代測定法**[58]が多く用いられる。また、年代の知られている過去の大規模な火山噴火によって広い範囲に降下した火山灰（広域テフラ）の層（鍵層＝キーベッド）も有効に使われる。

考古遺跡に認められる地震跡を調査・研究する地震考古学は、寒川旭《さんがわあきら》が1988年に提唱し、発展・普及させてきた[59]。これまでに全国の多くの遺跡で過去の液状化跡などが確認されている。**液状化**というのは、水をたっぷり含んだ地下の砂礫層が強い地震動で泥水状になり、水や砂を地表に噴き出す（**噴砂**）とともに支持力を失い、建物が傾斜・転倒したりマンホールなどが浮き上がったりする現象である。昔から現在まで大地震のたびに生じており、東日本大震災でも東北・関東地方の広範囲で発生した。

遺跡の発掘では、地震発生時の地表面を覆う噴砂が確認できたり、地中の断面で、液状化した地層や**砂脈**（噴砂の通り道）が観察できたりする。遺跡・遺物・地層の年代は細かくわかる場合が多いので、地震発生時期を知ることができる。静岡県〜四国の考古遺跡で、南海トラフの歴史地震に起因する可能性のある地震痕跡が**図1-6**のように見つかっている[60]。

南海トラフ巨大地震のような海洋底の大地震にたいしては、**津波堆積物**と沿岸の地震時地殻変動（隆起・沈降）の痕跡の調査も重要である。津波堆積物とは、大津波が運搬した海底や海浜の砂礫・泥・貝殻などが沿岸の湖沼や内湾や陸上に堆積したものである。ボーリング調査などで認定し、年代・層厚・分布範囲などがわかれば、津波の発生時期や規模、さらにはそれを起こした地震の震源域や規模を推定することができる。[61] 昔の津波を知るためには、文献や言い伝えにもとづく現地調査も欠かせない。

海岸の過去の地震時隆起は、地震当時の海面ないし波打ち際（旧汀線）を示す特徴的な地形（海成段丘、波食棚〔ベンチ〕、波食窪〔ノッチ〕など）や生物遺骸（牡蠣《かき》、穿孔貝《せんこうがい》、フジツボ、ヤッコカンザシなど）の調査から知ることができる。ただし、長期的には海水準（海面高度そのもの）の変動もあるから、注意が必要である。また、津波堆積物も同様だが、痕跡が残る場所と調査できる場所

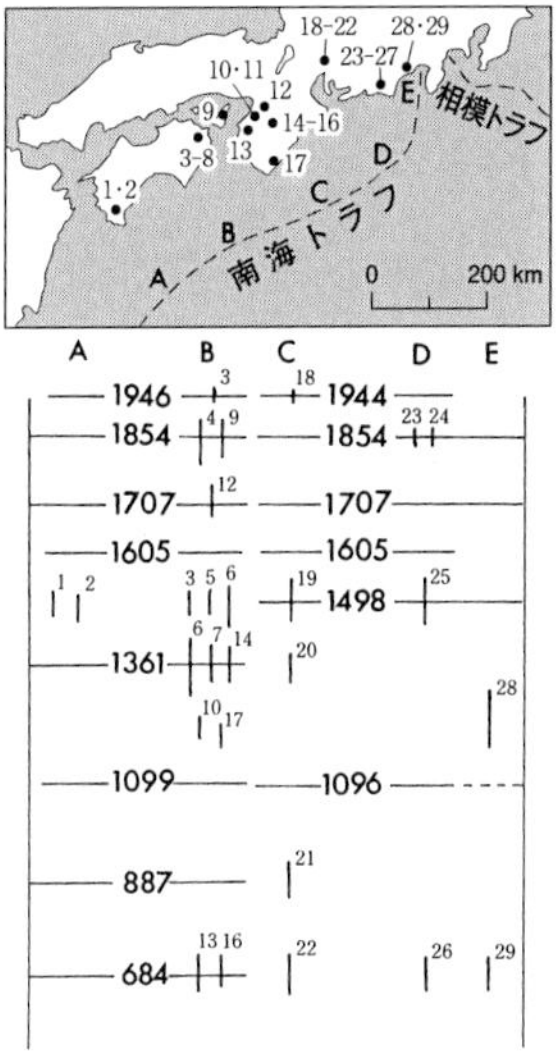

図 1-6　南海トラフ巨大地震に起因する可能性のある地震痕跡．寒川旭の著書（注 60）の図 2-1 を転載（ただし 684 年より前を省いた）．地図中の黒丸と番号は考古遺跡（1. アゾノ，2. 船戸，3. 宮ノ前，4. 神宅，5. 古城，6. 中島田，7. 黒谷川宮ノ前，8. 黒谷川郡頭，9. 志筑廃寺，10. 石津太神社，11. 下田，12. 池島・福万寺，13. 川辺，14. カヅマヤマ古墳，15. 赤土山古墳，16. 酒船石，17. 川関，18. 東畑廃寺，19. 尾張国府跡，20. 門間沼，21. 地蔵越，22. 田所，23. 御殿二之宮，24. 袋井宿，25. 元島，26. 坂尻，27. 鶴松，28. 上土，29. 川合）．下図の縦棒がそれぞれの遺跡（番号は地図に対応）で見つかった地震痕跡の年代範囲．大きい数字と横線は，歴史上の南海トラフ巨大地震の発生年と震源域の範囲．

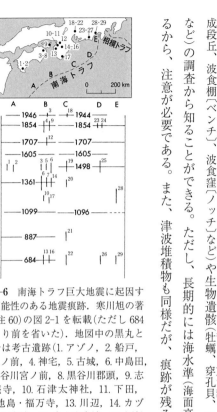

は限られている。昔の地震時沈降の調査は隆起よりも制約が多いが、後述の浮島ヶ原《うきしまがはら》の事例（78頁など）のような研究の進展が望まれる。

もちろん歴史地震研究でも地震・津波痕という物的証拠は重要であり、地震考古学や地震地質学が併用される。文字史料と物的証拠の両方がそろってはじめて「昔の地震の観測」が充実し、結果の信頼性が高まるわけである。いっぽう地震考古学や地震地質学においても、常に参照用の文献史料が求められる。とくに遺跡調査では、文字史料による裏付けが考古学の質の向上につながる。古い地震の研究を総称して**古地震学**ということもある(62)。

古地震研究において、史料地震学、地震考古学、地震地質学には一長一短があることを忘れてはならない。史料地震学は文献史料がなければ手も足も出ないし、同一年月日の史料の数と質が高くないと結論が出せない。いっぽう地震・津波痕は、たとえ精度よく発生時期が確認できても、それをもたらした地震本体を知るのはむずかしい（活断層〔第2章〕はやや異なる）。

とくに液状化跡は、その地点の**強震動**（強い地震の揺れ）がわかるだけであって、原因が南海トラフ巨大地震なのか、その前後何年か何十年かの間に起きた内陸地震なのか、原理的にわからない。ほぼ同時代の液状化跡がかなりの広域で多数見つかれば同じ巨大地震によると推定することが多いが、保証はない。まして、東海地震と南海地震が同時に起きたのか、何時間〜何年間かを隔てて起きたのか、わからない。これは津波堆積物に関しても同様である。

中世史家の矢田俊文《やたとしふみ》は、中世考古学が災害史研究に成果をあげてきたが、多くの災害痕跡は消えているという現実も理解すべきで、文献史学がさらに努力しなければならないと強調している。そして、従来の歴史学が重視してきた確実史料は地方の災害情報を多く含むわけではないので、災害史研究は新たな史料論を必要とすると指摘している(63)。

それでは次項から、歴史時代の南海トラフ巨大地震について、史料地震学を中心とする古地震学が明らかにした現在の知見を紹介しよう。

1854年安政東海地震

江戸時代末の嘉永六年六月三日(1853年7月8日)、アメリカ東インド艦隊司令長官ペリー提督の率いる黒船4隻が浦賀沖に現れて幕末の動乱が始まる。そして翌年、連発巨大地震が日本列島の西半を襲った。

識字文化が高度に発達した近世末の日本社会の3分の2近くが被災したから、各地に膨大な記録が残されている。それらの文献史料は、武者史料・新収史料・史料拾遺に合計4600頁以上にわたって活字化されており(近現代の文献も含むが)、両地震の詳細を伝えてくれる。

最初の巨大地震は嘉永七年一一月四日(1854年12月23日)の午前10時近くに発生した。M8・4と推定されており、東海地方を中心に大災害をもたらした。

この年は、ペリーの再来と開国(一〜三月)、御所から出火した京都の大火(四月六、七日)、約1500人の死者を生じた伊賀上野地震(六月一五日、M7超)などもあり、一一月二七日に安政と改元された。「改元は天平宝字《てんぴょうほうじ》をのぞき、改元した年を新年号とする」（吉川弘文館『国史大辞典』の「年号」）ということから、この地震は安政東海地震と呼ばれている(64)。

この地震の揺れは東北地方から九州までで感じられ、箱根西麓〜三河湾・伊勢湾の沿岸部では震度6以上になった（図1-7）。東海道の宿場のうち、三島、蒲原《かんばら》（静岡市北東端）、江尻《えじり》（静岡市）、掛川、袋井などはほとんど全潰して一部または全部焼失、沼津、駿府《すんぷ》（府中、静岡市）、相良《さがら》（牧之原《まきのはら》市）、遠州横須賀（掛川市）などの城下町や宿場も被害甚大で、清水湊（静岡市）も全潰焼失した。ただし、島田や焼津など、家屋の倒壊がわりあい少なかったところもある。伊勢湾方面も、豊橋、吉良《きら》（西尾市）、長島（桑名市）、山田（伊勢市）などで被害が大きかった。各地で地割れを生じ、地盤の液状化で泥水や青砂が吹き出した。

駿河湾から北方に延びるフォッサマグナ（大地溝帯）でも揺れが激しく、甲府、諏訪、松本、松代《まつしろ》（長野市）などの盆地は震度6で、多数の潰家や死者を生じた。北陸の大聖寺《だいしょうじ》（加賀市）、福井、敦賀なども震度5〜6で、人々は戸外に逃げ出したが、前夜からの深雪のために難渋したという。京都はたいした被害はなくて震度4〜5弱、奈良も震度5弱程度と推定される。大坂の低地ではかなりの倒壊家屋や死者があり、震度6と考えられる。京都での有感余震は、翌日の南海地震までに小さな揺れを10回前後感じた程度らしい。この地震による居宅の潰れ・焼失は約3万軒、死者は2000〜3000人といわれるが、まだ十分にはわかっていない。

津波は千葉県北東端の銚子から足摺岬西方まで押し寄せた（図1-7）。大きな被害を受けたのは伊豆半島南東部の下田、同半島西岸の浦々、沼津付近、三保(静岡市)、相良、舞坂(浜松市)、新居《あらい》(湖西《こさい》市)、伊勢志摩、熊野灘沿岸である。これらの各地の波高は5〜6m前後、熊野地方では10m近くに達し、多数の倒壊・流失家屋や溺死者を出した。小笠原父島の二見港の奥でも3〜4mの大波によって家屋が流された。津波ははるばる太平洋を越え、約12時間後にゴールドラッシュに沸くサンフランシスコにまで達した(波高約30㎝)。

地震とともに、駿河湾西岸から遠州海岸東部までが著しく隆起し、浜名湖北岸、三河湾沿岸、鳥羽付近などが沈降した[65](図1-8)。富士川河口近くの西岸では、南北数百m、東西数十mの範囲が1〜3m隆起して「蒲原地震山」ができた。蒲原では耕地が増え、人々は「地震さん地震さんまた来ておくれ、私の代にもう一度、孫子の代に二度三度」と唄った。しかし、東岸では富士川の流れが大きく変って洪水に悩まされるようになった。蒲原北方の松岡にも地震山ができた。由比(静岡市)から御前崎を経て菊川河口付近(現、掛川市)に至る海岸も、場所によって量が違うが、大きく隆起した[66](本章扉参照)。いっぽう気賀《けが》村(現、浜松市北区細江町気賀《ほそえちょうきが》)では、およそ2800石の田畑が汐下になってしまった。

この地震の震源域は、私が地震時地殻変動などから駿河湾奥まで入っていたと指摘し(第2章3節)、羽鳥徳太郎も同様の津波波源域を示したので[67]、図1-2のC〜E領域だと考えられている。ただし最近異論がある(第2章5節)。

静岡県の山岳地帯を中心に山崩れも多発した。富士川下流では、上流の白鳥山《しらとりやま》の崩壊(旧芝

著書(注 32)の図 1-3 にもとづく．震度の記号を総覧(注 8)に合わせた．

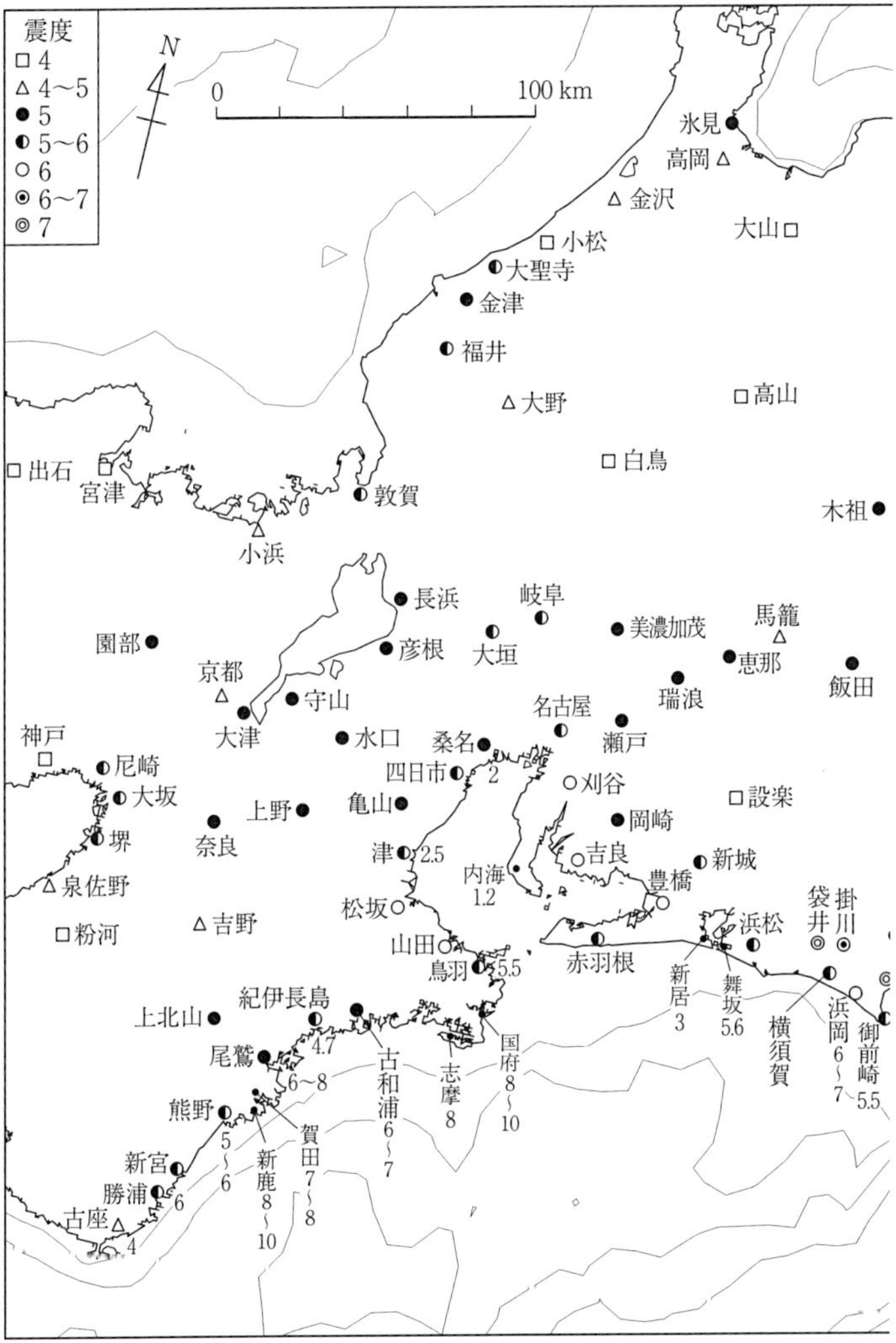

図 1-7　1854 年安政東海地震による震度と津波高(m)の分布．石橋の

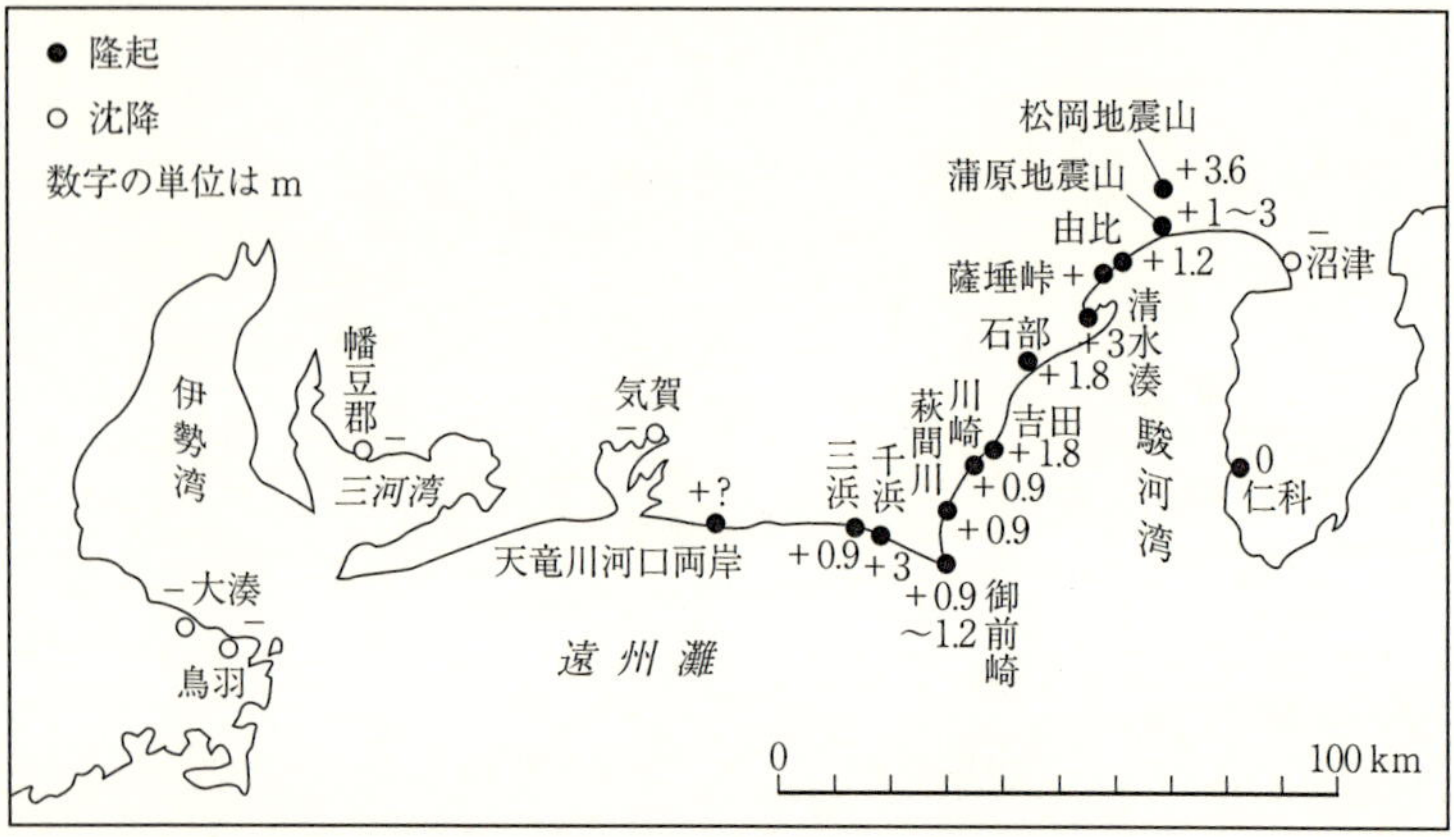

図 1-8　1854年安政東海地震の地震時地殻変動．数字の単位はメートル．石橋の著書(注32)の図1-4にもとづく．

川町内房《うつぶさ》(現、富士宮市)が流れをせき止めたため2、3日は歩いて渡れたが、それが決壊したとき洪水に見舞われた[68]。蒲原では、地震でゆるんだ裏山が3年後に豪雨で崩れ、宿内の社寺や民家多数が埋没した。このような二次災害はほかの場所でも起こっている。

安政東海地震によって江戸も強い揺れに見舞われた。後楽園付近から小川町〜丸の内〜外桜田の江戸城を半周する低平地や、不忍池《しのばずのいけ》付近、西新橋、芝、山の手台地に入り込む谷などでは震度5強くらいと推定され、武家屋敷の長屋や、町家・土蔵・寺院で潰れたものがあった。江戸城にも被害があり、石灯籠や塀も多く倒れ、死者や怪我人も出た。一時は立っていられないほどで、しかも揺れの時間が長かった。下町の川や堀割の水が大きく動揺して船の転覆・破損や積み荷の転落もあった。強い揺れがゆっくり長時間続く**長周期地震**

動(第2章2節)が影響したと思われる。江戸川区の船堀《ふなぼり》・桑川《くわがわ》・平井などでも建物被害、溢水、地割れがあり、埼玉県北部の行田《ぎょうだ》市付近でも歩くことが困難なほどの強い揺れで、かなりの被害が出たという。これらの事実は、来たるべき南海トラフ巨大地震のために十分参考にすべきことである。

本震直後から大小の余震が続発したが、最大余震は安政二年九月二八日(1855年11月7日)に遠州灘沿岸で発生して浜松~掛川地方にかなりの被害を与えた地震(M7~7.5)だと考えられている。そして、その4日後の一〇月二日、安政江戸地震(M約7)が起こって江戸とその周辺に大震災を引き起こす。この地震も、大地の変動としては安政東海地震と連関している可能性がある。また、嘉永六(1853)年の小田原地震(M6.7)、当年の伊賀上野地震、安政五(1858)年の飛越地震(M約7)も無関係ではないと考えられ、私が「大地の動乱」[69]と呼んだ状況の中核に安政東海・南海地震が位置している。

地下と地上が織りなす歴史のドラマのなかで、帝政ロシアの提督プチャーチンと乗艦ディアナ号が下田で津波に巻き込まれた。彼らが大きな災厄を蒙り、その救済に日本人が上下を挙げて取り組んだことも、この地震を震災史のなかで際立たせている。その顚末は旧著『大地動乱の時代[70]』に書いたので参照されたい。

なお、本地震と次項の地震について、中央防災会議の「災害教訓の継承に関する専門調査会」が有益な報告書を公表している。[71]

1854年安政南海地震

安政東海地震の約30時間後の嘉永七年一一月五日（1854年12月24日）申刻《さるのこく》（16時頃）、別の巨大地震が四国を中心とする西日本を襲った。激甚被災地にちなんで安政南海地震と呼ばれている。通説では2つの地震の時間差を32時間とするが、不定時法（日の出と日の入りで昼夜を分け、昼夜を別々に等分する時法）をふまえて史料をよく読むと、それほどではないだろう。

図1-9のように、三重県中南部から西、中国・四国全域、南部と西部を除く九州までが震度5以上の揺れとなった。熊野灘沿岸や近畿地方では前日と区別しにくいところもあるが、紀伊半島の古座《こざ》・田辺、徳島・高知・愛媛県の平野部、大阪府東部、瀬戸内海の南北両岸の平野部、大分県東部などは震度6で、多数の倒壊家屋や城郭の損壊があった。出雲平野も昭和南海地震のときと同様に激しく揺れて（震度6〜7）、200軒以上が倒れ、液状化が著しかった。

京都は前日よりもやや弱い揺れで震度4〜5弱、奈良も同様と推定される。大坂は震度5〜6で新たな被害が生じたが、揺れは前日よりわずかに強い程度だろうという。[72] 江戸では前日の半分くらいの強さだったが、人々はまた外へ飛び出した。京都での有感余震は、前日の東海地震のものも含むが、かなり記録されている。土佐（高知県）はほぼ全域が震度6以上で、後述のように津波も激しかったのだが、土佐藩が幕府に報告した死者は372人[73]で意外に少ない。

遠方ではゆっくりした振動が長く続いた（長周期地震動）。約1300km離れた中国江蘇《チャンスー》省丹《タン》徒《ツー》県(現在、鎮江《チェンチャン》市内)では、揺れは感じなかったが揚子江《ヤンツーチャン》や池・井戸・溝の水が動揺し、もう少し近い上海《シャンハイ》付近では揺れも感じられて水が溢れた。これらを紹介した宇津徳治は、セイシュ(長周期地震波による水面の動揺)が生じたのだろうとしている。[74] 水の動揺が津波とされたことがあったが、[75] 津波の数値計算によると上海付近の津波は20cm前後以下である。[76]

再び大津波が生じ、２ｍ以上の波が廃墟の下田から宮崎県南端付近までを襲った。最大波高は高知県中土佐町久礼《くれ》で16ｍ、高知市種崎《たねざき》で11ｍ、徳島県牟岐町《むぎちょう》で９ｍ、紀伊半島南端の串本《くしもと》で15ｍ、少し東の古座で９ｍに達したという(総覧本文)。これらの地域では震害と津波被害を分けにくいが、多くの家屋が倒れ、流され、多数の死者が出た。津波は紀伊水道と豊後水道を通って瀬戸内海全域にも浸入した。[77] 山口・広島・岡山・愛媛・香川の各県沿岸で１～２ｍ程度だが、愛媛県伊予市では約2.5ｍ、兵庫県・大阪府では２～３ｍであった。

「天下の台所」と称された大坂には、地震の約2時間後に津波が押し寄せた。[78] 安治川《あじがわ》河口の天保山《てんぽうざん》付近の波高は２ｍ弱で大津波というほどではなかったが、そこに停泊していた数百の大船(数百～１５００石積みの樽廻船《たるかいせん》・菱垣廻船《ひがきかいせん》・北前船《きたまえぶね》など)を呑み込んで猛スピードで安治川・木《き》津川《づがわ》に押し上げた。折悪しく、多くの堀川には、前日の東海地震による大揺れ以来、多数の町人が小舟に家財道具を積んで避難していた。遡上した大船は、小舟を押し潰し、はね飛ばし、多くの橋を破壊して突き進んだ。大坂市中の被害は、死者３００人近く、大小廻船の破損６００～１１００艘、川舟の破損６００～７００程度とされている。ただし、経済の中心である堂

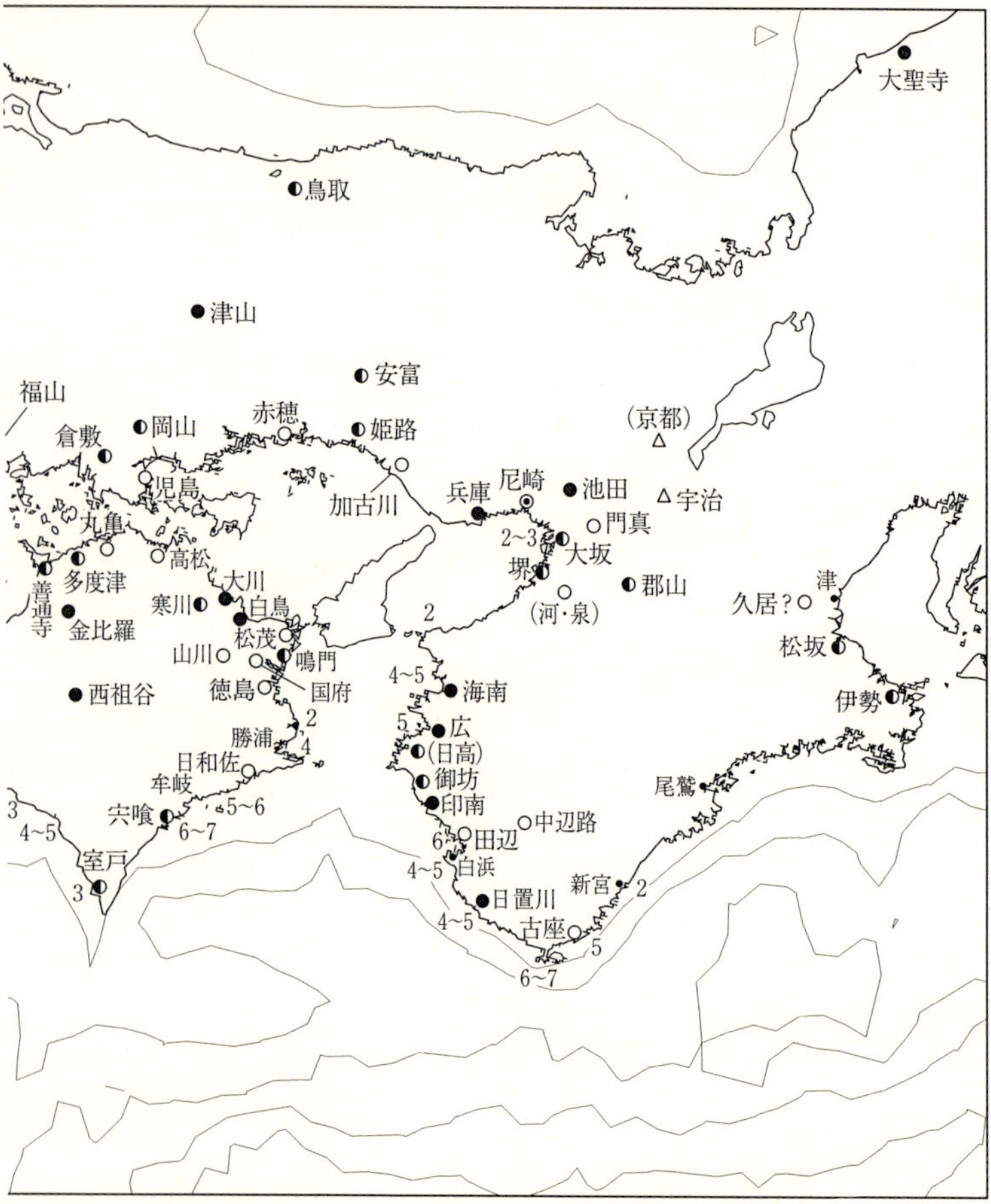

を簡略化．津波の高さは本文に書いたものと異なる場所があるが，全体の傾向は見て

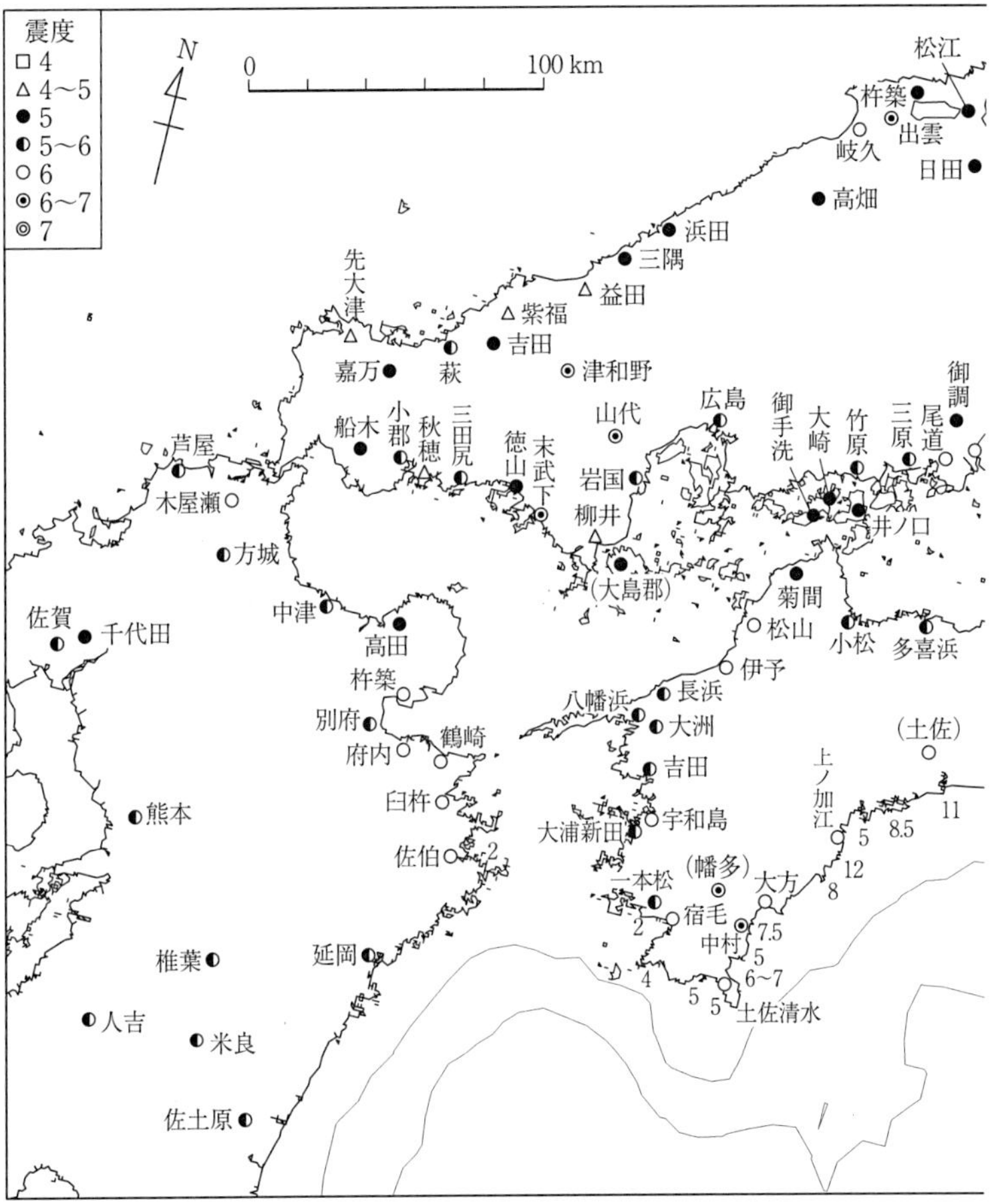

図 1-9　1854 年安政南海地震による震度と津波高(m)の分布．総覧(注 8)の図 258-4
とれる．(　)付きの地名は地域を表す．

島・中之島・北船場《きたせんば》や大坂城方面はほとんど被害を受けなかった。

じつは、大坂での同様の災害は、1707年宝永地震の際にもっと大規模に生じていた。その経験を忘れて同じ被害に遭ったことを悔やんだ人々は、死者の慰霊と後世への警鐘のために石碑の類をあちこちで建てた。その1つが、大阪市浪速区幸町《さいわいちょう》の木津川・大正橋の東詰(当時は渡し場)に「安政南海地震津浪碑」として残っている。[79] その警鐘を活かさなければならないのは私たちである。

全般に、本地震による津波は昭和南海地震よりは高く、宝永地震よりは低かった。津波襲来前に大砲を撃つような音(海鉄砲)が聞こえたと記す史料が各地にある。サンフランシスコとサンディエゴの検潮儀がまた1フィート(約30㎝)の津波を記録した。

この地震によって潮岬付近が約1m、室戸付近が1・2m、足摺岬付近が最大約1・5m[80]隆起した。いっぽう、和歌山市北西部の加太《かだ》で1m、高知県東洋町甲浦《かんのうら》で1・2m、同県中土佐町上ノ《かみの》加江《かえ》で1・2～1・5mの沈降が生じた。高知市東部も約10㎢にわたって1mほど沈降して冠水したが、その広がりは1946年昭和南海地震と同じである。この地殻変動の回復過程も昭和地震と非常によく似ているという。[81] また、道後温泉や湯峯温泉が翌年二、三月頃まで湧出停止した。ただし、後者は前日の東海地震によるのかもしれない。白浜温泉も止まり、完全に復旧するまで1年半近くかかった。

本地震は、震度と津波高の分布、地殻変動、温泉異常から、震源域は大まかには昭和南海地震と同じで、規模はそれより大きかったと考えられている。総覧のMは8・4である。

本震直後から大小無数の余震が続発したが、七日の午前9～10時頃には豊後水道北部付近でM7・3～7・5の地震が発生し、四国西部と九州北東部に新たな被害を生じた[82]。豊後水道付近では、地下に沈み込んだフィリピン海プレートの内部で**スラブ内地震**(第2章2節)と呼ばれる大地震が発生することがあるので、この地震もそのタイプだったかもしれない。注目すべきことは、この地震によってまた上海がかなり揺れたらしいことである[83]。

安政四(1857)年には山口県萩付近(M約6)、安政五年と六年には島根県西部(M6・2とM6・0～6・5、ともに1859年)と被害地震が続き[84]、明治五年二月六日(1872年3月14日)には島根県沿岸で「浜田地震」(M7・1、死者約550人)が起きた。これらの活動は、第2章4節で述べるようなメカニズムによって本地震と連関しているかもしれない。

4　近世の南海トラフ巨大地震

1707年宝永地震

江戸時代も中期にさしかかった元禄時代、農業生産力の増大と商品経済の発展を背景に豊かな町人文化が花開いた。しかし、5代将軍徳川綱吉《つなよし》の長い治世のもとで、社会に翳《かげ》りも出始めていた。そんな元禄一六年の一一月二三日(1703年12月31日)、午前2時頃にM8以上と推定される巨大地震と大津波が南関東を直撃して大災害をもたらした（元禄関東地震）。そのために、将軍家からの申し入れによって翌年三月一三日に宝永と改元された。

その3年後の宝永四年一〇月四日（1707年10月28日）の午下刻《うまのげこく》～未上刻《ひつじのじょうこく》（13時頃）[85]、今度は東海地方以西を、日本史上最大クラスの巨大地震が襲った。

北東側は青森県の八戸でも揺れを感じ、西は長崎も「大地震」で約1時間も揺れた。総覧が震度6以上とする領域は**図1-10**のように、駿河湾北東岸の原（現、沼津市原付近）・吉原（現、富士市吉原付近）から大分県までつづく太平洋沿岸一帯と、甲府盆地～諏訪、飯田、大垣、奈良盆地、大阪平野、高松、広島まで広がっている。この範囲内では多くの宿場や町が丸潰れ・半潰れとなり、城郭が損壊した。さらに、それより内陸の信州～北陸や九州西部まで震度5～6の強い揺れで、多数の建物倒壊などがあった。昭和・安政の南海地震と同様に、出雲地方が震度6になり、百数十軒が全壊するなどした。

京都では本震の揺れだけでも10分くらい続いたというが、直後から余震が頻発したと思われ、1時間くらい揺れ続けたとする史料もあちこちにある。京都における有感余震は、日に数回程度のレベルは少なくとも一〇月いっぱいくらい続いたようである。

京都は大きな被害はなく、震度4～5弱と推定される。奈良では諸寺や民家にかなりの被害があり、震度6弱程度と考えられる。災害史事典は「奈良盆地では大きい構造物である寺院などの倒壊が目立った」と述べているが、これは事実と異なると思われる。[86]

この地震も安政南海地震と同じように長周期地震波による揺れとセイシュを中国にもたらしたようで、現在の浙江《ジャージャン》省湖州《フージョウ》市で地が震えて水が湧き上がったという記録がある。[87] これを津波とする説があるが、[88] 安政南海地震の項で述べたように、そうではないだろう。

津波は、伊豆半島から九州東部までの太平洋岸で大津波となったほか、大阪湾と瀬戸内海にも浸入した。波高は高知県でとくに高く、[89] 村上仁士《ひとし》らは、香南《こうなん》市下夜須《しもやす》9・3m、南国市十市《とおち》7〜8m、土佐市宇佐8〜13m、須崎市吾井ノ郷《あいのごう》9m、土佐清水市下ノ加江《しものかえ》10m、宿毛市大島9・8mなどと推定した。[90] いっぽう都司嘉宣《つじよしのぶ》は、高知市種崎《たねざき》21m、土佐市宇佐町竜《りゅう》25m、須崎市神田《こうだ》18mという非常に高い浸水高を求めている。[91] 豊後水道に面した大分県佐伯《さいき》市米水津《よのうづ》も11・5mという高い津波に襲われた。[92] これらの地域では甚大な被害が生じた。

瀬戸内海の津波は、東部の兵庫・岡山県が高く、西部の広島・山口県が低くて、1・5〜3m程度、また四国側が低くて1〜2mだったが、[93] 塩田・新田が流出するなどの被害が出た。大坂市中では津波による大船遡上災害が、安政南海地震のときより大規模に発生した。遡上した津波の高さは3・6mという推定があり、[94] 後述のような大被害をもたらした。津波は、相模湾岸や房総半島東岸にも被害を生じ、[95] さらに八丈島にも押し寄せた。

長崎にも津波が達したが、長崎港に特有の「あびき」という海水振動で増幅されたのかもしれない。[96] 韓国の済州島も津波で小被害を受けたという説がある。[97] しかし、原史料(増補耽羅《たんら》誌)からも津波のシミュレーションからも、事実とは思えない。[98]

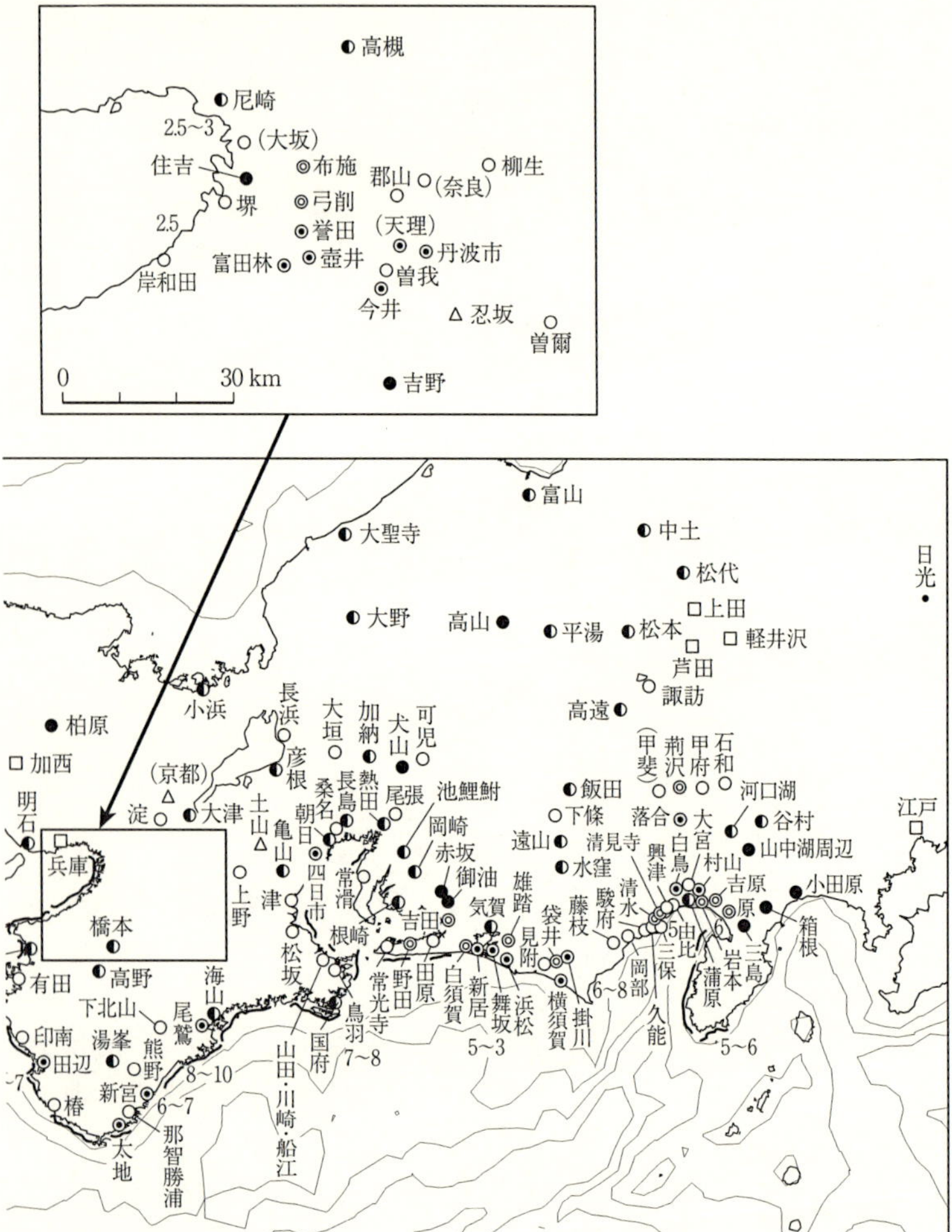

略化．津波高は本文に書いたものと異なる場所があるが，全体の傾向は見てとれる．

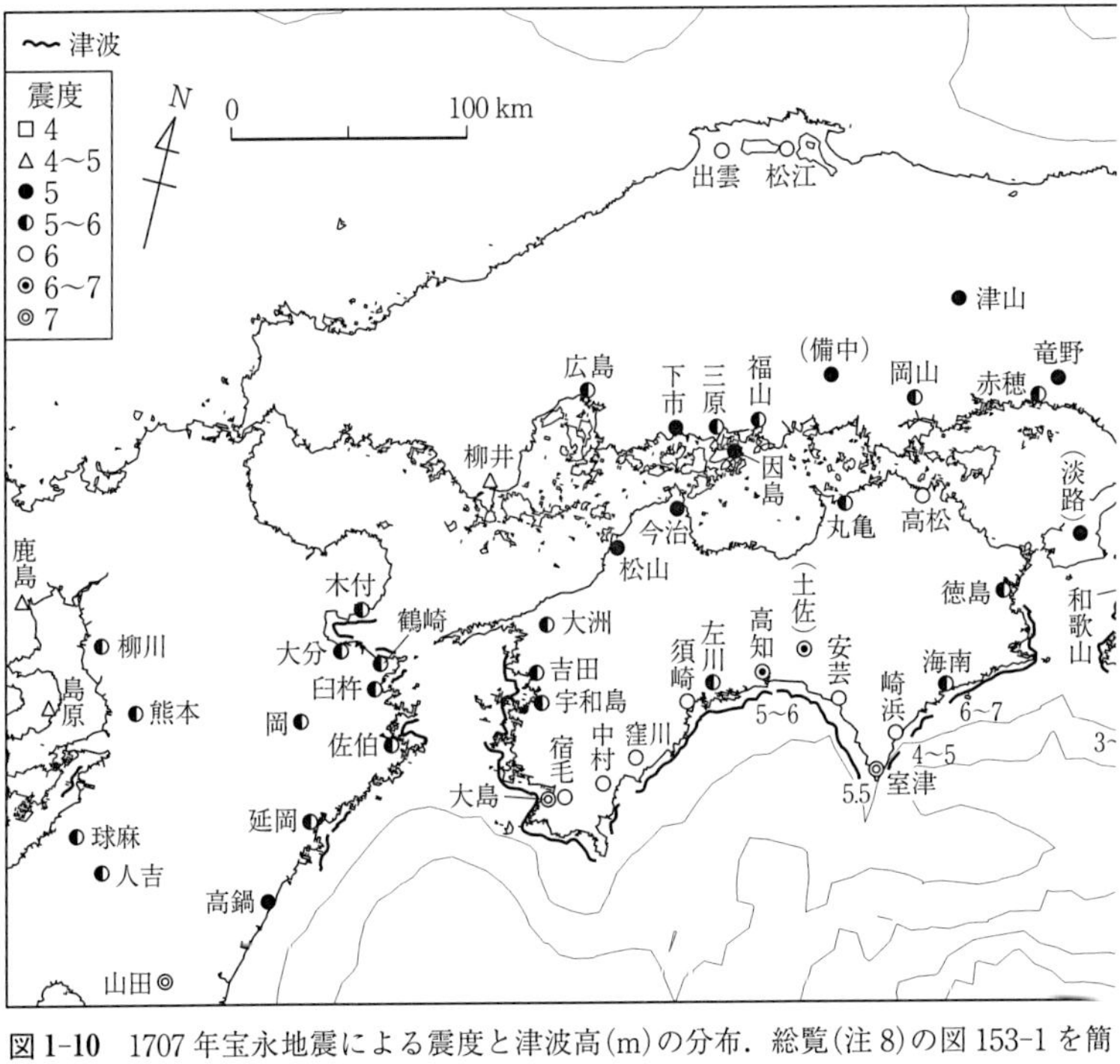

図 1-10　1707 年宝永地震による震度と津波高(m)の分布．総覧(注 8)の図 153-1 を簡
(　)付きの地名は地域を表す．

土佐国（高知県）の地震動と津波がいちばん激しく、約1万7000棟の建物が全壊ないし流失したが、死者は1844人と報告されている。これにたいして大坂市中（北組・南組・天満組からなる大坂三郷）の被害は、矢田俊文の最近の研究によれば、竈数《かまど》（所帯数）3537、圧死者5351人、溺死者1万6371人（幕府が一〇日までに把握した数字）だという。(99)

地震に伴う地殻変動も広範囲で生じた。室戸岬の先端に近い津呂（現、室戸市室戸岬町）と室津（現、室戸市室津）の湊は2m以上隆起し、使用困難になった。いっぽう高知市東部は2m以上沈降し、約20㎢が海水に浸かって舟で往来した。これらの規模は安政南海地震よりもだいぶ大きい。総覧は串本と御前崎付近の隆起も記すが、これは今村明恒の推測によるもので(100)確かな史料の裏付けはない。ただし宍倉正展《ししくらまさのぶ》らが生物遺骸群集の調査から、本地震で潮岬付近が隆起し、紀伊半島南部で南東上がりの傾動があったらしいことを示した。(101)足摺岬は現地調査で隆起の証拠が見つかっていない。(102)史料からも足摺岬から宿毛にかけては沈降したと判断される。(103)宇佐付近も沈降で、高知県西半の津波浸水高が高かった一因であっただろう。

浜名湖北岸の気賀も沈降した。また、遠州横須賀（現、掛川市横須賀）付近が隆起し、横須賀藩の城下の要港だった横須賀湊が陸化して機能を失った。しかし、駿河湾内では安政東海地震のような地殻変動は記録されていない。清水（現、静岡市清水区）が沈降したという説があるが、これについては本地震の震源域の議論に関連して第2章5節で検討する。

この地震でも道後温泉の湧出が145日間も止まった。湯峯・白浜の温泉も湧出停止した。

静岡県の白鳥山の崩壊が安政東海地震時の10倍の規模で生じ、[104] 死者30人を出したうえ、堰止め湖が3日後に決壊して下流に洪水被害を与えた。ほかにも、安部川（静岡県）上流の大谷崩《おおやくず》れの大崩壊や、[105] 仁淀川《によどがわ》中流部（高知県）の天然ダムの形成と決壊[106]などが発生した。

本地震は大局的には安政東海地震と安政南海地震がほぼ同時に発生したような地震だと考えられてきた。かつて私は、震源域が駿河湾内まで及んでいたことはほぼ確実だと考えたが、最近はそのことを含めて、従来の単純な地震像を見直そうという空気が強い。それについては第2章5節でふれる。東海地震と南海地震の発生時間差を史料の記述から分離しようとする試みがあったが、うまくできていない。[107] Mについては、総覧は8・6（8・9もあり）としている。

岡村眞《まこと》らは、豊後水道西岸の龍神池《りゅうじんいけ》（大分県佐伯市）での調査において、湖底堆積物中の顕著な砂層の最上位が本地震による大津波の堆積物だと推定した。[108] そして、大津波だったのは東海・南海連動型地震だからだと考えた。しかし、津波の数値シミュレーションによれば、龍神池付近の大津波は東海側の震源域の影響をほとんど受けない。[109]

本震翌日の五日卯刻《うのこく》（朝6時頃）に富士山南西方面で大余震が発生し、[110] 富士宮《ふじのみや》市あたりでは本震よりも激しく揺れた（震度7）。富士山本宮浅間《せんげん》大社（富士宮市宮町《みやちょう》）と村山浅間神社（同市村山）の社殿や周辺の住家が大破損したり潰れたりした。総覧は、山梨県の大被害にこの余震が大きく影響したように書いているが、山梨県の被害の大部分は本震によると判断できる。[111]

宝永地震から49日後の一一月二三日（1707年12月16日）には富士山の宝永大噴火が始まり、

新たな大災害をもたらした。この噴火は、元禄・宝永地震が誘発した可能性がある。

安政時に似て、内陸で被害地震が続発した。一〇月二八日には山口県中部(M5・5)、宝永七年と八年(1710、11年)には鳥取県中部(M6・5)と鳥取・岡山県境付近(M6¼)の地震がかなりの被害を生じた。さらに、1714年信濃小谷《おたり》付近(M6¼)、1715年大垣付近(M6・5~7)、1718年三河・伊那方面(M約7)の被害地震が続いた。

歴史学の磯田道史《みちふみ》によれば[112]、大規模な新田開発などの自然の改造・支配によって生産力を拡大してきた江戸時代前期の日本社会は、宝永地震津波の大災害によって大きな転換点を迎えた。そして18世紀以降は、農業技術の向上で生産性を高めるなど暮らしの質的充実を図り、安定した成熟社会に向かったという。第3章で述べるように、きたるべき南海トラフ巨大地震が私たちに価値観の大転換を促していると考えられるが、磯田の指摘は示唆的である。

1605年慶長九年地震

慶長九年一二月一六日(1605年2月3日)の夜、千葉県から鹿児島県までの太平洋岸が津波に襲われた。前年二月に江戸幕府が開かれたばかりで社会はまだ安定しておらず、また元禄・宝永・安政の地震津波で記録を失ったところが多いとみられ、各地の良質史料は乏しい。

理科年表は「地震の被害としては淡路島安坂《やすさか》村千光寺《せんこうじ》の諸堂倒れ、仏像が飛散したとあるのみ」と述べているが(以下、地名は図1-11を参照)、私が1983年に指摘したように、典拠史料が後年の地誌にすぎないことと京都が無感だったことから、この震害は信用できない[113]。

京都が無感というのは、『義演准后日記《ぎえんじゅごう》』(醍醐寺座主《ざす》・義演の日記)が慶長一〇年正月六日の条で、前年一二月一五日(一六日の誤記か?)の江戸辺の大地震の伝聞を記し、この辺では感じなかったと述べていることから推測できる。私はさらに、地震史料集に含まれていない当時の日記6点を見て、無感(震度0)としてよいことを確認した[114]。総覧は「京都で有感を示すものは『当代記』のみ」としているが、『当代記』はたぶん京都の状況は書いていない[115]。

その『当代記』によれば、場所は不明だが(三河方面か)、20時頃に北東方向で鳴響が3度して揺れを感じた。複数の史料が伝える各地の状況は以下のとおりである。

関東地方は、江戸における同時代史料がないのだが、前述のように大地震の噂が京都方面に伝わった[116]。『当代記』も関東の津波と地震を漠然と述べ、とくに外房地方[117]の大多喜《おおたき》藩領の海辺に大波が来て人馬数百が死に、なかでも7村は跡形もなくなったと記している。また、大宮神社(千葉県御宿町岩和田《おんじゅくまちいわわだ》)の古記録抄[118]に、20時頃に大地震動があり、東向きの海辺には浪が入って人民六畜がことごとく死んで、39日揺れたとある。さらに軍記物の『房総治乱記《ちらんき》』が、慶長六年一二月一六日としてはいるが、九十九里浜~外房地方の大地震・大津波を叙述して、津波で被災した35の村落名を列挙している[119]。

八丈島西部では、谷ケ里《やつがさと》に津波が上がって家がすべて流失し、島中の田畑を多く損亡して57(あるいは75)人が死んだ。静岡県西伊豆町の仁科《にしな》で、津波が1・3~1・4km内陸まで浸入した

（次節の明応地震時は約２㎞⑳）。浜名湖口東岸の舞坂宿（現、浜松市内）では、鳴響を聞いてにわかに大波が来たが、被害はなかったようである。西岸の橋本（現、湖西《こさい》市新居町《あらいちょう》浜名）では、１００軒ほどの人家のうち約80軒が津波で流されて大勢が死んだ。その約４㎞西方の旧白須賀宿（現、湖西市新居町浜名）でも津波で家屋の破壊と死者があった。なお、旧白須賀宿西方での調査によって、このときのものと思われる津波堆積物が発見されている。㉑ 渥美半島先端付近の堀切（現、田原《たはら》市《し》）で20時頃地震の揺れを感じ（震度２〜３か）、翌朝、浜辺の舟が壊れて網が流されているのを見て驚いた。

伊勢国の浦々では海水が２時間ほど数百ｍ退き、漁民たちが魚介類を好きなだけ獲っているところへ急に潮が来て、生還できた者はわずかだったという。ただし、これは『当代記』の伝聞記事で、２月３日の夜としては不自然な感じがあり、次項の１６１４年の津波と混同している疑いもある。㉒ 同書は、紀伊国・四国・西国・関東もこの波は同様だが諸国内の海と摂州兵庫の浦は苦しからずと述べている。桑名市の旧家の記録が、国中に浪が寄せて熊野と関東の多くの浦々で人馬が多く死んだと伝えるが、㉓ 桑名は無事だったように見える（「地震モユル」と記すが桑名か他所か不明）。総覧も理科年表も、紀伊半島西岸の広村《ひろむら》（現、和歌山県広川町《ひろがわちょう》）で１７００戸中７００戸流失と記しているが、疑わしい。㉔ 山本武夫・萩原尊禮《たかひろ》は、㉕ そこから約40㎞南で宝永・安政津波の大被害を受けた田辺市の史料を検討し、慶長九年時は地震動・津波ともに記録されるほどではなかったと推定している。これも広村の大津波の否定材料である。

四国も大津波に襲われた。村上仁士ら[126]による津波高(m)は、徳島県の牟岐町《むぎちょう》6以上、海陽町《かいようちょう》の浅川《あさかわ》9、同町の鞆浦《ともうら》4~5、同町の宍喰《ししくい》5~6、高知県室戸市の佐喜浜《さきはま》8・6~13、同市室津8~10、奈《な》半《は》利町《りちょう》6、安芸市3~4、佐賀町4~5である。鞆浦は、大岩に刻まれた碑文が「高さ十丈(約30m)の逆浪が来て100余人が死んだ」と記していて、総覧はそのまま書いているが、誇張があるのではなかろうか。宍喰の死者は1500余人(宍喰浦旧記)とも3806人(阿《あ》闍梨《じゃり》暁印《ぎょういん》置文《おきぶみ》)とも伝えられるが、過大ではないかと思われる。「置文」はまた、甲浦《かんのうら》(高知県東洋町)で死者350余、佐喜浜で50余、室戸岬付近で400余、野根浦(東洋町)は潮入らず、とも記している。土佐清水市の三崎では津波で153人が死んだという[127]。鹿児島県の大隅・薩摩両半島の浦浜にも3m前後と推定される大波が来て、家と人が多く流された[128]。

各地の津波高について、羽鳥徳太郎[129]、山本・萩原、村上らの結果を比較検討し、本書では暫定的に**図1-11**のように推定する。ただし、八丈島については古村孝志《たかし》らの調査結果[130]を参照し、室戸市元《もと》[131]と三崎は本書独自に推定した。

本地震は、以前は南海沖と房総沖の二元地震とされていた[132]。しかし私は、京都でほぼ無感だったことと、徳島県最南部の宍喰で津波当日の朝8時頃から午後3時頃まで強い地震動に見舞われたと記す史料(宍喰浦旧記)があることをふまえて、1983年につぎのような地震像を提唱した[133]。すなわち、当日朝から夕方まで室戸半島付近で局地的な地震が先駆的に群発し、その後四国沖~御前崎沖の南海トラフ沿いプレート境界浅部で巨大な**津波地震**(地震波を強く出さな

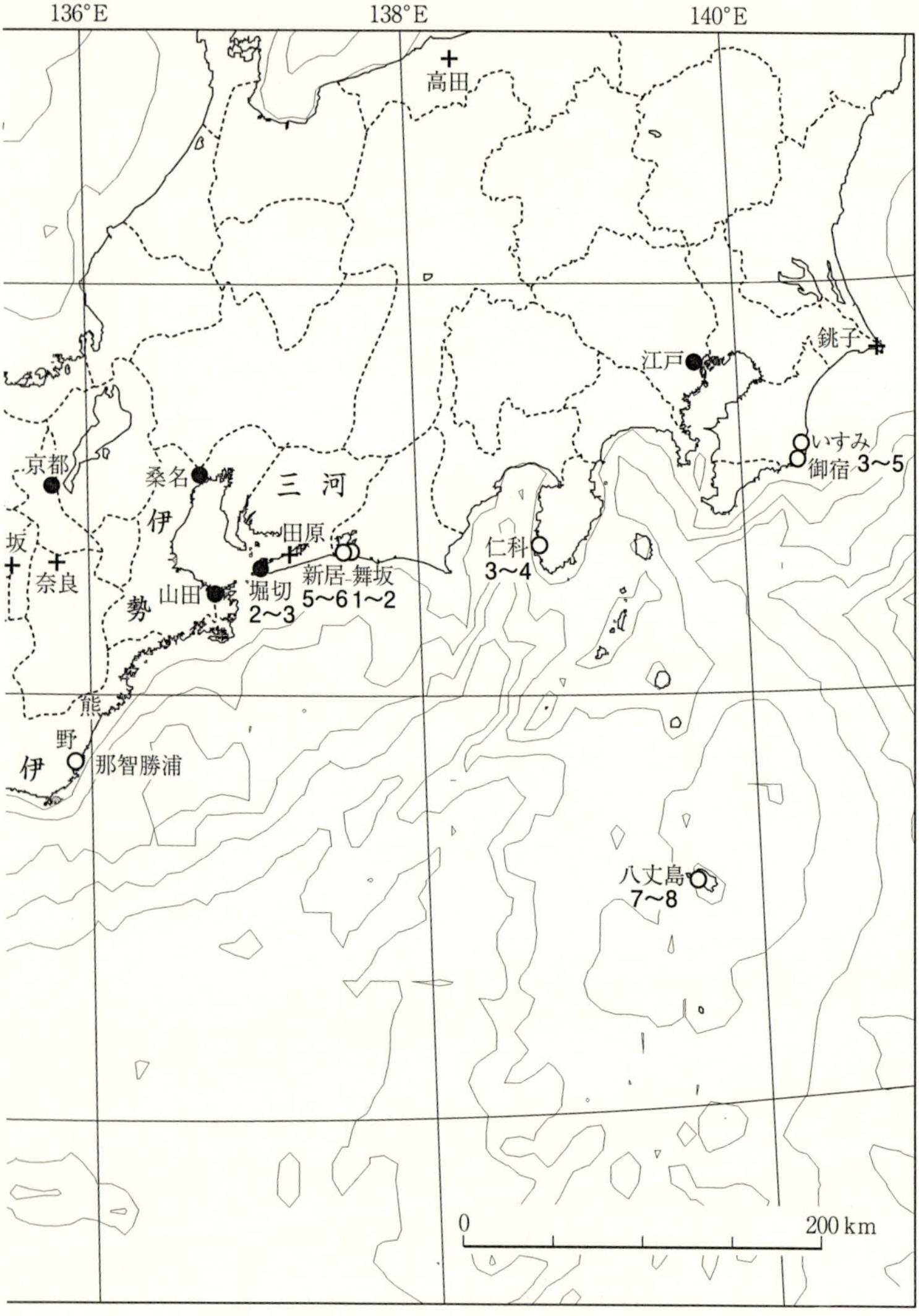

地点と，1605 年の津波高(m，本書の暫定値，本文参照)．破線は旧国界．

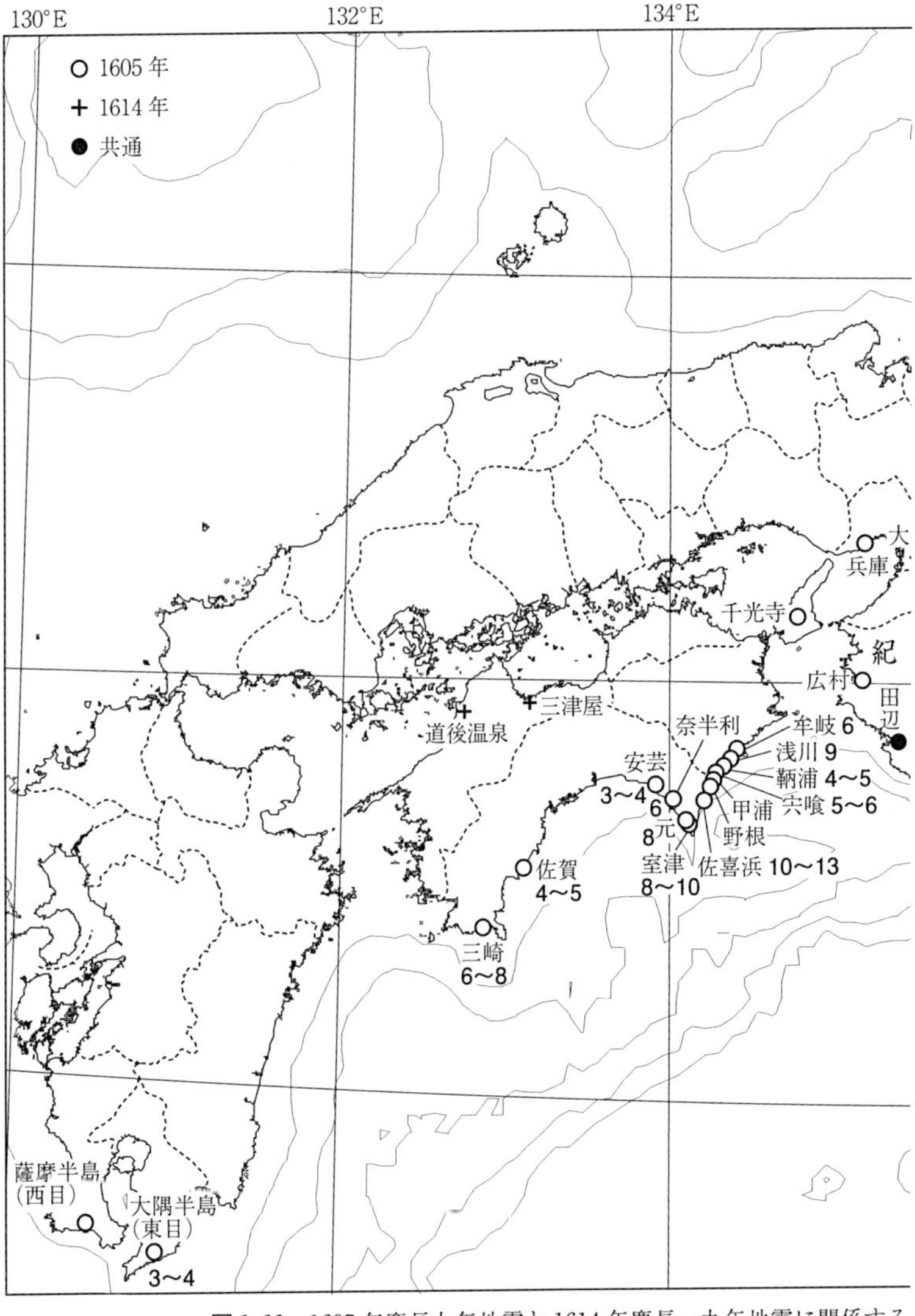

図1-11　1605年慶長九年地震と1614年慶長一九年地震に関係する

いで大津波を起こす地震、第2章2節参照）が発生したというものである。現在は、本地震が南海トラフ巨大津波地震だという考え方が定着し、総覧も「〝津波地震〟の可能性大」としている（M7・9）。地殻変動や温泉異常は知られておらず、有感余震と思われる記録もない。

いっぽうで私は、関東と外房の大地震がずっと気になっていた。長年、外房の地震津波記事は何となく信頼性が低いと思われていたのだが、伊藤純一らは、[134]大多喜藩領の海辺の7村（現在のいすみ市・御宿町の範囲）が『房総治乱記』の35カ所のなかにほぼ登場することを示し、外房の大津波は事実だろうし、地震動を感じた可能性も高いと述べた。

じつは、本書を執筆しながら、伊藤らの指摘を重視して、この地震は南海トラフ津波地震ではなくて、伊豆・小笠原海溝沿いの巨大地震だったのではないかと考えるようになった。そのほうが、これまで述べた津波と地震動の分布を（宍喰付近の当日昼間の揺れを別として）いちばん無理なく説明できると思われるからである。この考えを作業仮説として2013年秋に学会発表したが、[135]それについては第2章5節で説明しよう。

1614年慶長一九年地震

1605年の地震が南海トラフ沿いではないとなると、図1-2において、1498年明応地震から1707年宝永地震まで209年間、巨大地震がなかったことになるのだろうか。じつは私は、これまで見誤られていた1614年の地震が南海トラフ地震ではないかと考えついて、それが1605年伊豆・小笠原海溝地震説とセットになっている。

この地震は、慶長一九年一〇月二五日（1614年11月26日）の午《うま》～未刻《ひつじのこく》（13時過ぎ頃）に京都をはじめとする広域を襲った。徳川家康が豊臣家を攻め滅ぼすべく全国の大名を動員し、大坂冬の陣が始まろうとしていたときで、家康が駿府から二条城に入った翌々日のことである。

理科年表では1987年版まで、これは越後高田（現、上越市）沖合のM7・7の地震とされていた。しかしその見解は、地震から140年近く後に書かれたと考えられる『異本塔寺長帳《いほんとうでらながちょう》』の簡単な記事の安易な解釈によっている。[136] いっぽう山本武夫らは、地震史料や各地の状況を詳細に検討して、京都付近のM6・5程度の局地的な地震だろうと結論した。[137]

その後新史料も増強されて、現在では以下のような事柄が知られている。

まず京都では、強震動が長く続き、宮中で地震見舞いが行き交ったが別条はなかった（時慶《ときよし》卿記《きょうき》）。『当代記』は、家屋の転倒はなかったが二条城で天水桶が落ち、出仕していた僧侶たちが広間から庭に逃げ出す際に水をかぶったと記す。ただし『徳川実紀』は、市中の建物に倒壊などがあって死者2人・負傷者370余人が出たが二条城にはいささかの損傷もなかったと述べている。奈良も強い揺れで万民が恐怖を覚えた（春日《かすが》社司《しゃし》祐範記《すけのりき》）。畿内で、場所によっては多少の被害があったのかもしれない。[138] 和歌山県田辺市で強く揺れた（万代記《まんだいき》）。

三重県桑名で強震動で家蔵などが少々損傷したが崩れるほどではなかった（慶長自記）。渥美半島の堀切（田原市）で大震（常光寺年代記）、田原城の矢倉が揺り崩れた（田原城主考《たはらじょうしゅこう》附録）。伊勢の山田（現、伊勢市）付近で大震・津波・死者多数であった。(139) 前述のように『当代記』の慶長九年の伊勢の津波記事は不自然な点があり、本地震のことではないかという疑いがある。

『増訂豆州志稿』(140) が「十月廿五日大震」と記すが、明応七年や慶長九年の記事と違って典拠が示されていないので、伊豆のことかどうかわからない。江戸の池上本門寺《いけがみほんもんじ》（東京都大田区）の五重塔が傾いたという『新編武蔵風土記稿』の記事を武者金吉は疑ったが、新収史料に『本門寺由緒書』などが収載されて事実が確認された。ただし「慶長十九年寅年大地震」としか書かれていないので、確実に本地震によるのかどうかはわからない。

千葉県銚子で飯沼観音裏まで津波が上がった（玄蕃《げんば》先代集）。この史料は家伝の記録などを18世紀初期にまとめたものだが、話が具体的なので尊重してよいと思われる。現在の標高からみて津波高は3～4 mと推定される。

道後温泉が地震で出なくなったと伝える史料が複数あるが、山崩れで埋まったようである。愛媛県西条市三津屋《みつや》で大震災・大津波があったという（多賀郷土誌）。

さて、この地震が越後高田沖で発生したというのは論外だが、京都付近のM6・5程度の地震だったという説も史料地震学から（つまり地震学の知見と史料学の融合によって）ほぼ完全に否定される。そのような地震であれば本震直後から多数の有感余震が発生するが、京都で毎日書き続けられた『時慶卿記』や『言緒卿記《ときおきょうき》』に地震記事がまったくないからである。

結局、各地の強震動や津波を説明できる地震像は、南海沖から東海沖まで震源域が広がる海洋底の大地震しか考えられない。『時慶卿記』の「暫不静」と、金沢藩主前田利常《としつね》が京都嵯峨《さが》に布陣していたときに大地震が起こり「時移りて止事なし」と記す『三壺記《みつぼき》』の記述は、海洋性大地震の長時間の揺れを想起させる。そのような地震は南海トラフ沿いのプレート間地震だと考えてよいだろう。Mは8未満だったとも推測されるが、史料が不足していることは否めない。そもそも私の解釈が妥当かどうかもふくめて、今後の重要な研究課題である。

5　中世の南海トラフ巨大地震

1498年明応東海地震

応仁元〜文明九(1467〜77)年の応仁・文明の乱で京都が焦土と化し、その後100年に及ぶ戦国時代が始まって間もなく、巨大地震が東海地方を襲った。明応七年八月二五日(1498年9月11日)の辰刻《たつのこく》(朝8時頃)のことである。この地震については羽鳥徳太郎(141)と飯田汲事(142)の先駆的論文がいまでもよく引用されるが、現在では問題もあるので注意を要する。

地震当時に京都と奈良で書かれていた複数の日記(143)によれば、京都は50年来経験したことがないような強い地震動に見舞われ、少なくとも4カ月間、余震と思われる揺れを感じた。しかし被害は記録されていない。本震の京都の震度は4〜5弱くらいと推定される。奈良は、興福寺で地蔵堂の南庇《ひさし》が崩れたと記されており、震度5弱程度だろうか。京都に伝わった話では、大地震の日に伊勢・参河《みかわ》・駿河・伊豆の諸国に大浪が打ち寄せ、海辺から2～3㎞までの民屋がことごとく溺水し、数千人と牛馬無数が命を落とした[144](以下、地名は図1-12)。

大湊(現、伊勢市大湊町、五十鈴川《いすずがわ》と宮川の河口)では大地震の「高塩」により1000軒余の家が流れ、5000人ほどが流死し、伊勢・志摩で約1万人が流死した[145]。また、大湊に近接する塩屋村が地震高浪と宮川上流の山崩れによる大水とで壊滅した[146]。複数の史料によれば本地震前後は強風雨が多く、八月八日と二八日には暴風雨(台風か?)もあったから、大雨と強震動の影響で山崩れが生じたのだろう。現在の津市の前身で繁華な湊町だった安濃津《あのつ》も津波で廃墟と化したことを矢田俊文が詳しく検証している[147]。

理科年表は「静岡県志太《しだ》郡で流死2万6千」(志太郡の海岸は大井川北岸から焼津市中心部まで)と記すが、総覧は出典が260を誤写したかと疑っている。しかし、明応地震による静岡県の被災状況を詳述した佐々木久彦は[148]、2万6千は不明だが、260人は少なすぎるという。佐々木と矢田によれば[149]、当時繁栄していた港湾都市・小川《こがわ》湊(現在の焼津港の南の焼津市城之腰《じょうのこし》・鰯ケ《いわしが》島《しま》の辺り)の海辺にあった寺院・住家が大津波で流され、僧俗・牛馬が流死して[150]、小川は壊滅した。焼津市坂本の林叟院《りんそういん》が明応六年に移転するまで建っていた小川村の海浜は、七年八月八日の大雨と八月二五日の大地震動・大津波で海没したという。

伊豆半島西岸も大津波に襲われた。都司嘉宣・小網汪世《ひろよ》は[151]、記録や伝承にもとづいて、沼津市江梨10・9ｍ以上(12・6ｍ以下)、伊豆市小土肥《おどい》18ｍ、同市八木沢22ｍ、西伊豆町大田子《おおたご》10ｍ、同町仁科9・7mなどの津波高を出している。ただし、なお検証が必要な地点もある。

遠州海岸の砂丘の内側に潟湖《せきこ》が広がっていた浅羽《あさば》低地において、物資の集散地として栄えていた元島《もとじま》遺跡(磐田市豊浜の太田川右岸)の湊と浅羽湊(袋井市湊)(あるいは、やや西方の掛塚湊(磐田《いわた》市駒場《こまば》))がこの地震で大きな被害を受けて衰退ないし消滅した[152]。元島遺跡では、明応地震によると思われる強震動の痕跡が見つかっていたが、最近、同時期の津波堆積物も発見された[153]。矢田は、明応地震で浜名湖が海とつながって汽水湖となり(決壊した場所が今切《いまぎれ》)、またそれまで淡水湖の水を遠州灘に落としていた浜名川に沿う港湾都市・橋本が壊滅したことも述べている。なお、この地震によると推定されている地震痕が尾張国府跡[154](愛知県稲沢市)でも、また津波堆積物が志摩半島東端の志島《しじま》低地[155](三重県志摩市)でも、見つかっている。

鎌倉の震度と津波高について、羽鳥は5および8〜10m、飯田は5および5〜6mとし、総覧も「波が大仏殿・千度壇《せんどだん》に達し流死200」と記す。しかし、『鎌倉大日記《おおにっき》』の明応四年八月一五日の記事を本地震のことだと読み替えているのは大きな問題である。それが不適切なことを私は1980年に指摘している[156]。また『異本塔寺長帳』という低質の史料[157]を鵜呑みにしているのもよくない。鎌倉に関しては信頼できる情報はないのである。

羽鳥と飯田は、千葉県小湊《こみなと》(現、鴨川市)で震度5、津波高4〜5mとしているが、典拠は『内浦《うちうら》絵図面』『千葉県安房郡誌』という後世の文献で、震度の推定はできない。小湊誕生寺の当時の状況から、津波があったとしても3m程度でもよいという意見がある[158]。また、羽鳥と飯

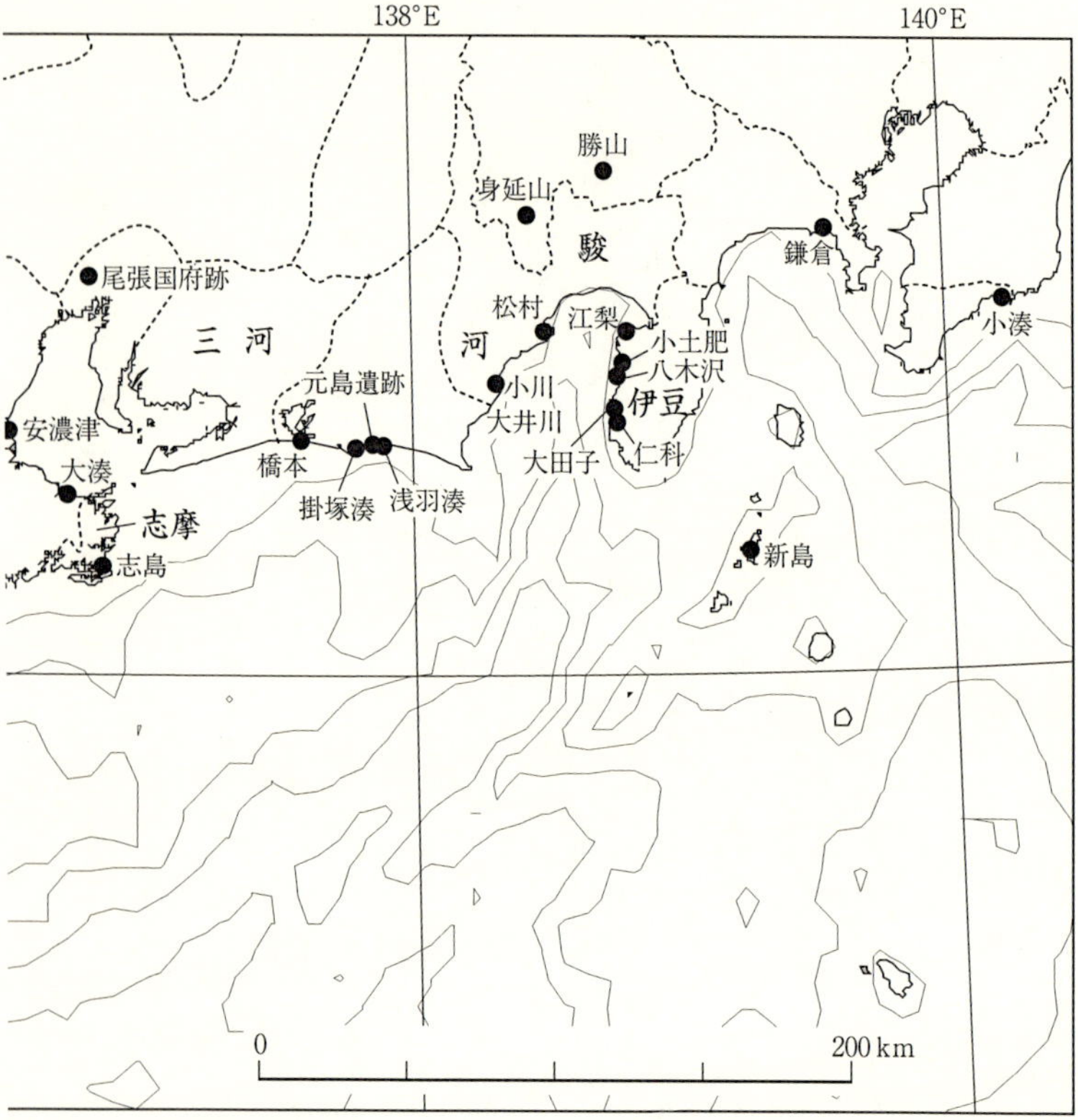

係する地点．破線は旧国界．

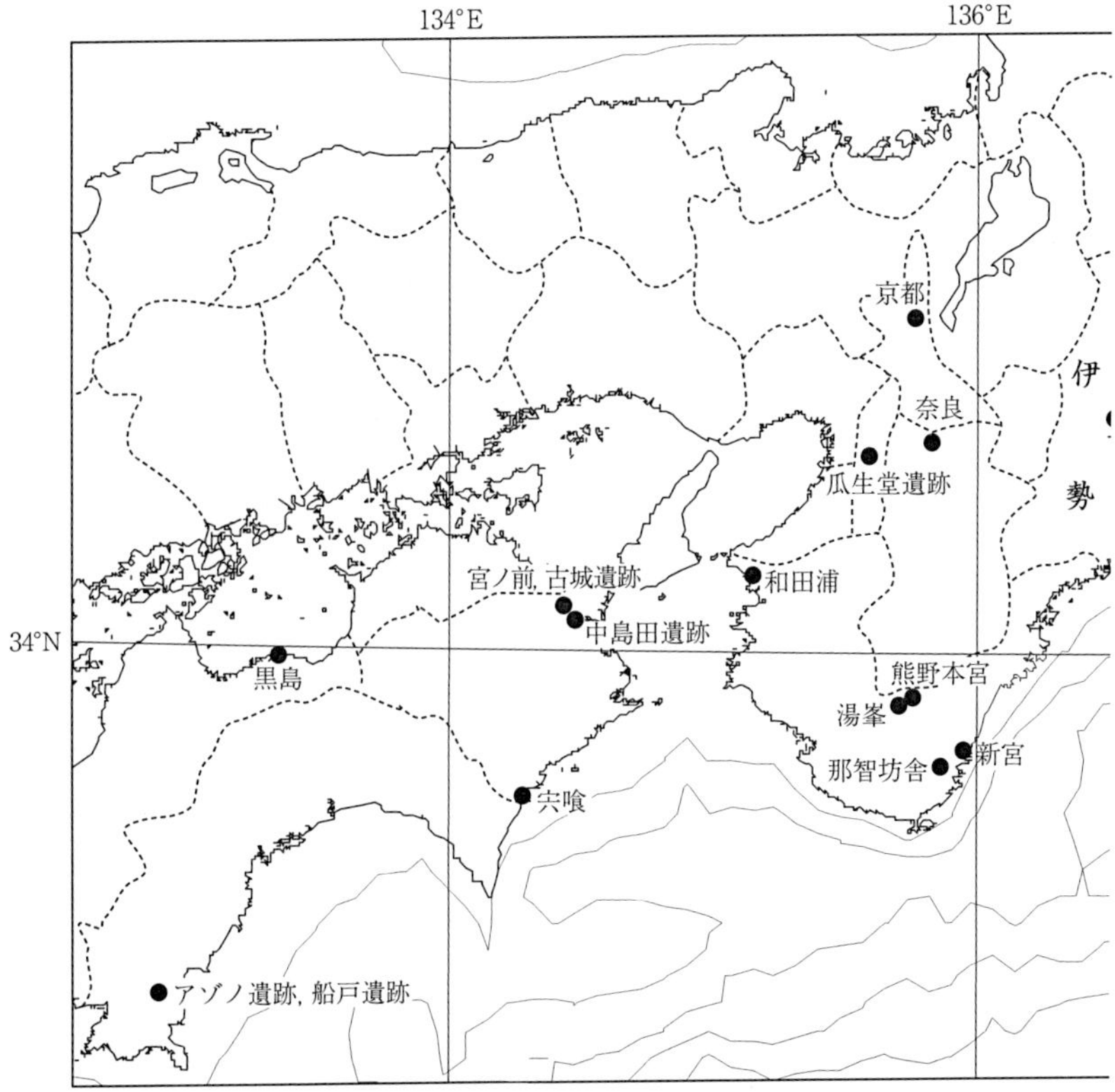

図 1-12　1498 年明応地震に関

田が八丈島の津波高を４ｍとしているが、都司が新島のことであることを明らかにした。[159]

近世に作られて信頼性がやや低い『熊野年代記』[160]によれば、湯峯の湯が（たぶん地震で止まって）42日目の一〇月八日に出た。また田《た》鶴原館《づはらのやかた》（たぶん新宮市）と鐘楼堂（たぶん新宮市・熊野速玉《はやたま》大社の中）、郡智坊舎（那智勝浦町の青岸渡寺《せいがんとじ》・熊野那智大社）、熊野本宮大社（田辺市本宮町）が崩れ、（たぶん熊野の）浦々に津波があった。熊野地方は最大震度6だった可能性がある。

地殻変動は不明だが、以上の津波・地震動の状況から、この地震が少なくとも熊野灘〜遠州灘を震源域とする東海地震だったことは確かである。14頁で述べたように、湯峯温泉の湧出停止は熊野灘の震源域の影響だろう。駿河湾沿岸も大津波だったことから、震源域が湾内に入っていた可能性も高い。最近は違った考えも出されているが、第2章5節でふれる。総覧はM8・2〜8・4としている。

理科年表は「震害はそれほどでもない」と記し、総覧も「震害に比して津波の被害が大きく」と書いているが、京都や奈良の揺れの強さと有感余震の多さ、および熊野の強震動から、東海地方の地震動も激しくて震害も大きかったと推測される。実際、静岡市清水区松村の海長寺は諸堂がことごとく倒壊し、[161]震度6強〜7と判断できる。地震当時遠州地方で活動していた禅僧の『円通松堂禅師《えんつうしょうどうぜんじ》語録』のなかに、浅羽低地付近の揺れの激しさの生々しい描写があるが、この地域も震度7だった可能性が高い。いっぽう、七月と八月に2度の暴風雨があって民家・神社仏閣が破壊されたことも語られており、それが震害を見えにくくした面があるかもしれな

い。山梨県も地震動が激しく、しかも明応九年まで大地震が頻発した。(162)

明応東海地震に対応する南海地震

明応東海地震に対応する南海地震があったことは、高知県四万十市のアゾノ遺跡と船戸《ふなと》遺跡、徳島県の吉野川下流域の宮ノ前《みやのまえ》・古城《ふるしろ》・中島田《なかしまだ》の各遺跡、東大阪市の瓜生堂《うりゅうどう》遺跡で15世紀末頃の液状化跡が発見されていることから、(163)ほぼ確実と考えられている。しかし、揺れと津波の確かな文献史料がなく、年月日が特定できていない。(164)津波堆積物に関しては、大分県佐伯市の龍神池や高知県土佐市の蟹ヶ池などでも明応年間あたりのものは確認されていない。(165)

現段階では、明応南海地震の候補は、可能性が低いかもしれないものも含めて4つあると考えられる。日付の早い順に、明応七年六月一一日、同年八月二五日(東海地震と同時)、同年閏一〇月一八日、永正九年六月九日である。

『後法興院政家記』や『御湯殿上日記』など(166)によれば、明応七年六月一一日(1498年6月30日)の未《ひつじ》～申刻《さるのこく》(15時頃)に京都で強い揺れを感じた。ただし、『後法興院記』は八月二五日のほうが倍くらい強かったと述べている。京都の被害は知られていない。熊野・伊勢・三河も強く揺れたようである。(167)この地域で被害を記す史料があるが、八月二五日と混同している可能性が高い。『九州軍記』が、卯刻《うのこく》(朝6時頃)から九州で大地震が起こり、巳刻《みのこく》(10時頃)に最大に達して大災害を生じ、全国に及んだと述べているのは、明らかに誇張だろう。

注目すべきは、この地震が安政南海地震や宝永地震と同じように、中国でセイシュ（41、47頁）や井戸の振動をひき起こしたらしいことである。[168] この日、現在の江蘇省蘇州《スージョウ》市で村々の河川、水路、池沼、井泉がことごとく揺れ動いて数尺湧き上がり、しばらくして静まった。蘇州市内の常熟《チャンシュー》市と上海市嘉定《ジャーディン》区でも、申刻に同様のことが起きた。

この六月一一日の地震こそが南海巨大地震だという主張がある。[169] それが正しければ東海地震の前に南海地震が発生した初めての例となり、きわめて重要である。しかし私は、その主張にはいくつもの無理な史料解釈があることを指摘した。[170] 総覧は、六月一一日に10時頃の日向灘の地震（M7・0～7・5）と午後の畿内の地震（M不明）の2つが起きたとしているが、軍記物の『九州軍記』を話半分に聞けば、午後に九州の地下でスラブ内地震（45頁）が発生したという解釈も成り立つ。九州の地下のスラブ内大地震は京都付近を強く揺らすことがあり、またスラブ内地震の可能性がある安政南海地震の最大余震が上海付近を揺らしたからである。[171]

明応東海地震と同時に南海地震が起きたという考えに関しては、1980・81年に都司嘉宣が、『紀伊続風土記《ぞく》』（江戸末期に和歌山藩が編纂した地誌）と『和歌山県神社明細帳』（明治初期に内務省が各府県に作成させた神社台帳）に見える「明応年間の高波」といった複数の記事を詳しく検討し、明応東海地震の震源域が少なくとも紀伊水道沖まで達していて和歌山付近に津波をもたらしたと主張した。[172] それらの記事は、当時の紀ノ川河口の和田浦という港町の住民・寺社が津波のために湊村（現在、和歌山城西方の紀ノ川東岸）に移ったと伝えるものだが、矢田俊文もこれを歴史学的に吟味して、明応七年八月二五日の地震津波以外には考えられないと述べている。[173]和歌山市付近に大津波をもたらしたならば南海地震ということになる。

しかし、一連の記事中には「明応以前大浪の時一村流失せり其残れる居民明応の頃皆湊村に移る」(傍点、石橋)という記述もあり、いくつか不自然な点も感じられる。[174] 浪害の危険性は慢性的にあったとしても、「明応の頃」の集団移転はこの地域のこの時期の社会的要因が強かったという可能性はないのだろうか。ただし、紀ノ川河口一帯でも津波堆積物の調査をおこなう必要があるだろう。

明応七年閏一〇月一八日(1498年12月1日)に南海地震が起きたかもしれないというのは、この地震(午前2〜3時頃)が京都で殊更強く感じられたからである。[175] 熊野灘以東の大余震か内陸の地震と考えるのが普通で、強く主張するわけではないが、可能性を否定はできない。

最後に永正九年六月九日(1512年7月21日)だが、徳島県最南の海陽町宍喰の旧家・田井《たい》家に『永正九年八月四日　慶長九年十二月十六日　宝永四年十月四日　嘉永七寅《とら》年十一月五日四ケ度之震潮記』という記録が伝わっている。[176] そのなかの「宍喰浦成来《なりきたる》旧記之写《うつし》」に、同地が永正九(1512)年八月に洪浪に襲われてほぼ全滅し、約2200人の死者を生じたことが詳しく書かれている。しかし、これに符合する地震・津波・気象などの記録はいまのところ知られていない。[177]

いっぽう、永正九年六月九日の夜10時頃に京都で大震動を感じ、非常に長く続くとともに、翌朝までに余震と思われる揺れが8回くらいあった。[178] 一八日には地震および宮中の怪異を伊勢神宮に祈禱させた(大日本史料)。これが京都から遠くない内陸の浅い大地震だったら有感余震がもっと多いはずだから、長時間の揺れとあいまって、遠方の(巨)大地震を思わせる。これが南海地震で、宍喰浦の旧記が八月と書いているのは六月の誤伝・誤記だったということはないだろうか(『震潮記』の表題に「八月四日」とあるが「四日」の根拠は不明)。可能性は低そうだが、この地震の素性の追究とともに、そもそも「旧記」の内容が本当かどうか、宍喰での災害遺跡や津波堆積物の調査が望まれる。東海地震の14年後というのは間が空きすぎるという見方がありうるが、そういう先入観はもたないほうがよいだろう。

1361年康安南海地震

鎌倉時代末の元弘《げんこう》元(1331)年、後醍醐《ごだいご》天皇の倒幕挙兵によって南北朝の内乱が始まる。30年経過した康安《こうあん》元年(延文《えんぶん》六年三月二九日に疾疫により改元、南朝では正平《しょうへい》一六年)、南朝方の劣勢は覆うべくもなかったが、北朝方の内輪もめも激しく、離合集散と合戦が続いていた。その年の六月二四日(1361年7月26日)の卯《う》に近い寅刻《とらのこく》(午前4~5時頃)、大地震が京都とその周辺を襲った。

この地震の発生年は、地震学では南朝年号の「正平」を用いており、総覧と理科年表もそうなっている。これは、皇国史観を背景とする戦前の歴史地震研究の遺産が非常に大きいことを反映している。[179] 私も、1998年の学会発表の予稿（巻末注191）執筆までは「正平」を使っていた。しかし、現在の日本史学では論題に関する一次史料の年号を使うのが基本ということを知り、歴史地震学でもそうしたほうがよいと考えた。本地震の場合、ほとんどの地震史料が北朝年号で書かれているから、「康安」を用いるほうがよい。

地震のとき京都では『愚管記《ぐかんき》』『後愚昧記《ごぐまいき》』『忠光卿記《ただみつきょうき》』という日記[180]が書かれており、前二者は原本が伝わっている。それらによると、京都では魂を消すような強震動を感じた。しかし被害は記されていない。東寺の寺誌の『東宝記《とうぼうき》』が連日の大地震で講堂が傾いたと書いているが、次項の地震も関係したかもしれない。京都の震度は4の最大くらいだろう（地名は図1-13）。

奈良方面に関しては、この当時の法隆寺内外の動静を記録した『嘉元記《かげんき》』（別名『斑鳩嘉元記《いかるがかげんき》』）が貴重な事実を伝えている。まず法隆寺で、塔の九輪の上部の火炎（たぶん水煙）の折損、金堂《こんどう》の仏壇の崩れ、東大門《とうだいもん》脇の築地の破損、東院伝法堂《とういんでんぽうどう》の壁の落下があった。なお、現代の解説本は私の知るかぎり「法隆寺の塔の九輪の上が火災」とするが、たぶん誤りである。[181]

『嘉元記』によれば、薬師寺でも金堂二階の傾損、一方の塔の九輪落下と他方の塔のゆがみ、回廊の転倒や諸堂の損壊などがあり、唐招提寺でも塔の九輪が大破して西の回廊がみな転倒した。春日社の石灯籠がみな倒れたと記す史料もあるが、本地震（だけ）によるのかどうかわからない。被害は老朽化や次項の地震の影響があったかもしれず、法隆寺や奈良付近の震度は5の中ほどと推定される。[182] 九輪の損壊は長周期地震動が長く続いたことを思わせる。

『後愚昧記』などによれば、大坂の四天王寺（天王寺）の金堂が倒壊し、大塔が傾いて九輪が落ち、5人の圧死者が出た。上町《うえまち》台地の地盤のよいところだが、老朽化していたか、次項の地震で傷んだのかもしれない。震度は控えめにみて5強くらいだろう。また『西琳寺流記《さいりんじるき》』によれば羽曳野《はびきの》市の西琳寺で回廊と鎮守の拝殿が転倒したという。(183)

『愚管記』の七月三日の条に、伝聞として、本地震と二一日の地震によって、紀伊半島南部の熊野社頭ならびに仮殿《かりどの》以下、熊野三山《さんざん》の岩屋、秘所・秘木・秘石などがことごとく破滅したとの注進が三山からあったと記されている。熊野は震度6に達したと推定される。『嘉元記』も、熊野山の山路や山河などが多く破損し、一説に湯峯の湯が止まって出なくなったと述べている。ただし、これが本地震だけによるのかどうかは不明である。

軍記物語の『太平記』がこの地震のことを不正確かつ誇張して叙しているが、そのなかに、阿波の雪の湊（徳島県美波町《みなみちょう》の由岐《ゆき》）が大波に襲われて1700余軒が流されて人畜が全滅したこと（六月一八日から一〇月の間）、難波《なにわ》の浦が1時間ほど干上がって漁民が魚介を拾っていたところに大波が押し寄せて数百人が死んだこと（七月二四日）が書かれている。

難波については『嘉元記』も、天王寺金堂破倒に続けて、安居殿《やすいどの》御所西浦まで潮が満ちて、その間の在家人民が多く損失したと記している。これについては山本武夫・萩原尊禮(184)や矢田俊文が(185)詳しく検討した。当時は、上町台地上の天王寺の西門を出て安居殿（現、安居神社）のある急崖を下るとじきに海であり、海浜の集落が津波の被害を受けたのだろうという。津波の高さは3～5ｍと推定されている。なお、このときの大坂の津波が宝永津波よりも内陸まで到達したという解説があるが、[186]海岸線の変遷を考慮していないようである。

由岐については、康暦《こうりゃく》二（1380）年の年記をもつ石碑（康暦碑）が康安津波の死者の供養碑とされ、記された戒名の数から「流死60（以上？）」（総覧）ともいわれるが、山本・萩原は死者供養ではなく、碑を造立した人々が、近い過去の災害の記憶もあってか、自分たちの後生を願ったものだろうとした。ただし山本・萩原も矢田も、由岐の津波自体は事実だったろうと考えている。江戸末期の土佐国《とさのくに》の史書が、高知県南国市《なんこくし》前浜にあった正興寺に高潮が上って古文書などを流したと記しており、山本・萩原は津波の高さを5～7ｍと推定した。

以上の地震動と津波の状況から、本地震が紀伊水道沖～四国沖を震源域とする南海巨大地震だったことは確実と考えられる。地震に伴う地殻変動の文字記録はないが、紀伊半島南部海岸の隆起生物遺骸群集の調査から、本地震で大きな隆起があった可能性が指摘されている。[187]京都で有感余震と思われるものが多かったが、これは次項の地震にも深く関係していると思われる。総覧はM8¼～8・5としているが、奈良・大坂の地震動が強かったこと、大坂の津波がかなり高く、後述のように大分県佐伯市付近も大津波に襲われた可能性があることから、南海地震としては大きな部類だったと推定される。

本地震によるかもしれない液状化跡が徳島市の中島田《なかしまだ》遺跡と徳島県板野町《いたのちょう》の黒谷川宮ノ前《くろだにがわみやのまえ》遺跡にあり、奈良県明日香村のカヅマヤマ古墳の地滑り跡も本地震による可能性が高いという。[188]

しかし、明日香村の地滑りは次項の地震によるのかもしれない。

岡村眞らによる龍神池（大分県佐伯市）の湖底堆積物調査で、本地震の津波によると思われる顕著な砂層が見つかった。宝永地震によるとみられる砂層もあったことから、本地震も宝永地震と同様の東海・南海連動地震だったと考えられた。[189] しかし、宝永地震の項で述べたように（51頁）、この付近の大津波だけでは東海側にも震源域があったかどうかはわからない。

1361年康安東海地震

現在の通説では、前項の南海地震とペアをなす東海地震は特定されていない。総覧と理科年表には前年一〇月五日の地震（M7・5〜8・0、熊野から摂津まで津波、人馬牛の死多し）が掲載されていて、1944年東南海地震的にもみえるが、低質史料にもとづく実在しない地震であることが25年近く前に論証されている。[190] 地震年表からは削除したほうがよい。

総覧も理科年表も、前項の南海地震の直前に正平一六年六月二一日の畿内諸国の地震（法隆寺の築地多少崩れる）を掲げ、同月一六日ないし一八日から京都付近に地震が多かったことを述べて、二四日の地震の「前震か？」と記している。もしそうならば、南海地震に顕著な前震が伴った唯一の例になる。しかし実は、この二一日の地震こそが東海地震だと考えられる。[191] 南海地震の前震という見方は、『続本朝通鑑《ぞくほんちょうつがん》』（江戸時代前期に幕府が編集した日本通史『本朝通鑑』の続編。史料批判の精神が弱く、出典を示さず、厳密性を欠く。康安地震関連記事も、誇張・誤りの多い

『太平記』に依っている）などの記述を鵜呑みにした今村明恒の見解[192]に由来するようである。

同時代史料の『愚管記』と『後愚昧記』の記事を総合すると、まず一六日の巳刻《みのこく》（10時頃）に地震があり、一七～二〇日は地震がなく、二一日の酉刻《とりのこく》（18時頃）に近来なかったような強い揺れを感じた。そして二二日卯刻《うのこく》（6時頃）にふたたび強震動に襲われ、その後、大小動が休みなく続いた。夜半にも大揺れが二度あった。さらに二三日も、前日と前々日の2度には及ばないが、たびたび揺れが続いた。そして二四日未明の南海地震に至る。

前項でみたように、『愚管記』が、二二日と二四日の大地震のときに熊野三山に大被害があったと書いている。また、法隆寺の『嘉元記』が、二二日の卯時に地震があって、同寺の築地が3カ所で倒れたことを具体的に記している。

以上の地震史料を素直に読めば、一六ないし一八日から前震的・群発的な地震が続いて二四日に南海地震が起こったというよりは、二二日早朝に熊野灘以東を震源域とする東海地震が発生し、直後からその余震が頻発するなかで二四日の南海地震が続発したと考えるほうが、はるかに自然である。そうではなくて南海地震の前震活動だと主張するならば、そういう特殊な判断をする根拠を説得的に説明しなければならない。

二一日の地震は単発的で被害も記されていないのにたいして（だから被害がなかったというわけではないが）、二二日の京都の大震動は直後から余震を思わせる揺れが続いて熊野と法隆寺の被害も記されているから、後者が東海地震だと判断してよいと思われる[193]。すなわち、康安元年六

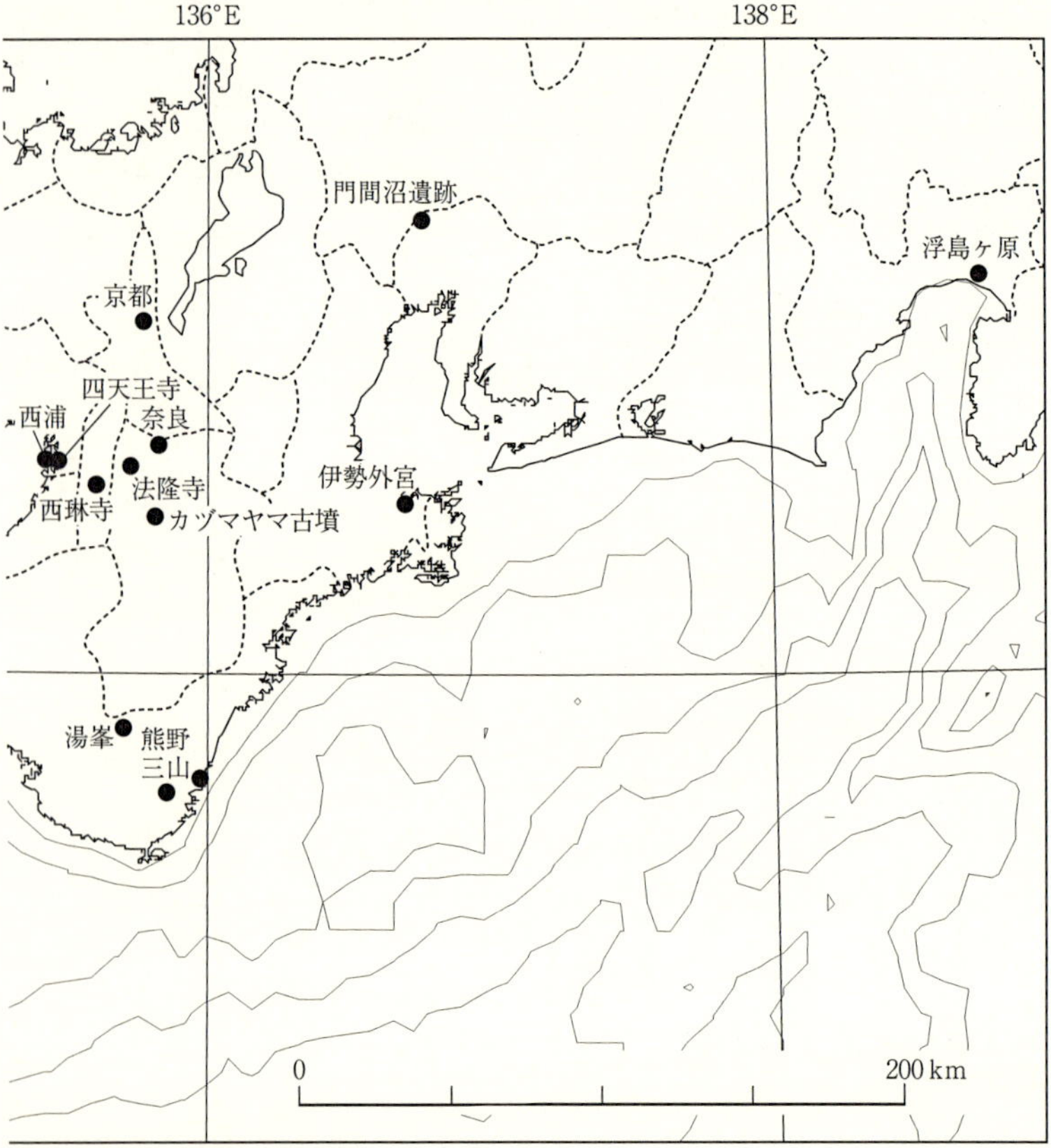

係する地点．破線は旧国界．

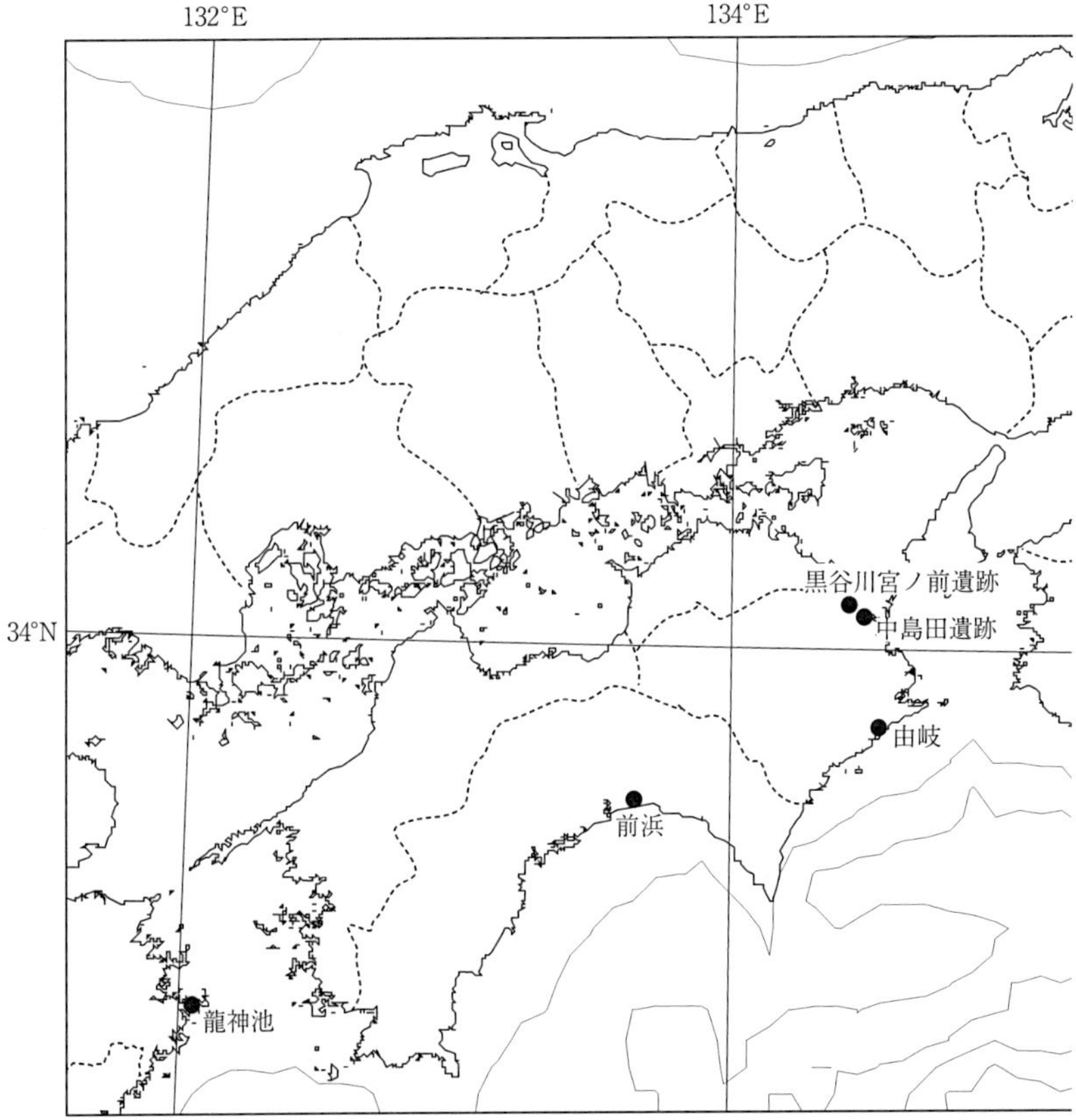

図 1-13　1361 年康安地震に関

月二二日(1361年7月24日)の6時頃に東海地震が発生した。

ただし、震源域が東方にどこまで延びていたかは史料からは不明である。京都では、被害が記されておらず、震度4～5弱くらいだろうか(前項で述べたように、東寺の講堂が傾いたかもしれないが)。法隆寺付近の震度は5の中ほど、熊野の震度は6だったと推定される。一般に、京都では南海地震よりは東海地震のほうが揺れを強く感じるから、二四日以降の京都の震動は東海地震の余震が多かったかもしれない。奈良方面で南海地震の被害のほうが顕著に見えることに関しては、地震そのものの規模が違っていた可能性のほかに、東海地震の被害も含んでいるとか、東海地震で建物が少し弱くなったとかいう事情もあるかもしれない。湯峯温泉が二二日の東海地震で止まった可能性もある。

東海地方の震害や津波の記録がないが、南北朝の内乱という政治的・社会的状況による記録の空白があるのかもしれない。最近、伊勢神宮関連史料の調査から、「康安元年六月の地震」によって外宮正殿《げくうしょうでん》の壁板が抜け束柱《つかばしら》が転倒する被害が生じたことが知られ、震度6弱以上と判定されて「東南海地震の存在」が示唆された[194]。ただし日付がわからないのが残念である。また、この程度の被害なら震度5でもよいかもしれない。なお、愛知県一宮市木曽川町《きそがわちょう》の門間沼《かどまぬま》遺跡の14世紀の噴砂跡が東海地震の痕跡と考えられるという[195]。

藤原治らは、駿河湾北岸の浮島ヶ原で過去約1500年間の湿地堆積物を調査し、14世紀中頃の湿地水位の急上昇を見いだした[196]。その原因として地震による沈降の可能性をあげたが、そうであれば康安東海地震の震源域が駿河湾北岸にまで達したことを示唆する（第2章5節）。

◉コラム　中世に未知の巨大地震が埋もれているか

図1-2において、1361年康安地震以降は平均117年ごとに巨大地震が発生しているのにたいして、1361年の前は1099年まで262年も隔たっている。この間に未知の東海・南海地震が隠れているのではないかという疑問が生ずるのは自然である。

1998年頃、貞永《じょうえい》二年（四月一五日に天福《てんぷく》と改元）二月五日（1233年3月17日）の「地震」が、南海トラフ巨大地震の長期評価の計算に使われたことがある。総覧の旧版（1996年）が、『日高郡誌』の「……大地震、大風大雨にて諸国大荒、諸方にて人死之数不知、家潰事数不知」という記事を示し、被害は大風大雨によるものか真偽不明としながらも、大阪府堺市の石津太《いわつた》神社遺跡の13世紀前半の液状化跡がこの地震によるかもしれないと記したことなどによる。しかし私は、『日高郡誌』（和歌山県）の記事のもとになった『蓮専寺記《れんせんじき》』の記述が信頼できないこと、同時代史料である『明月記《めいげつき》』（歌人・藤原定家《ふじわらのていか》の日記）と『民経記《みんけいき》』（公卿・藤原経光《ふじわらのつねみつ》の日記）の当日とその前後に地震や悪天候の記事がないことを確認して、これは地震ではないだろうし、大風雨で「諸国大荒」というのも疑わしいことを示した[197]。

寒川旭によれば[198]、石津太神社遺跡のほかに紀伊半島南端の川関《かわぜき》遺跡（和歌山県那智勝浦町）にも13世紀初め頃の液状化跡があり、その頃に南海地震が発生した可能性が高いという。また、静岡市の上土《あげつち》遺跡に鎌倉時代頃の多くの地割れ跡が見つかっていて、東海地震も発生したかもしれないという。

局地地震の可能性と推定年代幅の問題があり、文献史料からの裏付けが望まれる。1200年から60年間だけでも、地震史料には100回以上の京都の有感地震がある。例えば寛元三年七月二七日(1245年8月20日)の地震ほかを綿密に検討することが史料地震学の重要課題である。

元暦《げんりゃく》二年(八月一四日に改元されて文治《ぶんじ》元年)七月九日(1185年8月6日)に京都〜比叡山〜琵琶湖南西岸付近などに大きな被害を生ずる地震が起こった。都司嘉宣は、これが南海地震だった可能性があると主張している。(200) しかし、この地震は、史料的にも地震学・地学・考古学的にも京都に近い内陸で発生したことはほぼ確実で、(201) 南海地震説は史料の無理な解釈によるといわざるをえない。(202)

最近、歴史学の保立道久《ほたてみちひさ》が、治承《じしょう》三年一一月七日(1179年12月7日)の夜に京都で大震動を感じた地震が南海地震ではないかという問題提起をおこなった。(203) しかしこれも、地震学的には、そのようには考えにくい。(204) 現在のところ、12〜13世紀の南海トラフ巨大地震はまだ謎に包まれている。

6 古代の南海トラフ巨大地震

1096年永長東海地震

平安時代後期の堀河天皇の世、父・白河上皇によって院政が始まり、荘園・公領を基盤に武士が台頭してきた時代に、2つの大地震が発生した。それも原因になって年号が目まぐるしく変わっている。なお、近年の日本史学ではこのあたりを中世の始まりとする見方が有力だというが、本章では便宜上古代の最後の巨大地震としておく[205]。

嘉保《かほう》三年一一月二四日（１０９６年12月11日）の地震は、辰刻《たつのこく》（朝8時頃）に発生した[206]。一一月一七日に天変・地震により永長《えいちょう》と改元されたので永長地震と呼び習わされており、本書もそれに従う。関白・藤原師通《もろみち》の『後二条師通記《ごにじょうもろみちき》』と右大臣《うだいじん》・藤原宗忠《むねただ》の『中右記《ちゅうゆうき》』という日記が、京都で書かれた同時代史料として重要な情報を伝えている（以下、地名は図1-14参照）。

師通は辰時に6度大地震があって時間がまことに長かったと記し、宗忠は辰時頃に大揺れして2時間ほどに及んだと述べていて、震源域が広大で震源時間が長く、本震直後から大余震が続発したことを思わせる。余震とみられるものがその後も京都でかなり感じられた[207]。

京都では家々がいまにも倒壊しそうになった。大内裏《だいだいり》（宮城。現在の二条城北西部から、北は一条通、西は御前通《おんまえどおり》あたりまで）では応天門の西楼が大きく傾き、大極殿《だいごくでん》（現在の千本丸太町《せんぼんまるたまち》交差点やや北）の柱や軒瓦が少しずれた。しかしその程度で、大震動だったのに殿門に破壊がなくて人々は奇としたという。閑院御所《かんいんごしょ》（現在の二条城のやや東）にいた堀河天皇は、池の舟に避難した。東寺の塔の九輪が落ちるなど、あちこちの塔や仏像が損傷したが、大きな被害はなかったようである。京都の震度は5弱～中くらいだろう。近江の勢多橋《せたばし》（琵琶湖南端の瀬田川流出部）が破壊してわずかに東西の岸辺の部分が残った。ただし老朽化していたのかもしれない。

奈良方面では、東大寺の鐘が地に落ち、薬師寺の回廊が転倒し、興福寺西金堂《さいこんどう》の脇士《わきじ》（本尊の両脇の仏像）も倒れた。震度は5程度と推定される。大坂の天王寺（四天王寺）が激しく揺れた[208]。

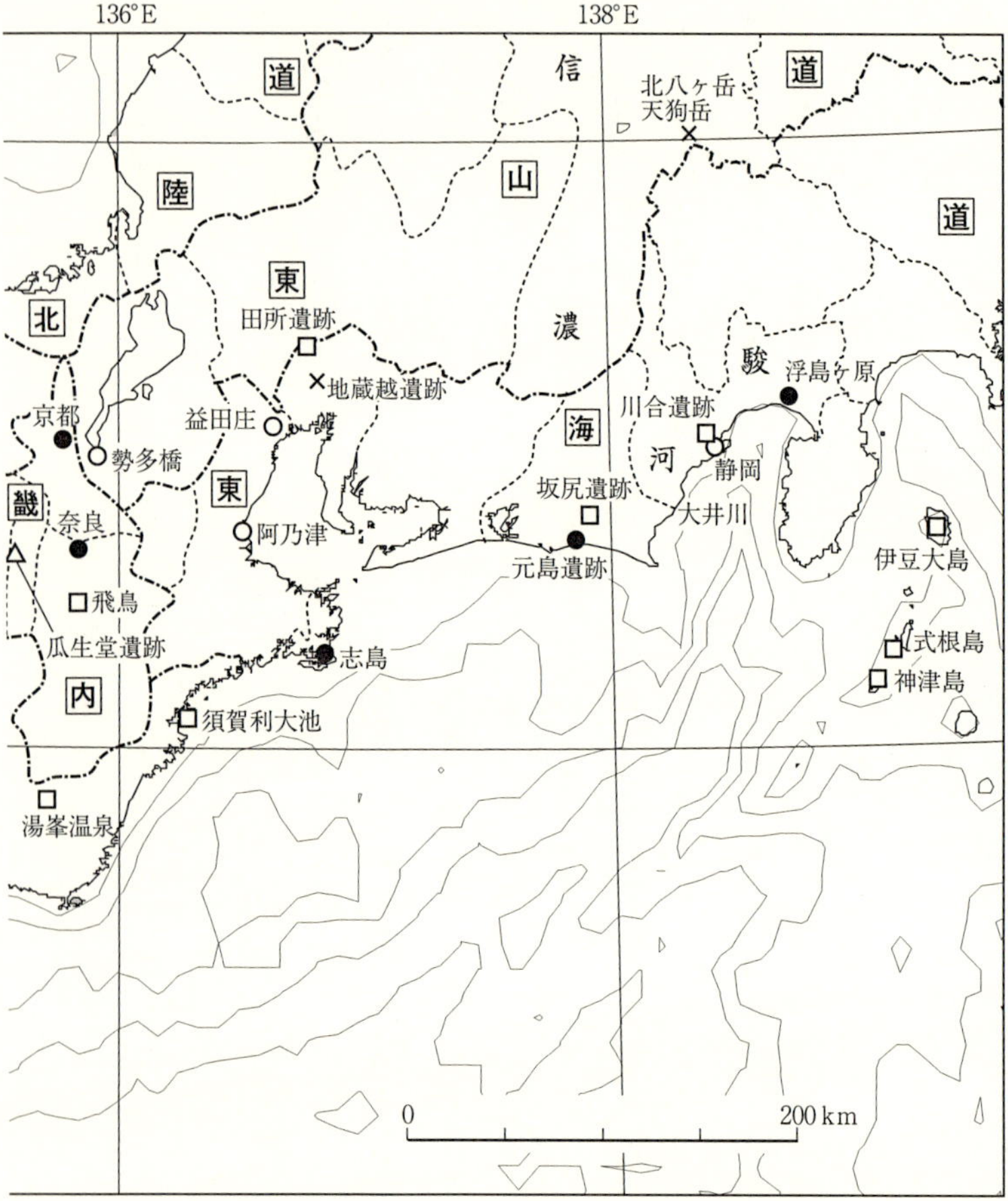

震に関係する地点．破線は旧国界，太い一点鎖線は五畿七道の境界．

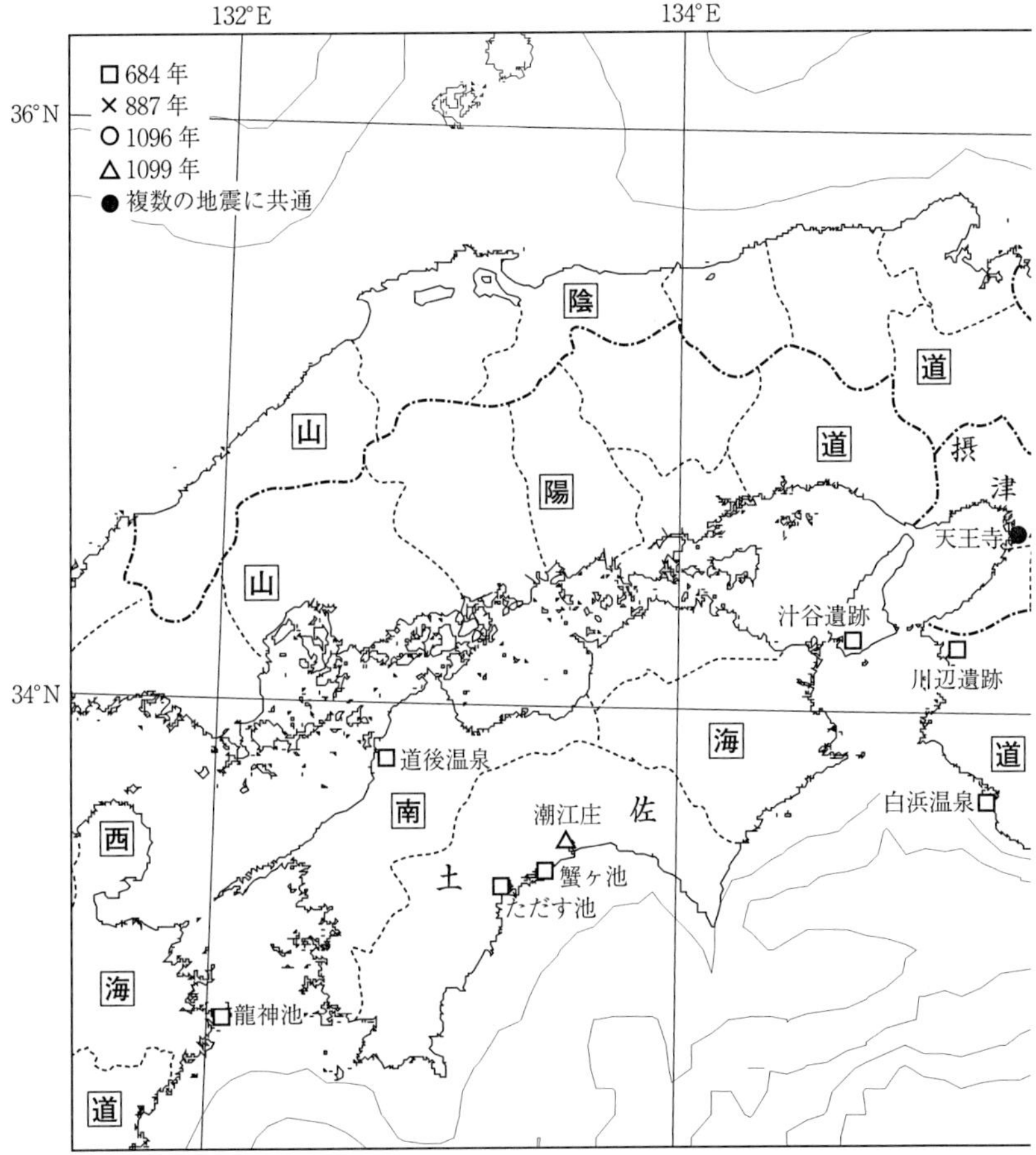

図 1-14　1096/99 年永長・康和地震，887 年仁和地震，684 年白鳳地

ここの震度は高々5弱くらいだろうか。

『中右記』は、伊勢国の阿乃津《あのつ》(現在の三重県津市)の民戸が大波浪のために多く損ぜられ、諸国で同様のことがあったと記している。この記事は阿乃津(安濃津)が史料に現われる最初で、同地の津波記録の初出でもある。『師通記』によれば、駿河国(大井川以北、国府は静岡市内)から「大地震、仏神舎屋百姓四百余流失」という報告が届いた。これも津波だろうが、最近北村晃寿《あきひさ》らが静岡平野で、この地震による津波堆積物と推定される砂層を発見した。[209]

「近衛家文書」によれば、揖斐川《いびがわ》河口付近西岸(三重県桑名市)の近衛家領・益田庄《ますだのしょう》では、「○○島」と呼ばれる耕地がいくつか「空変海塵《じん》」のように消滅した。[210] おそらく木曽三川《さんせん》河口デルタの低地が、強震動・液状化・地盤沈降・津波の複合作用で崩壊・海没したのだろう。

地震による地殻変動と温泉異常の記事はないが、京都・奈良方面の強震動と伊勢湾・駿河湾の津波の組み合わせ、京都の多数の有感余震から、本地震が東海巨大地震だったことは確実だと考えられる。１９４４年東南海地震によって伊勢湾の西岸～北岸はどこも20cm内外沈降し、それが東南海地震および安政東海地震の震源断層モデルで再現された[211]ことを思い出すと、阿乃津と桑名付近の被害には、そのような沈降も影響していたかもしれない。本地震によると推定される強震動痕はみつかっていないが、対応する津波堆積物が志摩半島東端の志島《しじま》低地[212]と遠州灘沿岸の元島遺跡[213]で認められている。総覧はＭ８・０～８・５としている。

私は、本地震の震源域は駿河湾内に及んでいた可能性が高いと考えたが、[214] 駿河湾北岸の浮島ヶ原の湿地堆積物調査（78頁）で、11世紀の湿地水位の急上昇が検出された[215]。それが湿地の急な沈降ならば、本地震の震源域が駿河湾北岸にまで達したことを示唆する（第2章5節）。

年が明けて永長二年、元日早々また地震があって人々を驚かせた。その後も変災が続き[216]、一一月二一日に、天変・地震・洪水・大風などにより承徳《じょうとく》と改元された。

1099年康和南海地震

承徳三年正月二四日（1099年2月16日）の卯時《うのとき》（朝6時頃）、再びかなりの揺れが京都を襲った[217]。この地震と夏の疾疫のために八月二八日に康和《こうわ》と改元されたので、康和地震と呼び習わされている。混乱を生じないために本書もそれに従っておく。

同時代の根本史料で有用なものは『後二条師通記』と『時範記《ときのりき》』（地震当時左少弁《さしょうべん》・因幡守《いなばのかみ》で師通の家司《けいし》も兼ねていた平時範の日記）だけである[218]。師通も時範も「大地震」と記し、摂関家ゆかりの高陽院（二条城のすぐ北東側一帯）にあった皇居に参上した。しかし、1096年にくらべて記述が簡単で、京都の地震動が3年前より弱かったことを思わせる。

この日は、皇子の誕生を祈るために伊勢神宮に派遣される公卿勅使《くぎょうちょくし》を送り出す日で、午後、堀河天皇は大内裏に行幸した。発遣の儀式に障りはなかったようで、永長東海地震のような被害はなかったらしい。やはり京都の震度は3年前より軽くて4程度だったと推定される。

奈良では、興福寺の回廊・大門などが転倒し、西金堂の柱が小損、塔が破損した[219]。大坂の天王寺でも回廊と樹木が倒れた。[220] 東大阪市の瓜生堂《うりゅうどう》遺跡には、11世紀末から12世紀にかけての小規模な液状化跡があるという。[221] ここは天王寺（上町《うえまち》台地の上）よりずっと地盤が悪いから、この液状化が本地震によるものだとすると、大坂地域の地震動がそれほど激しくなかったことを思わせる。奈良と大坂の震度は、建物の老朽度によっては5弱程度かもしれない。

この地震は、かつては奈良付近を震央とする中地震と考えられていた。しかし、『兼仲卿記《かねなかきょうき》』（鎌倉時代の公卿・広橋兼仲の日記）の紙背文書《しはいもんじょ》のなかの土佐の地震記事が紹介[222]されて以来、南海トラフ巨大地震と考えられるようになった。「紙背文書」というのは、不要な文書の裏を再利用して日記・典籍などを書いた場合、その日記等から見たときの裏文書のことである。

その記事は、京都下鴨《しもがも》神社の土佐領に関する朝廷の命令の案文のなかにあって、「康和二年正月□（欠字）四日地震のとき、国内の作田《さくでん》１０００余町が海底になってしまった。下鴨社領の潮江庄《うしおえのしょう》も海浜に近いので同様だった」というものである。現在多くの専門家は、「康和二年」を「康和元年」の誤記、「□四日」を「廿四日」とみて、本地震で高知県の田地１０００余町（約12㎢）が海没したと解釈している。地震記事が架空ということは考えられず、いっぽう康和二年正月の一四日および二四日には大地震が知られていなくて、表記上もっとも近い地震が康和元年正月二四日の地震だから、この解釈は妥当なものだろう。

12㎢の海没というのは、１９４６年南海地震によるものとほぼ等しい。潮江庄の位置については複数の説があるようだが、高知出身の中世史家・髙橋昌明《まさあき》は、高知市潮江地区以外にないだろうという。[223] ここは、第3章扉の写真のように、まさに1946年に沈降・冠水した地域の一部で、安政南海・宝永地震でも海没した。これらの地震と同じメカニズムの南海巨大地震が1099年に発生したと推定するうえでの有力な根拠だといえる。[224]

ただし、日付のほかにも南海地震と断定しにくい問題が残っている。それは、津波の記録が知られていないこと、京都・奈良・大坂以外の西日本の強震動と災害が不明なこと（むしろ、南海地震で大きな被害を受ける大阪平野、明石付近、播磨平野などが地震・津波の影響を受けていないようにみえる）、余震活動がかなり低調だったらしいことである（詳細は巻末注206の文献を参照）。この時期の確かな地震痕跡も津波堆積物も潮岬以西ではみつかっていない。

いちおう南海巨大地震だったとして「康和南海地震」と呼んでおくが、[225] その場合、地震の規模が安政南海・康安南海地震などより小さく、せいぜい昭和南海地震と同程度か下回った可能性がある。各地の地震動・津波も小規模だったのかもしれない。総覧はM8・0〜8・3としているが、8・0より小さかったということもあるかもしれない。おもに四国・紀伊半島西部で、液状化跡や津波堆積物のいっそうの調査が望まれる。

887年仁和地震

延暦一三（794）年の平安遷都から100年近く経った仁和《にんな》三年七月三〇日（887年8月22日）、強くて長い地震の揺れが京都を襲った。[226] 前期摂関政治が始まった時期で、光孝天皇を藤原北家《ほっけ》の基経《もとつね》が補佐していた。9世紀は全国的に大地震が多かったが(161頁参照)、その打ち止めの感もある。

根本史料は、六国史《りっこくし》(天皇の命によって八・九世紀に編纂された史書。日本書紀、続日本紀《しょくにほんぎ》、日本後紀《こうき》、続日本後紀《しょく》、日本文徳《もんとく》天皇実録、日本三代実録の総称)の最後の『三代実録』(901年完成)である。その七月三〇日の記事はつぎのように述べている(意訳、地名などは図1-14参照)。

申時《さるのとき》(16時頃)、地が大きく震動し、数刻(一刻は約2時間)を経ても止まなかった。天皇が仁寿殿《じじゅうでん》を出て紫宸殿《ししんでん》の南庭に避難し、大きな天幕を2つ立てて御在所とした。諸司の倉屋や東西京の民家があちこちで転覆し、圧殺される者が多かった。また失神して頓死する者もあった。亥時《いのとき》(22時頃)また震動すること3度。五畿内(大和・山城・和泉・河内・摂津の5カ国の範囲)七道(東海・東山・北陸・山陰・山陽・南海・西海道)の諸国も同日大震。官舎が多く損じ、海潮が陸に漲《みなぎ》り、溺死者が数えきれなかった。なかでも摂津国(大阪湾北岸)がもっとも甚だしかった。夜中に東西で雷のような音が2つした。

京都の震度は、内裏(現在の上京区内、千本出水《せんぼんでみず》交差点周辺)の建物被害が記録されていないことから、5弱(場所によって5強)くらいだろう。余震と思われる揺れは八月中に26回あった[227]。地殻変動と温泉異常は不明だが、京都の強い揺れ、広範囲の強震動・津波災害、大阪湾の津波、多数の余震から、規模が非常に大きな南海地震、ないしは東海・南海地震の同時発生だったと考えられる。摂津の津波被害は、必ずしも津波の高さが最大だったことを意味するわけではないだろう。総覧はＭ８・０〜８・５としているが、もっと大きかったかもしれない。

この地震が東海地震を含むという見方が以前からあるが、確かな根拠は示されていなかった。愛知県稲沢《いなざわ》市地蔵越《じぞうごし》遺跡の噴砂跡（９世紀後半頃）から東海地震も起きた可能性が指摘されたが、[228]強震動が東海地震によるとは限らない。しかし最近、静岡県磐田市の太田川低地の元島《もとじま》遺跡周辺で9世紀後半と推定される津波堆積物が発見され、[229]東海地震も発生した可能性が高くなった。ただし、これだけでは本地震と同時だったかどうかはわからない。

この点について私は、『類聚三代格《るいじゅさんだいきゃく》』（11世紀に編纂されたと推定される法令集。編者不詳だが一級史料）に収録されている仁和四年五月二八日の宇多《うだ》天皇の詔勅において、地震被害を受けた国が30余より多かったと読めることを指摘し、『三代実録』が震災地を五畿内七道諸国と記したのは誇張ではなく、本地震が東海・南海同時発生の宝永地震タイプであった可能性が高いと主張した。[230]京都の地震動が非常に長かったという記録も、広大な震源域と長い震源時間、および本震直後からの大規模な余震の続発を思わせ、この推定と調和する。京都の強震動と多数の有感余震は、むしろ東海地震からの寄与かもしれない。

ところで、『三代実録』は八月二六日の光孝天皇の死で終わっているが、六国史を補う重要な歴史書である『日本紀略《にほんきりゃく》』（神代から１０３６年までを記す。成立年代・編者不詳）が、翌仁和四年五月八日（８８８年６月20日）の条に「信濃国大水、山頽《くずれ》河溢《あふる》」と記している。前述の『類聚三代格』の詔勅にも「今月八日」としてこの災害がみえる。北八ヶ岳の大月川（千曲川の支流）の岩なだれを研究した河内《かわち》晋平《しんぺい》は、888年に天狗岳で水蒸気爆発が発生して岩なだれを生じ、千曲川中流部に洪水を起こしたと考えた。しかし水蒸気爆発の地形・地質学的証拠は何もなくて、謎とされていた[231]。

これにたいして私は、仁和東海地震の強震動によって887年8月22日に天狗岳東面の山体崩壊が生じて千曲川上流に堰止め湖をつくり、それが翌年の梅雨時の6月20日に決壊して中流域に大洪水をもたらしたという仮説を提出した[232]。この仮説は、その後の年輪年代学・考古学・地質学・砂防学などの調査や研究史の総括などによって、ほぼ実証された[233]。このことからも、本地震は東海・南海地震の同時発生だった可能性が高い。

駿河湾北岸の浮島ヶ原の湿地堆積物調査で、760～1020年の間の湿地水位の急上昇が検出され、本地震の地震時沈降を示す可能性があるという[234]。それが事実ならば仁和地震の震源域が駿河湾北岸に達したことになるから(第2章5節)、さらなる調査が望まれる。

684年白鳳地震

この地震は天武《てんむ》天皇一三年一〇月一四日(684年11月26日)の夜に発生した[235]。根本史料は六国史の最初の『日本書紀』(720年完成)だけだが、南海巨大地震の特徴をよく伝えている[236]。美術史上の白鳳時代なので「白鳳地震」と呼ばれてきたが、「天武地震」ともいわれる。

『日本書紀』は一〇月一四日の条でつぎのように述べている(意訳、地名は図1-14)。

人定《いのとき》（22時頃、「じんてい」と読むと20時頃）に大地震。国を挙げて男女が叫び逃げまどった。山が崩れ河が涌いた。諸国の郡の官舎・人々（良民）の倉屋・寺社の破壊したものは数えきれず、人畜が多数死傷した。伊予湯泉《いよのゆ》（松山市の道後温泉、宮があり複数の天皇が行幸）が出なくなり、土佐国の田苑《たはた》50余万頃《しろ》（令制の１０００町歩余り、約12㎢余り）が没《うも》れて海になった。古老は「このように地が動くことは未だ曽て有らず」と言った。

同書の別の日の記述から、土佐で大津波があり[237]、また牟婁温泉《むろのゆ》（和歌山県白浜温泉の一部の湯崎温泉。旧本宮町の湯峯温泉とする説もある）が湧出停止したと考えられている[238]。

当時の皇居は飛鳥浄御原宮《あすかきよみはらのみや》（奈良県明日香《あすか》村）だが、そのあたりの具体的な被害や修復の記録はなく、翌々日には多くの王卿に禄物を賜わった記事があり、この付近の震度は高々5弱程度だったかもしれない。ただし、浄御原宮推定地に近い丘陵上の酒船石《さかふねいし》遺跡に地滑り・崩壊跡があり、本地震で崩れた可能性があるという[239]。和歌山市の川辺《かわなべ》遺跡と淡路島南部の汁谷《しるたに》遺跡（南あわじ市）にもこの時代の液状化跡がある[240]。

範囲は不明だが諸国の地震動被害、土佐の沈水と津波、道後温泉の湧出停止は、これまでみてきた南海巨大地震の特徴だから、本地震もそうだったと考えてよいだろう。この地震によると推定される津波堆積物が大分県の龍神池と高知県のただす池（須崎市）および蟹ヶ池（土佐市）で確認されており、龍神池の堆積物は宝永地震より厚いという[241]。ただし、宝永・康安両地震の項で述べたように、このことだけから本地震が東海地震と同時発生したとは結論できない。また、宝永地震より大きかったとも断定できない。総覧はMを8¼としている。

東海地震が、同時か近接時期に起こったかどうかに関しては、この時代の液状化跡が愛知県一宮市の田所《たどころ》遺跡(7世紀後半頃)、静岡県袋井市の坂尻《さかじり》遺跡(7世紀後半)、静岡市の川合《かわい》遺跡(7世紀後半)に認められ、「白鳳東海地震」の存在が示唆されていた[242]。しかし、遺跡に近い別のM6〜7級地震が原因かもしれず、断定はできなかった。ただし、尾鷲市の須賀利《すがり》大池[243]と志摩半島東端の志島低地で本地震によると思われる津波堆積物が認められ、震源域が熊野灘まで広がっていると考えられた[244]。さらに最近、静岡県磐田市の元島遺跡周辺で7世紀後半と推定される津波堆積物が発見され[245]、「白鳳東海地震」も起きたことがほぼ確実になった。南海地震と同時かどうかまではいえないが、別の日に発生したのであれば記載されるはずの『日本書紀』にそれらしい地震記事がないことから、同時だった可能性が高い。

川合遺跡の地震跡により震源域が駿河湾内まで及んでいた可能性も考えられるが、同湾北岸の浮島ヶ原の湿地堆積物の調査から、本地震の際にそこが沈降した可能性が指摘された[246]。それが事実ならば震源域が駿河湾北岸まで達していたことになる(第2章5節)。

『日本書紀』は地震記事に続けて音響と「伊豆島」増益の話を記している。これは伊豆大島か神津島の噴火ではないかといわれてきたが、まだよくわかっていない[247]。太田陽子や私たちは式根島で変動地形調査をおこない、本地震で隆起したといえるかもしれないデータを得たが、総合的に考えるとその可能性は低いと思われる[248]。

◉コラム　古代にも未知の巨大地震があるか

684年と887年の地震の間隔は203年あり、この間にもう1つ巨大地震があったのではないかという疑問が湧く。

総覧は、天平六年四月七日(734年5月14日)の地震の震災地を「畿内・七道諸国」として、「天下の百姓廬舎《ろしゃ》倒潰、圧死多く、山崩れ、川塞ぎ、地割れが無数に生じた。熊野で神倉崩れ、峰より火の玉が海に飛んだという。(中略)震域は広かったと考えられる。震央・規模不明」としている。これを読むと南海トラフ巨大地震ではないかと疑う人がいるかもしれない。

しかし原史料の『続日本紀』は、畿内七道諸国が大揺れだったと記しているわけではなく、「畿内七道諸国に使いを出して被災神社を調べさせた」と述べているだけである。また、熊野の異変は『熊野年代記』の記事なので、古代の本件に関しては信頼性が低い[249]。この地震は生駒《いこま》断層系(大阪府東部)の活動によるM7級地震という説があり[250]、私も南海トラフ巨大地震ではないと思う。

794年の平安京遷都の直前に南海トラフ巨大地震が発生した可能性があるという古代史研究者の発表が、2012年4月に新聞報道された[251]。歴史家の磯田道史は、この発見によって南海トラフは約100年ごとに必ず動いていることがはっきりしたと述べている[252]。根拠は、『日本紀略』延暦一三年七月一〇日(794年8月9日)の「宮中ならびに京畿《けいき》(都(長岡京)と周辺地域)の官舎および人家を震《しん》す。或いは震死《しんし》の者有り」という記事である(**図1-5**)。これは既存の地震史料集には収録されていない。保立道久はこれを「長岡京地震」と呼び、当時の政局に重要な意味があるとしている。[253]

しかし、『日本紀略』は「地《ち》震《ふる》う」とは書いていない。「震死」の第一義が「雷に打たれて死ぬ」だから、これは地震ではなくて雷だった可能性が高い。原記事は『日本後紀』（六国史の1つ、大部分が逸失）に存在したと推測されるが、菅原道真《すがわらのみちざね》が勅命によって六国史の編年記事を内容別に分類・再編集した『類聚国史《るいじゅこくし》』（900年前後に成立）の「災異部五・地震」には採録されていない。[254] 当時から雷と認識されていたと思われ、これも南海トラフ巨大地震ではないといってよいだろう。[255]

結局、史料地震学的には、684年と887年の間の南海トラフ巨大地震は現在のところ見つかっていない。巨大地震を示唆する強震動跡や津波堆積物もまだ知られていない。

887年と1099年の南海地震の間隔も212年あるが、ちょうど中ほどの永延《えいえん》元（987）年に南海地震が起きたのではないかという新聞報道が2002年にあった。[256] その根拠は、徳島県海陽町浅川の千光寺《せんこうじ》の「薬師如来出現図」という大きな絵馬である。これは、永延元年五月に手羽嶋（現在の出羽島《てばじま》）の沖で漁船が大波に呑まれそうになったときに薬師如来が現れて助けたという縁起伝承を、江戸時代末に描いたものだという。奈良県広陵町《こうりょうちょう》の箸尾《はしお》遺跡の10世紀後半の液状化跡[257]と結びつけて、この大波が南海地震による津波ではないかとされた。[258] しかし、箸尾遺跡に液状化をもたらした地震の発生年と震源域はわからないし、絵馬の大波が本当に987年か、また津波か、不確実さが何重にも存在する。

この時期の基本史料として、公卿・藤原実資《さねすけ》の『小右記《しょうゆうき》』という良質の日記がある。かなりの地震記事を含み、永延元年五月は二六日以外の毎日の記事があるが、地震の記述は伝聞を含めてまったく見当たらない。地震の記録を多く含む史書『日本紀略』と『扶桑略記』にも、この月の地震の記事はない。江戸時代末に描かれた絵馬と奈良県の液状化跡だけから推測された南海地震は、存在の可能性が低いといえる。

第2章　南海トラフ巨大地震の科学

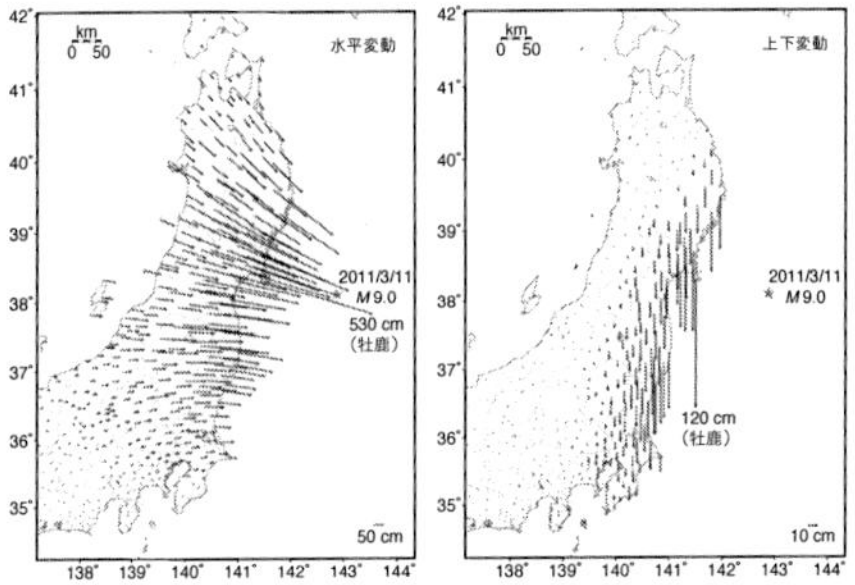

2011 年東北地方太平洋沖地震に伴う東日本の地殻変動

国土地理院のGPS観測網が捉えた水平変動(左)と上下変動(右). 島根県浜田市三隅を不動と仮定している. 国土地理院資料を改変した岡田義光(『科学』81 巻, 403-406, 2011 年)の図 1 を転載.

1　フィリピン海プレートの沈み込み

地震現象を理解する二本柱

この章では、南海トラフ巨大地震はなぜ、どのようにして起こるのか、将来も必ず発生するのか、発生するとしたらいつ頃どんな形で起こるのか、といったことをみていこう。そのために、まず基本的な事柄を説明しておきたい。

地球表面は厚さ数十～１００㎞ほど(地域によって異なる)の固い岩石の層で覆われている。この岩石層を**リソスフェア**(岩石圏)という。その下には**アセノスフェア**と呼ばれる流動的な層がある。地震というのはリソスフェアの中で発生する岩石破壊である。地球の半径は約６３７０㎞だから、半径15㎝の地球儀でいえば厚さ２㎜程度の表層の中の現象である。

１９６０年代初期までは、地震がなぜ起こるのか、岩石破壊の実体がどのようなものか、わかっていなかった。それが、１９６０年代半ば以降、固体地球科学全般の調査・観測と、理論・データ解析の進展によって、かなり理解されるようになった。今日では、地球表層の何十枚ものプレートの運動が地震を起こすという**プレートテクトニクス**と、地震は岩盤のズレ破壊だという**地震の断層模型論**が、地震現象を理解するうえでの二本柱になっている。

この二本柱によってみれば、地震現象は、各地域の変動(大規模な地形・地質構造の形成〔造構運動〕や地震・火山活動など)の一環という地学的・個別的側面と、岩石破壊という物理的・普遍的側面の両方をもっている。この二面性は非常に重要なことだと思う。

第1章の冒頭で、南海トラフ巨大地震はフィリピン海プレートの西南日本への沈み込みによって起こると述べたが、まずプレートの話をやや詳しくしておこう。なお、以下ではフィリピン海プレートを**PSプレート**(PSはPhilippine Seaの頭字)と書くことにする。

プレートテクトニクス

プレートテクトニクスは、リソスフェアが大小いくつものブロックに分かれていて、それぞれはほとんど変形せずに、何百万~何千万年にわたってほぼ一定な固有の運動をしており、地球表層の変動現象は主としてブロックの境界で起こると主張する。1つひとつのブロックを**プレート**(英語の「板」から来ている)と呼ぶ。**テクトニクス**というのは、変動がなぜ、どのように生ずるかを研究する科学で、「造構論」とか「変動論」ともいわれる。

プレートテクトニクスは、古地磁気学、海洋底地学、地震学などの観測・研究成果を総合して1967~68年に欧米で一挙に成立した[1]。その後、多種多様な研究や宇宙技術を用いた測量で検証され精緻化されて、固体地球科学のパラダイム(思考の枠組み)として確立しており、科

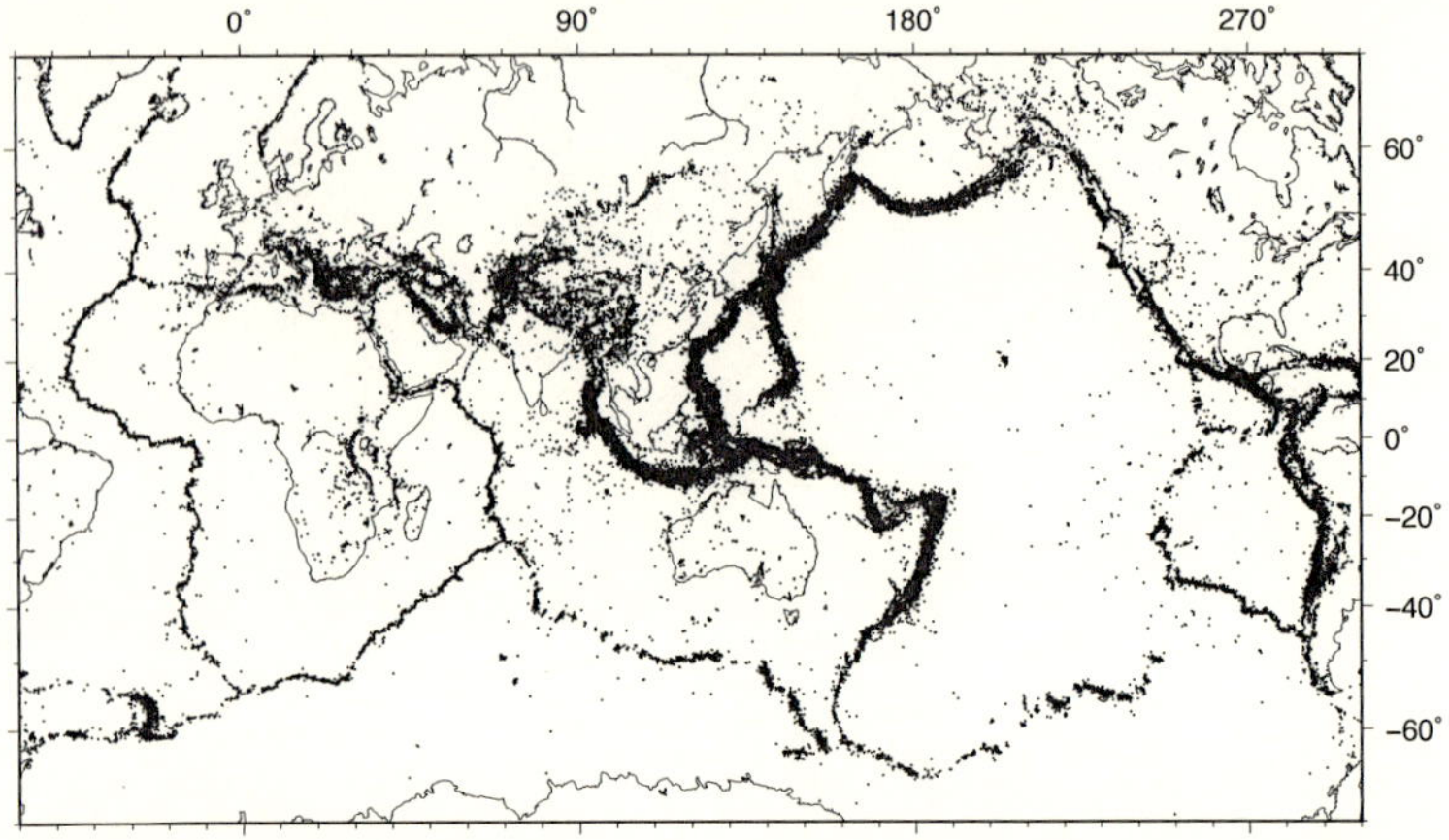

図 2-1　世界の地震活動(1990 年 1 月 1 日〜2013 年 11 月 30 日)．M4.0 以上，深さ 40 km 以下の地震 15 万 8761 個の震央をプロット(作図：原田智也)．データソースは米国地質調査所の PDE (Preliminary Determination of Epicenters) と QED (Quick Epicenter Determinations)．

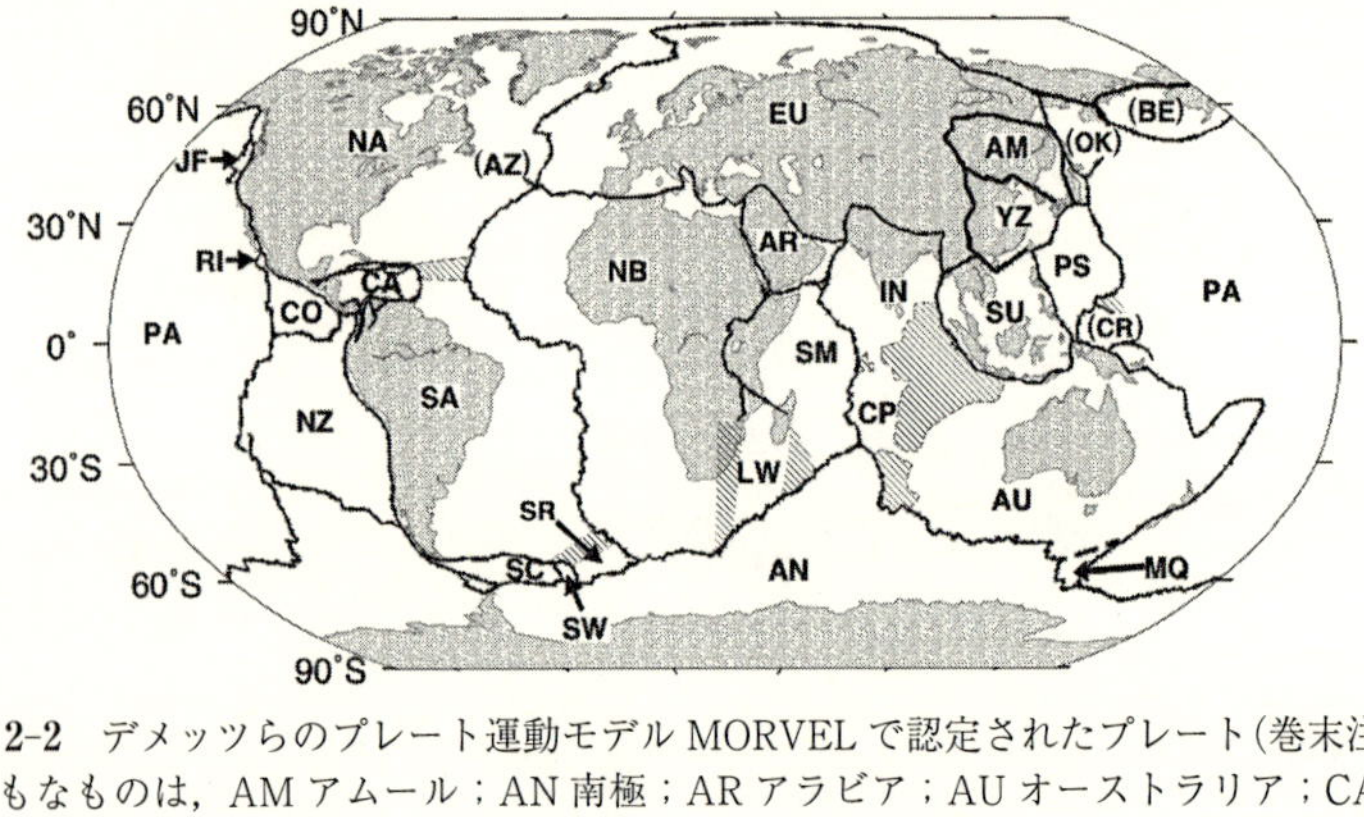

図 2-2　デメッツらのプレート運動モデル MORVEL で認定されたプレート(巻末注 3)．おもなものは，AM アムール；AN 南極；AR アラビア；AU オーストラリア；CA カリブ；CO ココス；EU ユーラシア；IN インド；NA 北アメリカ；NB ヌビア(アフリカ)；NZ ナツカ；PA 太平洋；PS フィリピン海；SA 南アメリカ；SM ソマリア；SU スンダランド；YZ ヤンツー(揚子江)．そのほかについては巻末注 3 を参照．(　)内のプレートは MORVEL には含まれていない．斜線の部分は幅のあるプレート境界．

学革命の一例にもあげられる[2]。何億年も昔から現在までの地球表層の変動を説明できるが、日本列島各地の地震発生論にたいしても1970年代から具体的に適用されるようになった。なお、プレート運動の原動力は地球内部の熱だが、本書はその問題には立ち入らない。

個々のプレートは、地球上の地震の分布に地形・地質構造を加味して認定され、「○○プレート」と命名されている。**図2-1**で明らかなように、地震は線状ないし帯状に分布して網のように地球を取り巻いており、地震帯が現在(といっても地質学的現在なので、最近数十万年とか、場所によっては1千万年とか)の**変動帯**(各種の変動が集中している地帯)でもあるからだ。

リソスフェアは大洋底と大陸とで厚さや岩石の種類が異なっており、プレートは**大陸プレート**と**海洋プレート**に二大別される(両者にまたがるプレートもある)。プレートの数は初期には10枚弱程度だったが、各地域の研究が進むにつれて**マイクロプレート**(小さなプレート)がつぎつぎに導入され、現在では不確実なものも含めれば50枚以上ある。**図2-2**に、後述のプレート運動モデルの最近版であるデメッツらのMORVEL[3]が考慮しているプレートを示す。

プレートの運動

隣りあう2つのプレート間の運動には、互いに離れていく、近づきあう、すれ違う、の3種類があり、それぞれのプレート境界は、**拡大境界**、**収束境界**、**横ずれ境界**と呼ばれる。拡大境界の典型は大洋中央海嶺《かいれい》で、アセノスフェアから物質が湧き出し、両側のプレートに付け足される。横ずれ境界の例としては北米西岸のサンアンドレアス断層があげられる。

収束境界の代表は、海洋プレートが大陸プレートの下にもぐり込んでアセノスフェアの中に斜めに入っていく場所で、その運動を**海洋プレートの沈み込み**、境界全体を**沈み込み境界**という。「沈み込み口」は海溝やトラフで、それがプレート境界の地表線になる。大陸プレート同士が収束する場合は、数十～数百㎞の幅に変形が分散して縮んでいく**衝突境界**となる。

2つのプレートの一方が動かないとしたときの他方の運動を**相対運動**という。条件がよければ、境界付近の地質学・地球物理学的データや地震の発震機構（116頁）からそれを知ることができる。最近では、VLBI（Very Long Baseline Interferometry：超長基線電波干渉法）、SLR（Satellite Laser Ranging：衛星レーザー測距）、GPS（Global Positioning System：汎地球測位システム）といった宇宙測地技術によって得られるデータも盛んに用いられる。

地球上の全プレートの配置を仮定し、多種類の大量のデータからすべての相対運動を一挙に計算することも可能で、そのようにして得られた解を**グローバルなプレート運動モデル**という。2010年のデメッツらのMORVELは、25枚のプレートについて相対運動を求めた。グローバルモデルは最近100万～300万年間の平均的な運動だが、短期間の擾乱を注意深く除けば、宇宙測地技術で実測される現在のプレート運動と一致する場合が少なくない（ただし日本付近を細かくみると、グローバルモデルは地学的事実と合わない部分もある）。

個々のプレートの動きも、プレート相対運動も、地球表面上の運動だから、地球の中心を通る軸の回りの回転になる。したがって、回転軸が地球表面を突き抜けるところ（極）では運動がゼロであり、そこから遠ざかるほど大きくなる（その極に対応する赤道で最大）。

日本列島付近のプレート

図2-3に日本列島付近のプレートを示す。海洋プレートである太平洋プレートとPSプレートが、前者は千島～日本海溝から東北日本（北海道を含む）の下へ、後者は相模トラフと駿河～南海トラフから関東地方と西南日本の下へ、それぞれ約8cm／年および約3～7cm／年の速さで沈み込んでいる。陸側のプレートに関してはつぎのような問題がある。

プレートテクトニクスの初期の頃は、東北日本も西南日本もユーラシアプレートの縁に載っていると思われていた。ところが、1982～83年に中村一明《かずあき》と小林洋二が互いに独立に、**東北日本北米プレート説**と呼ばれる新説を出した[4]。それは、200万～100万年くらい前（中村）または700万年くらい前（小林）に東北日本が北米（北アメリカ）プレートに属するようになり、現在の北米-ユーラシアプレート境界は、日本海東縁～**フォッサマグナ**（本州中央部を南北に横断する大地溝帯）を通って駿河トラフにつながるというものである。

この考えは定説となり、例えば高校の地学の教科書では、東北日本は北米プレート、西南日本はユーラシアプレートに属するとされている。文部科学省に設置されている**地震本部**（地震調査研究推進本部。行政施策に直結すべき地震の調査研究を政府が一元的に推進するための組織）が一般

図 2-3　日本付近のプレート．実線はプレート境界の地表線，破線は，未成熟または複雑で，本来 1 本の線では引けないプレート境界．太い矢印は，東北日本(北米〔オホーツク〕プレート)にたいする他の 3 プレートの大まかな運動方向(長さは速さにほぼ比例)．一点鎖線および細破線は火山フロント．海域の曲線は，200 m および 1000 m ごとの等深線．

向けに出した『日本の地震活動』という本にも、同様の説明とプレート配置図がある。3・11以後に第一線の地震研究者が書いた一般向け解説書のおもなものも、地震本部の図を掲載して⑤西南日本はユーラシアプレートに属するとしている。しかし、**図2-2**にもあるとおり、いまでは西南日本は極東のマイクロプレートである**アムールプレート**に属するとしたほうがよい。執筆者たちはそれを知ったうえで本質的な問題ではないと思ったのかもしれないが、4節で述べるように、南海トラフ巨大地震を考えるうえでは非常に重要なことだと思う。

東北日本は北米プレートではなくて、別のマイクロプレートであるオホーツクプレートに属するという説がある。⑥しかし、例えばMORVELは、その動きは小さいとして考慮していない。いずれにしても、アムールプレートと、オホーツクないし北米プレートは、日本付近では1～2㎝／年ほどの速さでほぼ東西方向に近づきあっている。

大洋側に凸の弧状の島列と前面の海溝のセットを**島弧-海溝系**と呼ぶ。日本列島は千島弧、東北日本弧、伊豆・小笠原弧、西南日本弧、琉球弧という5つの島弧-海溝系から成っている。地下に斜めに沈み込んだ海洋プレートの上面が深さ110㎞くらい(平均)に達するとマグマが生成され、真上の地下浅部にマグマ溜まりができて、地表に火山が生ずる。それより海側には火山はなく、内陸側には分布するが、その境界に、海溝とほぼ平行にとくに密に線状に並ぶ。この線を**火山フロント**(火山前線)と呼んでいる(**図2-3**)。

PSプレートの沈み込みと伊豆の衝突

西日本の下に沈み込むPSプレートは、フィリピン諸島の東沖まで続いており、中央に**九州・パラオ海嶺**という海底山脈がほぼ南北に走っている(図2-3)。その東側の四国海盆は海洋リソスフェアだが、東縁の伊豆・小笠原弧は陸的で、その下へ東方の伊豆・小笠原海溝から太平洋プレートが沈み込んでいる。そのために伊豆大島以南に火山島が連なる。

何百万年も昔から同じような状況だったが、点在する火山島や海底火山は温かく軽くて沈み込みができなかった。それで、PSプレートの運動に伴って北上すると、つぎつぎに本州側に衝突・付加する「多重衝突」を起こしてきた。[7] その現場が**南部フォッサマグナ**(赤石山地の東、甲府盆地・中央自動車道の南)で、現在は伊豆半島がまさに衝突中である。

伊豆半島の前身は、1500万年前頃には現在地より数百kmも南の海底火山群だった。[8] それが200万年前頃にほぼ全体が火山島になり、その前縁部が本州に「浮揚性沈み込み」(浮力で相手の底にへばりついて隆起させながら進む)を開始した。沈み込みの場は、いま東名高速道路とJR御殿場線が通っている谷である(当時はたぶんもっと南にあった)。そこは駿河トラフと相模トラフをつなぐ深い海だったが、隆起する本州側(現在の丹沢山地)から供給される砕屑物で浅くなり、伊豆島の接近で狭くなって、60万年前頃に陸になった。こうして伊豆半島ができたのである。しかし、伊豆は現在も衝突中で本州を押していると考えられる。

伊豆半島の南沖には、南海トラフから分岐した海底谷《かいていこく》が北東に走る。その南には神津島から南西に続く**銭洲《ぜにす》海嶺**があって、南海トラフの外側を約２００㎞も延びている（図２-13参照）。PSプレートの沈み込み境界が駿河トラフから銭洲海嶺の南東縁に移りつつある、ないしは移ってしまった、という説があるが[9]、旧著『大地動乱の時代[10]』にも書いたように、将来そうなるとしても現在はまだ駿河トラフがおもなプレート境界だろう（ただし4節で述べるように、単純な沈み込み境界ではないらしい）。伊豆の衝突が激しくなってから高々１００万年ほどしか経ってないから、プレート境界が完全に「ジャンプ」するのは早すぎると思われる。

ＧＰＳ連続観測で知られる伊豆半島の運動と駿河トラフでの沈み込みが、ＰＳプレートとしては小さくて西に振っていることから、銭洲海嶺南東縁でのＰＳプレートの沈み込みを想定して、銭洲海嶺と伊豆半島をふくむ「伊豆マイクロプレート」が提案されている[11]。しかし、プレートの形状と運動論、地学的諸現象、歴史地震からみて疑問である。ただし、伊豆半島南東沖や銭洲海嶺南東縁で巨大地震が発生する可能性を否定するわけではない。

２　地震と津波の正体

リソスフェアに働いている力と地震

プレートは、地球規模の運動を考えるときは、外力を受けても変形しない「剛体」とみなされている。しかし実際は、外力が加わればわずかだが変形して**ひずみ**（変形の度合い）を生じる。

そして、ひずみを元に戻そうとする力（後述の「応力」）も生ずる。このような性質を**弾性**という。一般に**弾性体**では、応力はひずみに比例し（フックの法則）、外力（応力と釣り合っている）を取り除けば変形は元に戻る（ひずみが0になる）。いっぽうプレートは脆《もろ》い性質ももっていて、ごく大まかにいって、ひずみが10万分の5（100mあたり5㎜の変形）程度になると、それ以上変形できなくなって破壊が生じる。これが地震である。第1章の冒頭でそれはズレ破壊（せん断破壊）という形で起こるといったが、もう少し詳しく具体的にみてみよう。

日本列島の岩石圏（リソスフェア）では、場所によって向きや大きさが違うが、プレートの運動に起因する力（**造構力**）が働いている。また、ズレ破壊を起こしやすい大小さまざまな面（仮に「弱面」と呼ぶ）があって、ふだんは固着している。プレート境界面もその一種である。

ある弱面に着目すると、面の両側の岩盤は、造構力のために面を介して互いに力を及ぼしあっている（日本列島ではほとんどの場所で押し合っているので、以下はその場合を記述する）。この力の1㎡あたりを**応力**という。一般には応力は、着目している弱面にたいして斜めに働いているから、面に垂直な成分と平行な成分に分解できる。前者は「押し合う力」（**法線応力**と呼ぶ）、後者は「ズレを起こそうとする力」（**せん断応力**と呼ぶ）である。

この弱面のまわりの岩盤では、長年のあいだに造構力による変形（ひずみ）が進行するが、それとともに、せん断応力が増大していく。いっぽう各弱面には固有の「固着強度」がある。応力と固着強度は弱面上で不均一だが、どこかでせん断応力が固着強度を超えると、その狭い範囲でズレ破壊が生じて、両側が変形を解消するような向きに、互いに逆向きに激しくズレ動く(くい違いまたはすべりともいう)。これが地震の始まりである。急激なくい違いは岩石の振動を生じ、それが岩盤中を猛スピードで波のように四方八方に伝わっていく(地震波)。

弱面上の応力と固着強度の分布状況によっては、それだけ(ごく小さな地震の発生だけ)で終わってしまうこともある。だが大地震になるときには、ズレ破壊(くい違い)が急速に弱面の広い範囲に広がってゆく。そして、くい違いが、岩盤のあまり変形していない領域に達したり、固着強度がとくに大きい部分にぶつかったりすると、もはやズレ破壊が拡大できなくなって地震は終わる。最終的に、弱面上の広い範囲にくい違いの面(破壊面)が形成され、両側の岩盤全体が一定の方向にくい違って、それに見合った領域の変形が解消される。このような地震の起こり方を弾性反発ともいう。

第1章で述べたように、破壊面を震源断層面、それが広がっている地下の領域(または対応する地表の範囲)を震源域と呼ぶ。地震観測(地震計による地震波の観測)で最初に求まる場所は破壊開始点で、それが震源である(その直上の地表の点が震央)。地下のズレ破壊を震源断層運動ともいう。すなわち、地震とは震源断層運動であり、地震の本体は震源断層面である。

無理に変形させられた岩盤には莫大なひずみエネルギーが蓄えられており、それが震源断層運動という大きな仕事をする。そして、大部分は断層運動そのもので消費されるが、一部が地震波のエネルギーとして解放される。拡大する破壊の先端から地震波が放出されつづける。

地震波と地震動

地震波には、大きく分けて、地球内部を伝わる**P波**と**S波**、地球の表層だけを伝わる**表面波**、の三種類がある。P波はラテン語primae(最初の、英語はprimary)の頭文字をとったもので、岩石の伸び縮み変化が伝わる波、S波は同じくsecundae(第二の、英語はsecondary)の頭文字をとったもので、岩石のズレ変形が伝わる波である。[12] P波とS波を総称して実体波という。

震源域を同時に出た地震波は、P波がいちばん速く進み、S波、表面波の順に遅れる。やや遠方で大きな地震が発生すると、まずガタガタという縦揺れ、つぎにユサユサという横揺れ、そのあとユラユラというゆっくりした揺れを感ずることが多いが、それらが順に、P波、S波、表面波に相当する。地震波による地面の揺れは**地震動**と呼ぶ。なお、日本付近の浅い地震に限れば、大ざっぱにいってP波速度は毎秒5~8km程度、S波速度はその6割ほどである。

地震波と地震動については**周期**という要素がたいへん重要である。これは、振動が1往復する時間のことで、周期が短いとセカセカ揺れ(**短周期**)、周期が長いとユックリ揺れる(**長周期**)。ひとつの地震から出る波はいろいろな周期成分の混じりあったものだが、地震が大きいほど長周期の波まで含む。非常に小さな地震では周期0・05秒などというきわめて短い周期が主であるのにたいして、巨大な地震になると周期が数百秒以上の超長周期の波も放出する。いっぽう、人間が敏感なのは0・1~1、2秒の短周期で、被害もこの範囲の地震動によることが多い。

ただし、超高層ビル、大型オイルタンク、長大橋などでは、2、3～十数秒の**やや長周期**の地震動が大きな問題になる(もっと長周期の地震波もあるから地震学では「やや」をつけていたのだが、最近のマスコミは「やや」をつけないことが多い)。

地震波は震源から遠ざかるにつれて弱くなる。一般に、短周期の成分は早く衰え、長周期の成分は衰えにくい。遠方の地震による揺れがユッタリしていることが多いのはこのためである。ただし、地球内部の物質構造に大規模な片寄りがあると、ずっと離れた地域に短周期の波がよく伝わって強く揺れることがある。そういう場所を**異常震域**という(174頁参照)。

アスペリティ・応力降下量・震源断層モデル

地震を起こす弱面は、プレート境界面をふくめて、面全体が均一に固着しているわけではなく、強く固着している部分がパッチ状に不規則に分布していると考えられている。そういう部分を**固着域**あるいは**アスペリティ**と呼んでいる[13]。大地震では、ある固着域の中ないし近傍でズレ破壊が始まり、それが拡大し、いくつかの固着域が激しく大きくくい違って地震波を強く放出する。ただし、固着域以外の部分(背景領域)も多少すべって弱い地震波を出す。**破壊伝播《でんぱ》速度**(破壊の拡大速度)は毎秒2～3㎞という猛スピードである。

大局的な震源断層面は長方形で近似できる(図2-4)。その位置(例えば、上端片隅の緯度・経度・深さ)、大きさ(面積、つまり長さと幅)、姿勢(面の走向または傾斜方向、および傾斜角)がわかれ

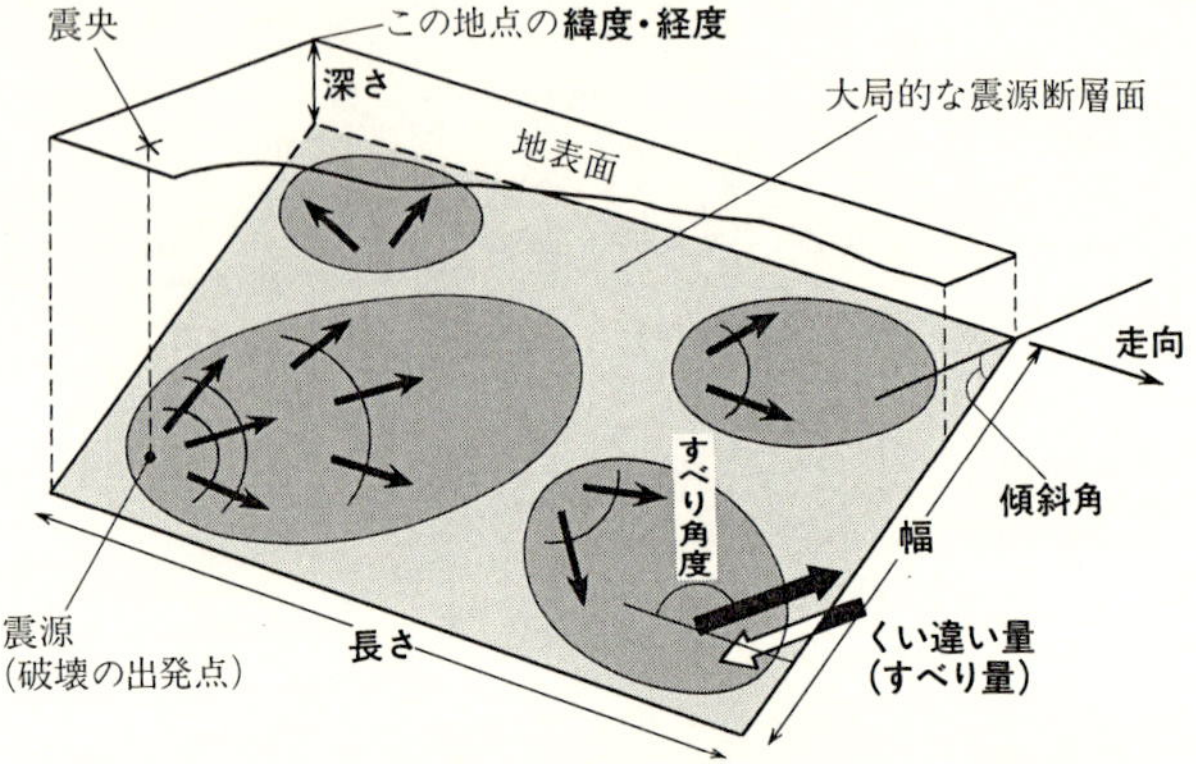

図 2-4　震源断層運動の概念図．震源断層面の濃いグレーの部分はくい違い(地震すべり)が大きいところ(アスペリティ)．太い矢印は面全体で平均したくい違いを，細い矢印は破壊の拡大を示す．太字は静的な震源断層パラメータ．石橋の著書(第1章注32)の図3-2を転載．

ば震源断層面は確定する。これに加えて、ズレの大きさ(**くい違い量、すべり量**ともいう)と向き(すべり角度)がわかれば、震源断層運動(つまり地震)の全体像が明らかになる。ただし、これは地震の最終的な姿だけに関係し、地震最中の地震波の生成に関する情報は含まない。そこで、これら9つの量(図2-4中の太字)を**静的な震源断層パラメータ**と呼ぶ。なお、ここでの「すべり量」は震源断層面全体で平均したものである。

震源断層運動によって弱面のせん断応力が解放され、弱面周辺の変形(ひずみ)が緩和される。せん断応力の低下量を**応力降下量**と呼ぶ。それは固着域で大きく、背景領域では小さい。

静的パラメータを与えれば、その震源断層運動による地殻変動を理論的に計算することができる。逆に、実際の地震の地震時地殻変動の観測データがあれば、その地震の静的な震源断層

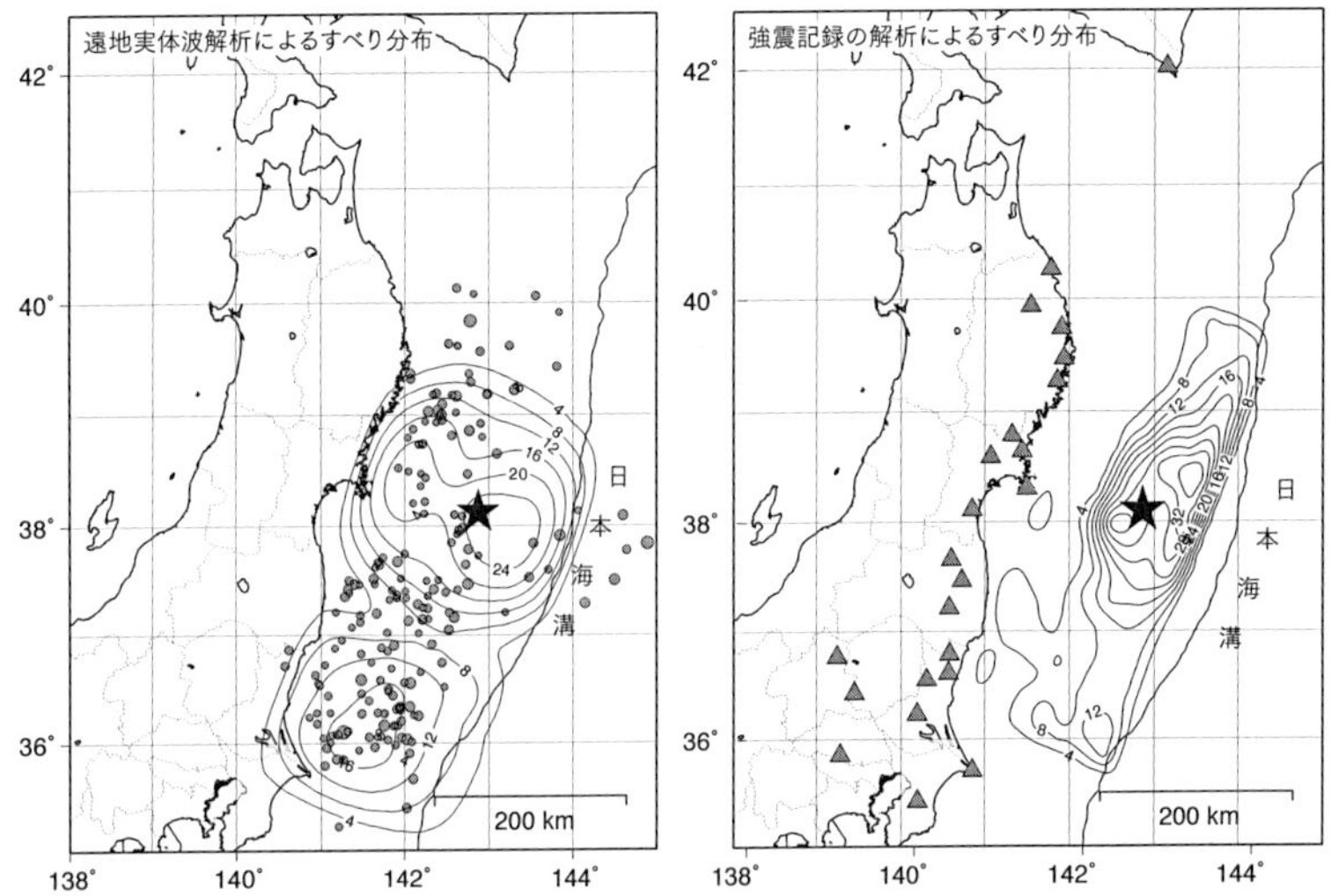

図 2-5　地震波解析によって得られた2011年東北地方太平洋沖地震のすべり分布．数字はすべり量(単位，m)．黒い星印は震央，左図のグレーの丸印は本震後1日間のM5以上の余震の震央，右図のグレーの三角印は観測点を示す．気象庁の結果を佐竹健治(『科学』81巻，1014-1019，2011年)の図2より一部省略して転載．

パラメータを推定することができる。得られた結果を「静的震源断層モデル」と呼び、その地震の全体像を客観的に記述したものとなる。信頼性はデータの量と質によるが、歴史地震についても場合によって求めることが可能である。

震源断層運動による地震波の生成には、各アスペリティの位置・面積・すべり量・応力降下量、破壊開始点の位置、破壊の拡大様式、破壊伝播速度などが関係する。これらの「微視的震源特性」を設定して、さらに地震波の伝播を左右する地下構造(地震波速度と減衰の度合いの分布)と地盤特性を与えれば、地表の地震動を計算することができる。逆に実際の地震について、高品質で豊富な地震波の観測データと地下構造の情報から、その地震の震源断層運動の詳細（**震源過程**、いわば動的震源断層モデル）を求めることができる。**図2-5**に、3・11東北沖地震についてのそのような解析結果の例を示す。

地震の大きさと多様性

地震の大きさは震源断層運動の規模にほかならない。それを的確に表すのは**地震モーメント**という量で、「震源断層面の面積×くい違い量×震源域の岩石の剛《かた》さ」で計算される。これにたいして「マグニチュード（M）」は、地震が震源断層運動だということがわからなかった1935年に米国で考案された尺度で、物理的意味がはっきりしない。便利なので全世界で同一の尺度になるように工夫されてきたが、巨大な地震にたいしては「物差しが短すぎる」という欠陥があった。3・11東北沖地震が気象庁のマグニチュードスケール（M_J）で8・4だったのが最近の残念な典型例で、的確な津波警報の遅れにもつながった。

すでに30年以上前に「従来の物差しを長くした」**モーメントマグニチュード**（M_W）が提案されており、それだと3・11地震はマグニチュード9・0ということが、今では一般にもよく知られている（M_Wは地震モーメントM_0から、$\log M_0 = 1.5M_W + 9.1$という式で求められる）。

図2-6に、M7、8、9の地震の震源断層運動の規模の比較を示す。M9地震のエネルギーはM7地震の1000倍になる。ズレ破壊が継続している時間を**震源時間**というが、M9地

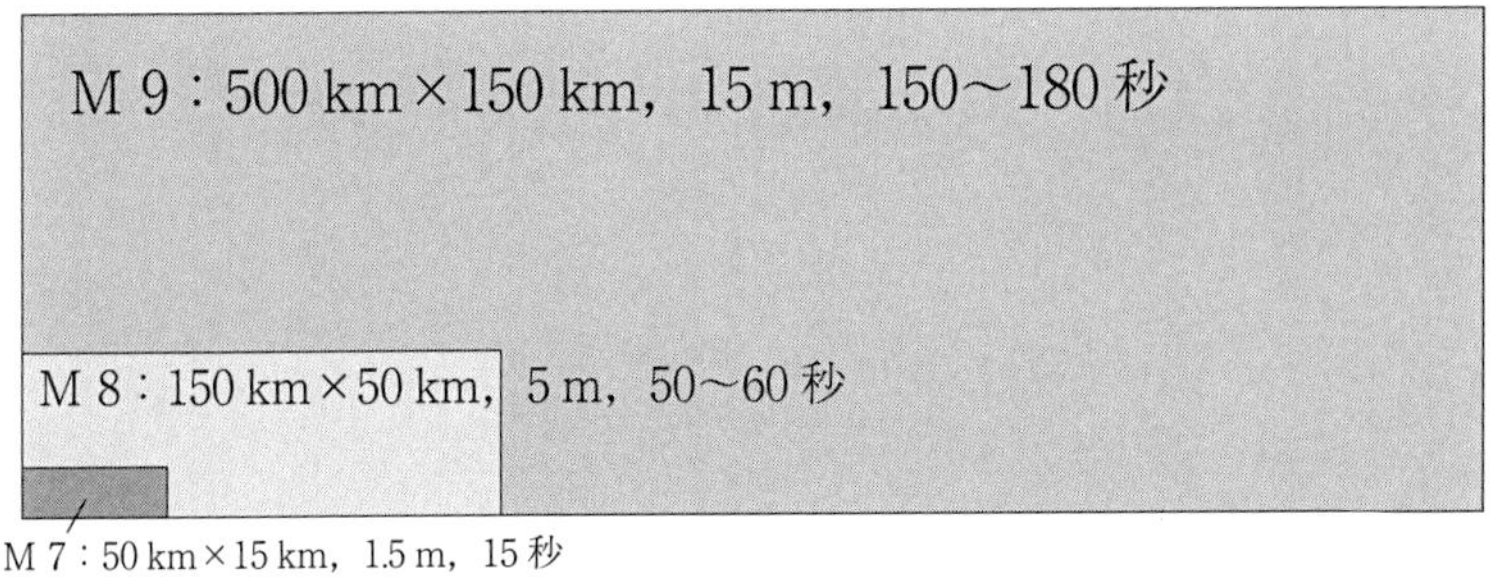

図 2-6　M7 地震，M8 地震，M9 地震の規模のごく大まかな比較．数字は順に，震源断層面の長さ×幅，平均的なすべり量，震源時間．地震の例としては，M7：1995 年兵庫県南部地震（M_J7.3，M_w6.9），M8：1923 年関東地震（M_J7.9，M_w7.9），M9：2011 年東北地方太平洋沖地震（M_J8.4，M_w9.0），があげられる．

震のそれはM7の10倍になる。なお本書では、とくに断わらないかぎり、9クラス以外のMはM_Jを用いる。

震源断層運動による地震波の生成には**すべり速度**（断層面上の各点がくい違う速さ）が大きく関係する。これはMによらず毎秒1m程度（くい違い量が数mならば数秒かかってズレる）が普通だが、ときにはもっと小さいこともある。その場合、岩盤がゆっくりズレ動くから短周期の地震波はあまり発生しない。そんな大地震が海底下で起こると、地震動は弱いのに大津波をもたらすことがあり、**津波地震**と呼ばれる（126頁の1896年明治三陸地震が一例）。もっとはるかにゆっくりずれる断層運動（もはや地震波も津波も生じない）もあって、**スロースリップ**と呼ばれる（133頁で触れる）。

発震機構と応力場

震源域から四方八方へ放出されたP波やS波の最初の動き（初動）を、多数の観測点の地震計記録から解析することによって、震源断層面の姿勢（図2-4の走向と傾斜角）と、くい違いの向き（同図のすべり角度）を知ることができる。その結果を**発震機構解**（メカニズム解）といって、個々の地震の意味を考えるための重要な情報になる。[14]

ところで、応力というのは、弱面に関して定義されるだけではなくて、リソスフェア内部（一般には物体内部）のいたるところに存在する。空間を、その中の各点ごとに応力が定まっている場所としてみたときに**応力場**と呼び、「西南日本の応力場」などという。各点の応力は時間によって変わるから、応力場も時間とともに変化する。応力場はふつう、「最大主応力」と「最小主応力」がどういう方位にあるかで表される。これは、どの方位にいちばん強く（弱く）押し合っているかを示すものである。[15] 日本列島のプレート内では、最大主応力が水平面内、最小主応力がそれに直交する水平面内か鉛直、という場合がほとんどである。

いっぽう、地震のズレ破壊をふくむ断層運動一般（地質断層をふくむ）には、応力場におうじた基本タイプがある（図2-7）。まず最大と最小の主応力が水平の場合、全体的な圧力からの偏差が水平面内で圧縮力と引っ張り力になり、図のaかbのように、それらと45度（実際は多少異なる）で斜交する鉛直な断層面で**横ズレ**が生じる。[16] 断層面の一方の側から見て相手が右に動けば**右横ズレ**（a）、左に動けば**左横ズレ**（b）という（どちら側から見ても同じ）。

最大か最小の主応力が鉛直だと、断層面が約45度で傾斜して**縦ズレ**が生じる。これには2種類ある。傾いた断層面の上側を「上盤」、下側を「下盤」と呼ぶが、上盤が上方にのし上がる

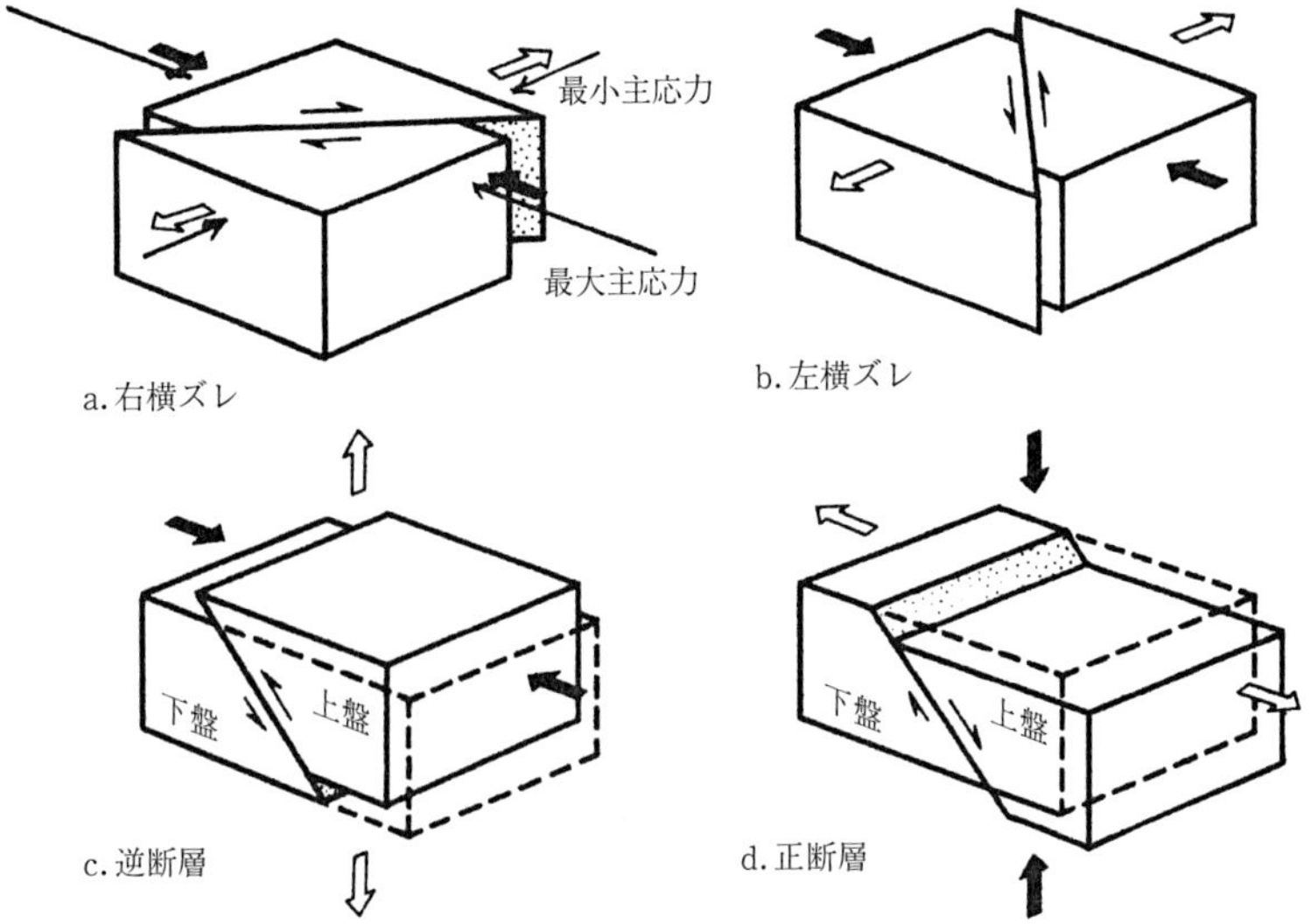

図 2-7　断層運動の基本的な 4 タイプと対応する応力場の模式図．最大および最小主応力の静岩圧（全方位から等しく加わっている圧力）からの偏差を，黒矢印（圧縮力）と白矢印（引っ張り力）で示す（b〜d では最大／最小主応力を省略した）．細い矢印はくい違いの向き．石橋の著書（第 1 章注 32）の図 3-3 に加筆．

ものを**逆断層**、上盤が下方にすべり落ちるものを**正断層**という。逆断層は最小主応力が鉛直の場合に生じ、c のように水平の最大主応力（圧縮力）の方向に岩盤が短縮する。このような地震は日本列島のあちこちで起こる。正断層は最大主応力が鉛直の場合に生じ、d のように水平の最小主応力（引っ張り力）の方向に岩盤が伸びる。これは九州中部などで見られる。

以上は、古傷（弱面）がない場合であって、ズレ破壊しやすい弱面があると、右記の規則性から多少はずれていても弱面が破壊することが多い。しかし、弱面の破壊（地震）は応力場といちじるしく矛盾するわけではない。

実際の地震の発震機構解は断層運動の形態を教えてくれるわけだから、その地震を起こした最大／最小主応力の方位(つまり震源域の応力場)も示してくれる。2つの方位を**主圧力軸／主張力軸**とも呼び、総称して**起震応力**ともいう。

伊豆半島や西南日本の内陸などでは鉛直で純粋に横ズレの震源断層運動も起こるが、一般には、**図2-4**のように傾いた震源断層面上で横ズレと縦ズレが組み合わさって生じ、「左横ズレ逆断層運動」(図2-4の場合)などといわれる。このような一般的な場合でも、発震機構がわかれば起震応力の向きが求まる(もはや水平・鉛直ではない)。逆に、ある地域の応力場と弱面の配置がわかれば、破壊しやすい弱面と震源断層運動のタイプが予想できる。

プレート沈み込み帯の地震の4類型

本節の最初に述べたように、プレート内部でもある程度の変形が生じて、地震も発生する。したがってプレートテクトニクスの枠組みでは、地震は、プレートの境界で起こる**プレート間地震**と、プレート内部で起こる**プレート内地震**に二大別される。そして後者は、**陸のプレート内の地震**と**海洋プレート内の地震**に分けられる。沈み込み帯(沈み込み境界周辺のやや広いゾーン)に話をかぎると、海洋プレート内の地震をさらに2種類に分けるのがよい。結局、プレート沈み込み帯の地震は4タイプあることになるが、それらを**図2-8**に模式的に示す。

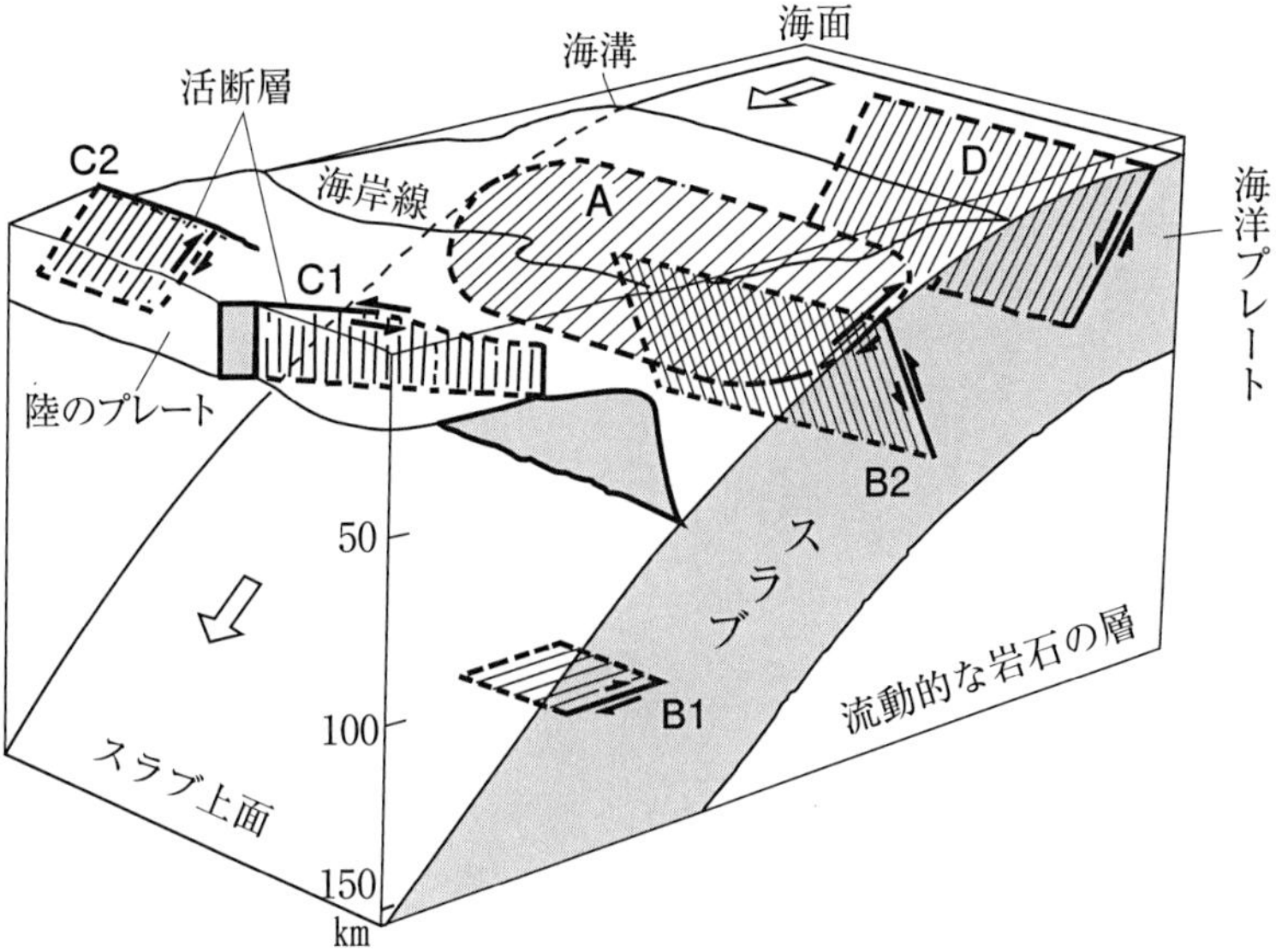

図 2-8　プレート沈み込み帯の地震の 4 タイプ．A：プレート間地震／B1 と B2：スラブ内地震／C1 と C2：陸のプレート内の地震／D：海洋プレート内の浅い地震(アウターライズ地震)．白矢印は海洋プレートの運動方向，黒矢印は震源断層面の両側の岩盤がズレ動く向き．深さは大まかな目安，水平方向は縮めて描いてある．石橋の著書(2012 年，「はじめに」注 2)の図 4 を転載．

図のAがプレート間地震で、本書の主題の南海トラフ巨大地震、3・11東北沖地震、相模トラフ沿いの1703年元禄・1923年大正の関東巨大地震などがこれに入る。地震本部は、プレート沈み込み境界のプレート間地震を「海溝型地震」と呼んでいる。

C1とC2が陸のプレート内の地震で、前者は横ズレ型、後者は逆断層の地震を模している。日本列島では北米・アムール両プレート内部に起こるものであり、沿岸海底の地震も含む。日本の場合、陸のプレートは薄く、ズレ破壊が生ずるのは地表近くから深さ15～20㎞くらいまで(地殻上部の地震発生層)である(それ以深は岩盤がやや柔らかくて急激なズレ破壊は起こさない)。震源域が浅いから直上に激しい揺れをもたらし、俗に**直下型地震**と呼ばれる。

プレート内部が変形する速さはプレート境界に比べれば一般に2桁くらい小さいが、弱面が大小無数にあるので、陸のプレート内地震は日本全体でみればかなりの頻度で発生する。M7クラス以下が多いが、歴史上は1891年濃尾地震(M8・0)のような巨大地震もいくつか起きている。陸のプレート内の地震はすべて活断層で起こるようにいわれることが多いが、それは大きな誤解であり、防災上も問題である(127頁以降で説明する)。

図のB1・B2とDが2種類の海洋プレート内地震である。海溝やトラフから地球内部へ斜めに沈み込んだ海洋プレートを**スラブ**と呼ぶ。それは冷たくて固いので中小地震が多発するが、ときには大地震や巨大地震も発生する(B1・B2)。それらを総称して**スラブ内地震**という。被害をもたらす地震は深さ数十～100㎞程度で起こり、比較的深いが、圧力が高い環境で応力降下量が大きくて短周期地震波が強く放出され、沿岸～陸域の直下でもあるために、大きな被害を生ずる。私は20年ほど前からこのタイプの地震の防災上の重要性を社会に訴えているが[17]、3・11地震の余震としても起こったので[18]、ようやく認知度があがってきた。

海溝やトラフの最深部(軸)より海洋側では海洋プレートの上面が海底であるわけだが、海溝軸付近から沖合にかけて特徴的な地震が起こる。この領域では海洋プレートが曲がるので、曲がる方向に、プレート内の上部で伸張力、下部で圧縮力が働いている。それによる正断層の巨大地震(図のD、1933年三陸地震(M8・1、大津波で死者約3000人)を模している)が代表的で、アウターライズ地震と呼ばれる。プレート間巨大地震のあと、その外洋側でこのタイプの巨大地震が起きやすいことが知られており、3・11後の日本海溝外側でも警戒されている(すでにいくつか起きたが、やや小さかった)。南海トラフでは典型的なアウターライズ地震は知られていないが、2004年9月に紀伊半島南東沖のトラフ軸付近でM7・4のPSプレート内地震が発生した(PSプレートのスラブの断裂に関係するという説[19]がある)。

震源断層運動がもたらすもの――地殻変動と応力場の変化

震源断層運動がもたらす直接的な現象の筆頭は地震波と地震動だが、それと並んで本質的なのが周辺の岩盤の変形と応力場の変化である。リソスフェアの中でズレ破壊(震源断層面に沿うくい違い)が起こると、リソスフェア内部の広範囲で変位が生じる。その変位は、くい違いの形態に応じて理論的に計算できる。

図2-9に逆断層運動による地表と岩盤内部の変位を示す。変位は断層面近傍で大きく、遠ざかるにつれて小さくなっている。これは、広範囲で変形が生じたといえるが、いわば、ズレ破壊前の無理な変形を解消する「逆変形」である。変形の度合いが「ひずみ」だから、「ひずみが変化した」または「ひずみが解放された」ということになる。

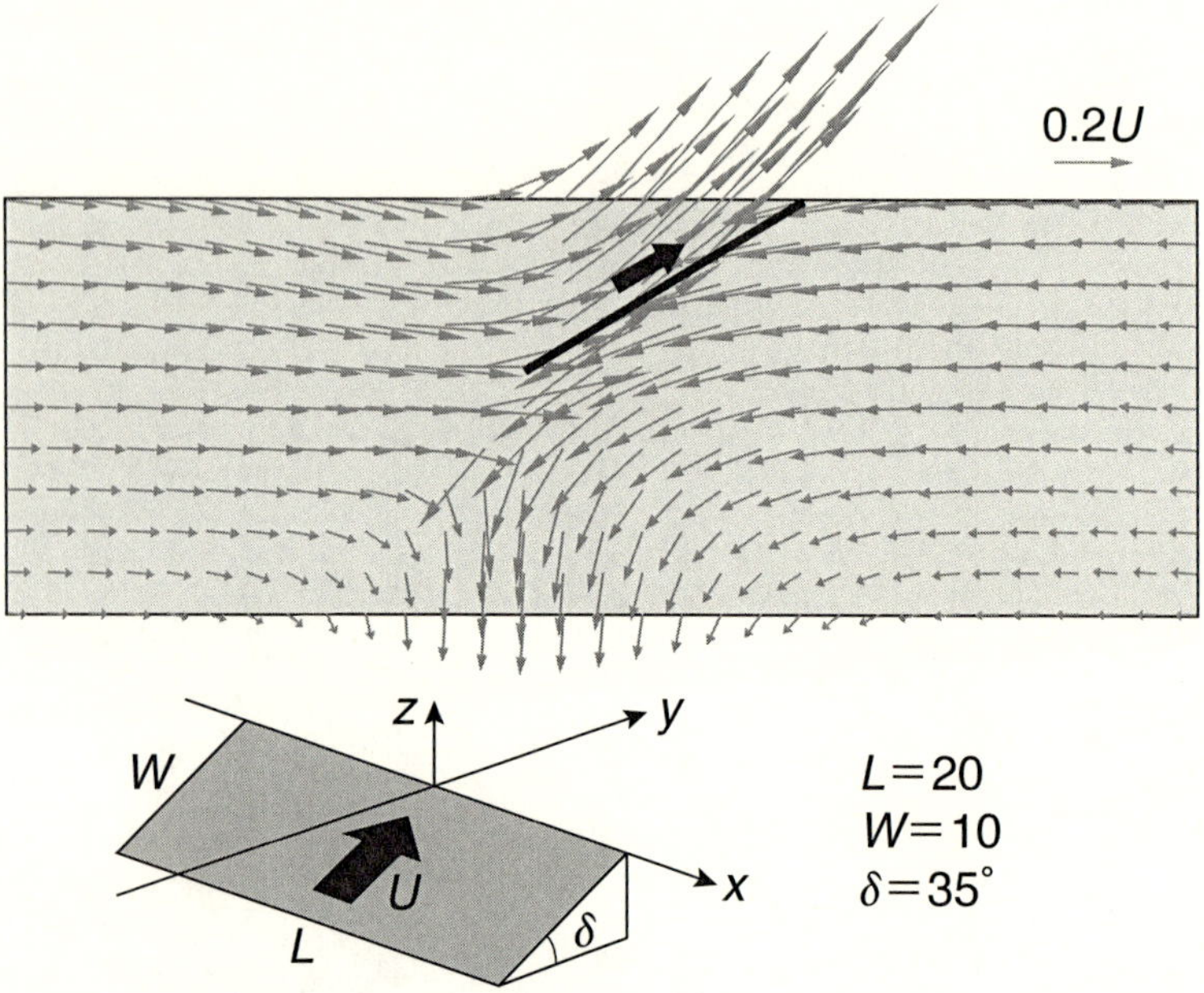

図 2-9　逆断層運動による地表および地中の変形．断層面（下図のグレーの部分，U はすべり量）に直交する面上での変位が上図に示されている．岡田義光（『科学』81 巻，403-406，2011 年）の図 2 を転載．

応力はひずみと直接関係している。また、応力場に類似した**ひずみ場**を考えることができる。ズレ破壊（地震）は、新たなひずみ場と、それに応じた応力場を生じ、その結果、既存のひずみ場・応力場を変化（かなりの領域で緩和）させることになる。東海・南海地震による湯峯温泉や道後温泉の湧出停止は、ひずみ場・応力場の変化を反映していると考えられる。

　変位は、地表では地震時地殻変動として観測される。図2-9の断層面を四国沖の南海地震の震源断層面だと思えば（右が海で左が陸）、上盤の陸のプレートが海側に水平移動し、南海トラフの陸側の海底や室戸岬が大きく隆起して高知平野付近が沈降することが示されている。なお、断層面の上端が多少地下に埋まっていても傾向は変わらない。

地震時の隆起と沈降は、第1章でも述べたように、歴史地震でも海岸や湖岸では気が付かれた。しかし正確に知るには、国土地理院が実施する**測地測量**という精密な測量が必要である。以前は三角測量と精密水準測量によっていたが、１９９０年代から、米軍の航法衛星の電波を受信して位置決めをするＧＰＳが（とくに三角測量に替わって）主流となった。２００４年春にはＧＥＯＮＥＴ（GPS Earth Observation Network System：ＧＰＳ連続観測システム）が完成した。これは２０１２年4月に、米国以外の衛星測位システムにも対応すべく「ＧＮＳＳ連続観測システム」（GNSS Earth Observation Network System）に名称変更された（略号はＧＥＯＮＥＴのまま、ＧＮＳＳは Global Navigation Satellite System の略）。このシステムの電子基準点（衛星電波を連続的に受信する施設）は全国に１２４０カ所展開されている。

本章の扉の図はＧＥＯＮＥＴが明らかにした3・11東北沖地震の地震時地殻変動である。Ｍ9・0の震源断層運動によって非常に広域が変形したことがわかる。それによって応力場も広範囲で変化しただろうことが、この図を見ただけでも推定される。

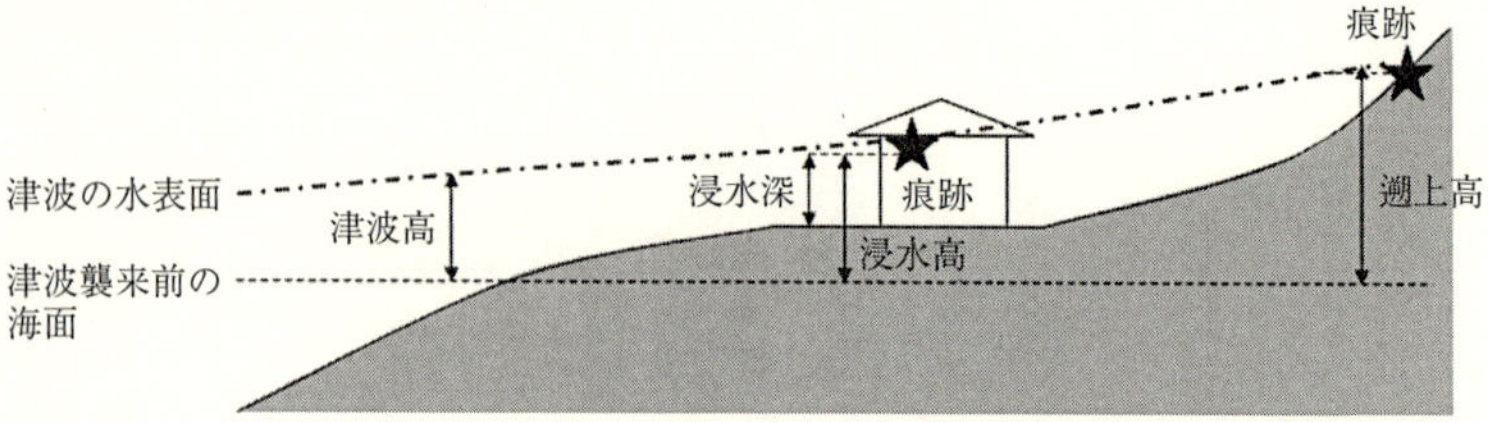

図 2-10　津波の「津波高」「浸水高」「浸水深」「遡上高」の模式図．髙橋重雄(『科学』81 巻，1006-1012，2011 年)のコラムの図を一部改変して転載．

震源断層運動がもたらすもの――津波

海底の下で大規模な震源断層運動が起こって広範囲の海底が隆起・沈降すると、その上の海水も上下に動かされ、波となって周囲に広がる。これが「津波」である。一般に、縦ズレ成分が大きくて震源域が広いほど、広範囲に大津波を生ずる。６頁で述べたように、津波が発生した海面の領域（津波波源域）は、おおむね地下の震源域に対応する。

波源域を出た津波は、海が浅くなるにつれて高くなる。ただし、海岸での津波の高さは沿岸の海底地形や海岸線の形に大きく影響され、一般には岬の先端や湾の奥が高い。海岸に達した津波の平常海面からの高さ（津波高）[20]、陸に浸入して建物などを浸水させた場合の「浸水高」（平常海面からの高さ）と「浸水深」（地面までの深さ）、さらに津波が斜面などを駆け上がった場合の先端部の平常海面からの高さ（遡上高）は互いに異なっている（**図2-10**、第1章で述べた歴史地震の津波高はこれらが混同されている可能性がある）。

津波の速度は海が深いほど速く[21]、水深２０００ｍで秒速１４０ｍ（時速５００㎞）、水深１００ｍで秒速30ｍ（時速１１０㎞）である。こ

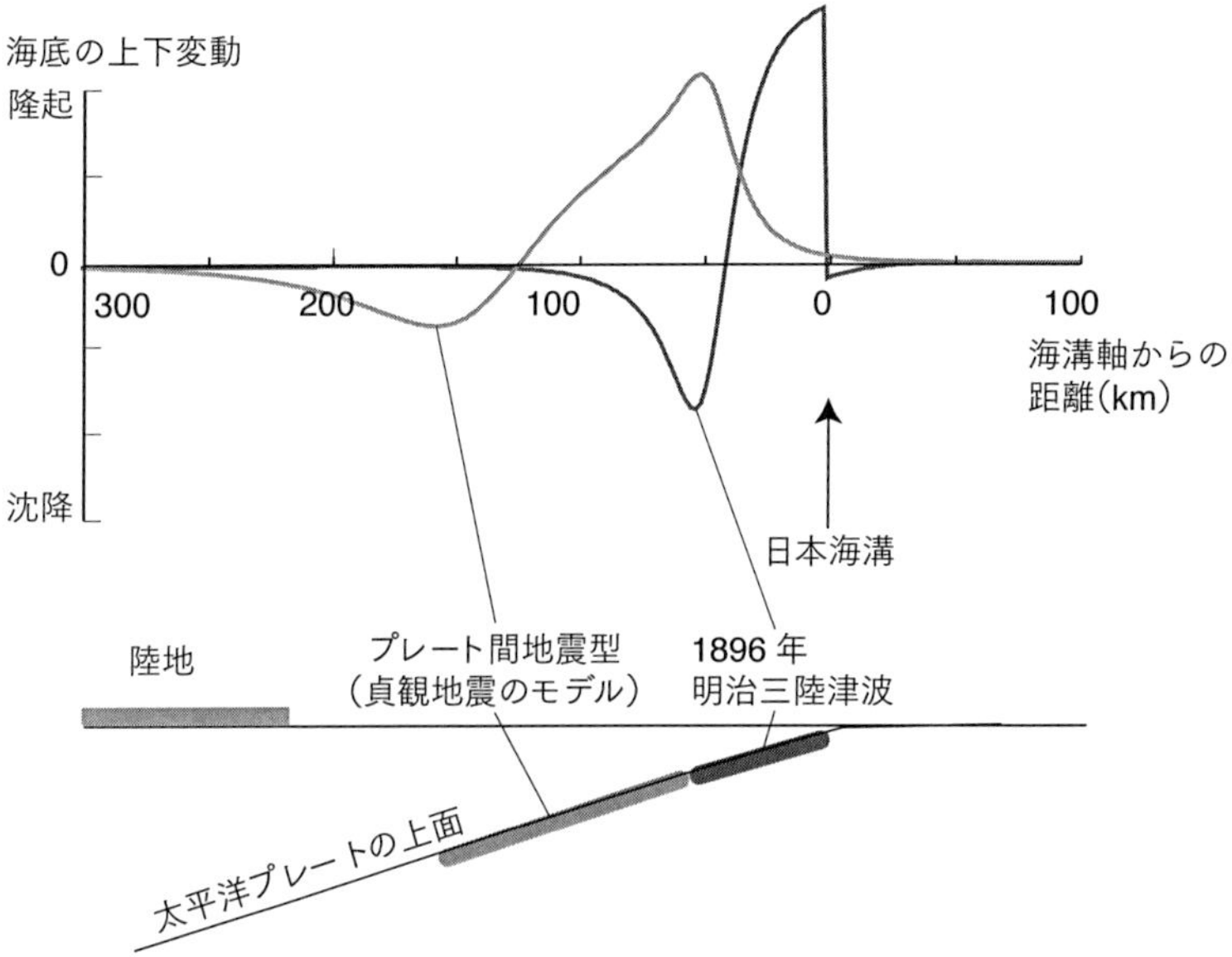

図 2-11　1896 年明治三陸地震と 869 年貞観地震の津波波源モデル(海溝軸に直交した断面図)．上は海底の上下変位量を，下は断層の位置を示す．2011 年東北地方太平洋沖地震の巨大津波はこれら 2 つが重なったと考えられている．佐竹健治ほか(『科学』81 巻，407-410，2011 年)の図 2 を一部省略して転載．

れは、沖合の地震から沿岸部に最初のP波がやってくる速さに比べれば格段に遅いので、地震動を感じてすぐに用心すれば不意打ちされることはない。しかし、震源域に近ければ地震発生後2、3分で襲ってくるし、海岸に近づいてから も自動車なみの速さだから、一瞬の行動の遅れが死を招きかねない。

津波がふつうの風浪と異なるのは、波長(波の山から山までの距離)が非常に長くて数十kmもあり(水深よりはるかに長い)、海底までの海水が運動することである。したがって平野部では洪水のように内陸まで浸入することがあるし、海底の砂泥を巻き上げて破壊力も大きい。

以上のような津波の性質と恐ろしさは、3・11東北沖地震の甚大な被害を通して、全世界の人々がリアルタイムで見たとおりである。

震源断層モデルを与えれば海底の地殻変動が計算でき、それと海底地形のデータから津波の伝わり方や津波の高さをコンピュータでシミュレーションすることができる。逆に、津波計による波形データや津波高の観測・調査データがたくさんあれば、震源断層面上のすべり量の分布を推定することができる[22]。

3・11の巨大津波が非常に高かったり陸地深く浸入したりしたのは、**図2-11**に示すような津波の発生機構だったためと考えられている[23]。すなわち、太平洋-北米プレート境界面の海溝近傍浅部で発生したと推定される1896年明治三陸地震(津波地震で死者約2万2000人)のタイプと869年貞観《じょうがん》地震タイプの通常のプレート間巨大地震が同時に発生した形になり、前者は波長の短い非常に高い津波を生成し、後者は波長の長い大津波を生成した。それらが重なって来襲したために最悪の事態になった。将来の南海トラフ巨大地震でもそのような超巨大地震・津波がありうるのではないかと懸念されている。

震源断層運動がもたらすもの——活断層とはなにか

陸のプレート内地震を考えよう。震源断層運動が地表まで達すると（震源断層面が地表に顔を出すと）、地面にも「くい違い」が生じて、何kmにもわたって崖ができたり、道路や地形が横にズレたりする（二次的な亀裂などを除く。また、飛び飛びだったり雁行状だったりもする）。これを、その地震に伴う**地表地震断層**という。日本で最大の地表地震断層は１８９１年濃尾地震（Ｍ８・０）に伴うもので、延長約80km、地面のくい違いは最大落差約６ｍ、最大横ズレ約８ｍに達した。地表地震断層が出現しなくても（震源断層面が地下に埋まっていても）、逆断層であれば**撓曲**《とうきょく》**崖**《がい》という地表の撓《たわ》みが帯状に現れることがある。

日本列島のほとんどの地域で、最近数十万年間の応力場の基本は不変なので、各地で発生する地震の発震機構も変わっていない。したがって、地下の同じ場所でくり返し大地震が発生して地表地震断層や撓曲崖がくり返し現れれば、その変形は同じ向きであり、累積して地形として残る（ただし、浸食されて不明瞭になり、変動地形学者が空中写真を注意深く立体視してやっと認識できる場合もある）。特徴的な地形が、地震以外の成因（差別浸食など）によるものではない「断層変位地形」だと判断されれば、その地下で過去くり返し大地震が起きたことになり、この地形を地表表現とする断層を**活断層**と呼ぶ。過去に大地震がくり返し発生したということは、応力場が基本的に不変だから、将来も同様の大地震が起こるということになる。

活断層の定義はいろいろあるが、私は活断層マップワーキンググループの「最近数十万年間に概ね千年から数万年の間隔で繰り返し活動し、その痕跡が地形に現れ、今後も活動を繰り返すと考えられる断層」という定義[24]がよいと思う。ただし、地形的に不明瞭でも、地表下の詳しい構造調査や掘削調査でこの定義の条件が確認される場合はありうるだろう。

本書では活断層の細かい話には立ち入らないが、非常に重要なのは、震源断層面、地表地震断層、活断層という言葉がそれぞれ違う概念を表していることである。とくに震源断層面と活断層は、前者が「地震の断層模型論」から演繹的に導かれた抽象的概念で、実際の地震では地震波や地殻変動のデータから間接的に推定され、「見えない」ものであるのにたいして、後者は地表の調査・観察から帰納的に得られた具体的な概念で、モノを見て直接認識できる「見える」ものだという際立った違いがある。つまり、地震学と活断層学は対照的なアプローチで地震現象に迫っているのであって、成果の融合は大事だが、安易な混同はよくない。

ところが、マスコミなどでは「陸のプレート内の地震はすべて活断層で起きる」という誤解が根強いようで、不適切な記事が少なくない。2013年4月の淡路島の地震（M6・3、最大震度6弱）では、地表地震断層が現れず、対応する活断層もなかったのだが、「未知の活断層で発生」「M6級の地震を引き起こす活断層は地表から見えることはあまりなく」といった表現が目についた[25]。しかし、活断層は「見えてこその活断層」であって、それが活断層の強みでもあるから、この記事のような表現は間違っている。

内陸の浅い大地震が起きても、震源断層面が地表に顔を出さなければ明瞭な地表地震断層が出現しないし（2000年鳥取県西部地震〔M7・3〕が実例）、出現しても次の大地震までに浸食されて痕跡が消えてしまうこともある。そのような場合には断層変位地形が残らず、活断層ができない。だが、日本列島では、活断層が認められなくてもM7クラス程度までの地震はほとんどどこでも起こりうると思うべきなのである。しかし、もちろん活断層が知られれば危険性が具体的にわかるから、[26]活断層の調査・研究が不要ということはない。

震源断層運動がもたらすもの——余震・誘発地震・続発地震

大きな地震(本震)が起こると、その震源断層面上と近傍で、本震よりは小さな地震がたくさん発生して長期間継続することが多い。それらは**余震**と呼ばれる。発生場所や発震機構から「狭義の余震」と「広義の余震」が区別されることがあるが、厳密に分けるのはむずかしい。余震発生域から明瞭に外れた場所で地震が起こり、その原因が本震の発生にあると考えられるときには**誘発地震**と呼ばれる。しかし、これも客観的に決まるわけではない。

3・11東北沖地震は超巨大地震だったこともあり、無数の狭義と広義の余震および誘発地震が続発した。それらは、プレート間地震、プレート内地震、スラブ内地震、アウターライズ地震のすべてを含んでいる。過去の南海トラフ巨大地震でも、第1章に書いたことから、似たようなケースがあったことがうかがえる(アウターライズ地震は不明)。

誘発地震が起こる原因の1つは、本震による応力場の変化だと考えられている。[27]地下のある弱面(断層面)がズレ破壊する限界に近づいているとき、かなり離れた場所の本震によってその断層面のせん断応力が少し増加し、法線応力(断層面を押さえつけてズレ破壊を抑制する効果がある)が少し減少すると、ズレ破壊が発生しやすくなるのである。

最近は、大地震が起こるとすぐに、それによる応力場の変化(検討対象の断層面ごとの、せん断応力と法線応力の組み合わせ(クーロン破壊関数)の変化)を計算して、広範囲の既存の断層で地震が起きやすくなったかどうかが調べられ、その結果はマスメディアでも大きく取り上げられる。ただし、この検討手法は「半無限弾性体の中のひずみと応力の計算」ということだけをおこなうもので、プレートやブロックの動きは考慮されていない。しかし、4枚のプレートが押し合っている日本列島では、プレートが動くことも地震発生に影響を与えるだろう。

4節でそういう見方を紹介するが、そのような観点からは、地震によっては「誘発地震」という呼び方にも疑問が湧く。例えば、昭和東南海・南海地震のあとの1948年福井地震を誘発地震と呼んでよいのか、私は「続発地震」といったほうがよいような気がしている[28]。

南海トラフ沈み込み境界での諸現象

プレート沈み込み境界におけるプレート間地震発生の基本的メカニズムを図2-12に示す。地震と地震の間はプレート境界面が固着しており、海洋プレートの定常的な沈み込みによって上盤の陸のプレートが変形してゆく。それによってひずみが大きくなり、境界面のせん断応力も増大し、それが固着の強度を超えるとズレ破壊(地震)が発生して(109頁の弾性反発)、上盤の変形（ひずみ）が基本的に解消される。地震は図2-9のような逆断層運動になる。

以下では話を駿河〜南海トラフにかぎって、関連する事項を概観しておこう（文献などは地震本部の報告書[29]を参照されたい）。まず、震源断層面の適切な把握をはじめとする諸問題にとって、プレート境界面（PSプレート上面）の形状がたいへん重要である。これについては40年近くにわたって多様な手法で研究されてきたが、まだ本当のところはわかっていない。具体的な形は次節でみるが、はっきりしているのは非常に湾曲していることである。これは、約1500万年前に、生まれたばかりの温かくて柔らかい四国海盆が沈み込みを開始したことと関係があるだろう。なお、南海トラフ付近では、海底の高まりの列が複数、沈み込んでいる。それらは、トラフ南西端の九州・パラオ海嶺、室戸岬沖付近の紀南海山列、東海地方東部の古銭

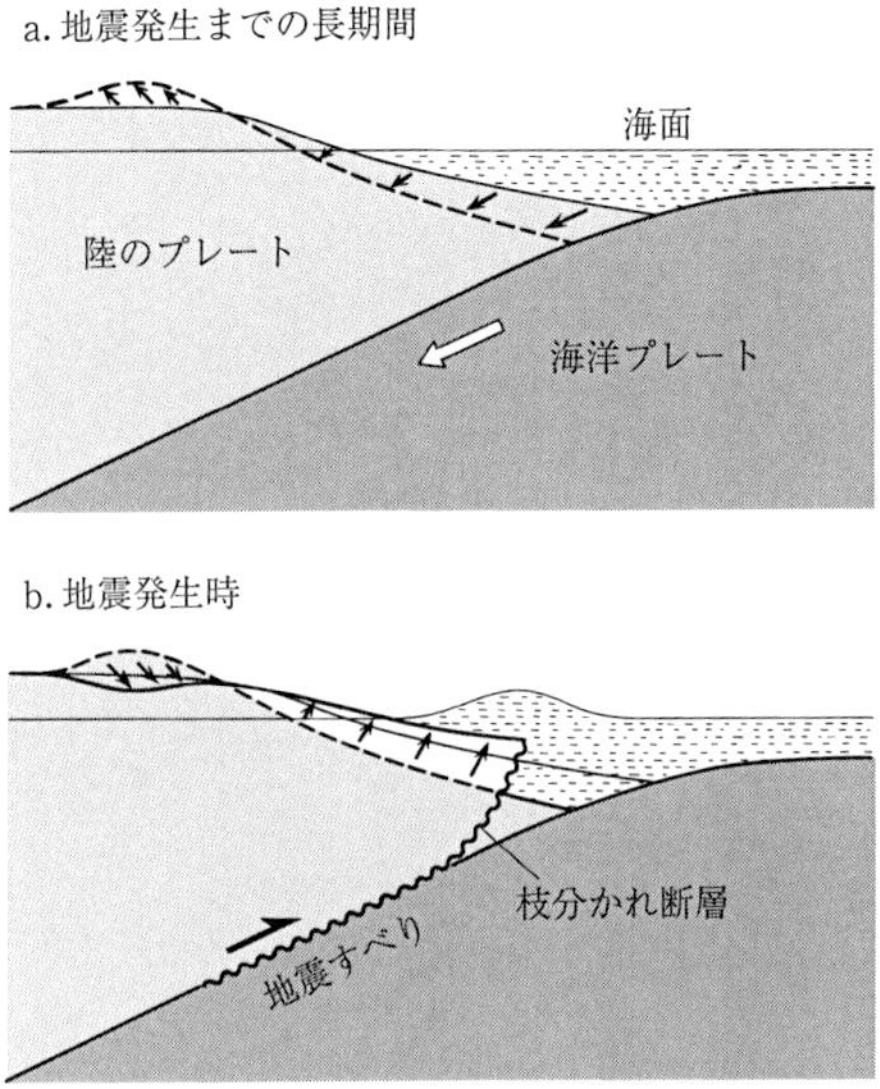

図2-12　プレート沈み込み境界におけるプレート間巨大地震発生の基本的メカニズム．陸のプレートの形は，細実線が最初の状態，太破線が地震直前，太実線が地震直後．枝分かれ断層（分岐断層）の活動を誇張して描いてある．地震すべりが陸のプレートの先端部まで生じることもある（本文参照）．石橋の著書（第1章注32）の図3-7を転載．

洲海嶺（現在の銭洲海嶺に先行したと考えられるもの）などである（図２‐13参照）。

プレート境界面の固着は、地下の温度分布などによって深さ10～30㎞くらいで強く、激しいズレ破壊が生じるのもこの範囲（それ以浅と以深ではＰＳプレートが上盤をあまり引きずらずに沈み込む）と考えられていた。しかし、この範囲は次節で述べるように見直されている。

固着が強い深さ範囲でも、前述のように面全体が貼りついているわけではなくて、固着域（アスペリティ）が飛び飛びに分布している。それらを介して上盤の底（プレート境界面に接する部分）が斜め下方に引きずられるわけだが、その分量を「バックスリップ」と呼ぶ。ＧＥＯＮＥＴなどによる最近の地殻変動のデータからバックスリップの分布を求めることができ、それが大きい部分が固着域と推定される。過去の地震の震源過程の解析（固着域と考えられる大すべり域〔アスペリティ〕の分布がわかる）も参考になる。しかし、固着域を正確に知るのはむずかしい。その位置が不変なのか、時間とともに変わりうるのかも大きな問題である[30]。

分岐断層（プレート境界面から枝分かれした上盤内の断層、図２‐12）も重要である。南海トラフの場合、上盤先端部の広い範囲に、沈み込むＰＳプレートから削り取られた海底堆積物が積み重なった**付加体**が発達していて、その中に「覆瓦《ふくが》断層」（瓦を斜めに重ねたような堆積物の間の断層）が何枚もあるが、そのうちの発達したものが分岐断層となる。巨大地震の際のプレート境界面の地震すべりは分岐断層に抜けていくことが多いと考えられてきた。熊野灘の沖合では、海底地下構造探査によって分岐断層が確認されている。

分岐断層が海底に顔を出せば海底活断層として認識される。南海トラフの陸側海底には多数の海底活断層が分布している。ただし、上盤内の活断層（プレート境界面につながっていない）もあるかもしれず、どれが分岐断層か、つぎの巨大地震でどれが活動するかを知るのはむずかしい（前者は海底地下構造探査が有効だが）。

以前は、付加体の最先端部（トラフ軸近く）は若い堆積物なので変形しやすくて弾性反発は起きないと考えられていた。しかし、3・11東北沖地震で日本海溝軸付近が大きくすべって（図2-5、約50ｍという別の解析結果もある）巨大津波を生じたことから、この考えは適切ではないとされている。日本海溝沿いは付加体が乏しいという事情があるが、いっぽうで熊野灘沖の海底掘削によって、すべり速度（115頁）の大きな地震性のズレが浅部（分岐断層上端とトラフ軸付近のプレート境界面）で起きたと推定される断層痕跡が採取された。

近年、プレート境界面のすべりが巨大地震のときにだけ起こるのではなくて、微弱だが多様な形態で常時モゾモゾ生じていることがわかってきた。そのような現象の典型として**深部低周波微動**と**スロースリップ**（ゆっくりすべり、「イベント（事象）」を付けてSSEともいう）がある。前者は継続時間の長い低周波の震動で（低周波とは1秒間の振動回数が少ないこと）、PSプレート上面の深さ約30kmの等深線に沿って帯状に四国西部から東海地方中部まで発生している。後者は、地震波を出さず地殻変動観測で検出されるもので、数日間つづく「短期的ＳＳＥ」（深部低周波微動活動と同期して発生）と数カ月〜数年つづく「長期的ＳＳＥ」（豊後水道や東海地方で発生し[31]

た）がある。さらに、広い範囲の付加体中で「超低周波地震」も起きている。これらは非常に注目される現象だが、巨大地震発生との関連はまだわかっていない。

南海トラフにかぎらず、巨大地震が発生すると、地震時に大きくすべった部分の隣接領域で、地震波を出さないゆっくりすべりがひき続いて発生することが多い。これを「余効すべり」、それによる地殻変動を「余効変動」という。余効すべりは周囲（とくに深いほう）にジワジワと拡大し、長期間続く傾向がある。3・11東北沖地震の余効すべりは非常に大規模で、[32] 余効変動は2013年12月現在でも図2-20のようにはっきり観測されている。過去の南海トラフ巨大地震でも余効すべりと余効変動は起こっている。

御前崎や室戸岬はプレート間巨大地震で隆起し、つぎの地震まではPSプレートに引きずられてゆっくり沈降する。しかし完全に元に戻るわけではなくて「残留隆起」が残る。したがって長年の間には昔の海岸の平坦面が高い位置に上昇し、**隆起海成段丘**が生ずる。ただし、例えば室戸岬では過去約6000年間に1000〜2000年間隔で2〜4mずつ隆起したとみられるが、これは近くの海底活断層の活動によるのではないかといわれている。御前崎付近でも同様の現象がある。また足摺岬は、昭和と安政では隆起したのに宝永ではむしろ沈降したらしいが、これもプレート境界断層面と最寄りの海底活断層との複合作用ではないかと思われる。したがって、将来の南海トラフ巨大地震の際にどうなるかを予測するのは困難だろう。

3　政府が想定した最大クラスの南海トラフ巨大地震

東海地震説とその後の動き[33]

内閣府は、２０１１年の東日本大震災を踏まえて、南海トラフで想定すべき最大クラスの地震・津波の検討結果を２０１２年８月に公表した。それは、Ｍ９・１の地震によって震度７の激しい揺れと高さ20ｍ以上の大津波が西日本の広範囲を襲うというものであった。その結果を受けた中央防災会議のワーキンググループが、第３章でみるような厳しい被害想定を発表し、日本社会に衝撃を与えた。本節では、一連の予測の地震科学的な部分を概観するが、その前に、駿河～南海トラフ沿いの地震と震災の予測に関する前史的な動きをみておこう。

１９６５（昭和40）年度から国家プロジェクトとして地震予知研究計画（４年後から地震予知計画）が始まったが、そのなかで１９６９年４月に地震予知連絡会[34]（以下「予知連」）が発足した。このときすでに、遠州灘～駿河湾地域は大地震候補地と考えられていた。過去に大地震がありながら近年起きていないという理由による。同年秋には茂木《もぎ》清夫《きよお》が、過去約70年間に大きな北西向きの変形がみられる伊豆～東海地方東半における大地震の可能性を指摘した[35]。これが最初の「東海地震説」というべきものだが、プレートテクトニクスがこの地域にまだ適用されておらず、予想される震源像は不明瞭だった[36]。

1972年頃、PSプレートの北限が南海〜駿河トラフから伊豆半島北方の凹地をとおって相模トラフにつながることが指摘されて[37]同プレートの概念が確立し、16頁でみたように昭和東南海・南海地震がプレート間地震だという理解も一般化した。1973年には安藤雅孝が、歴史上の東海・南海地震もプレート間地震だとして断層モデルを提案し、1854年安政東海地震の断層面は熊野灘〜遠州灘、1944年東南海地震のそれは熊野灘にあったと考えて、大地震空白域の遠州灘で東海巨大地震が起こる可能性があると指摘した[38]。予知連は1974年2月に東海地方を「観測強化地域」に格上げしたが、もっぱら遠州灘に注目し、社会的にも「東海地震＝遠州灘地震」というイメージが定着していった。駿河トラフ沿いはPS・ユーラシア両プレートが押し合っている衝突域で、巨大地震は起こらないとされた[39]。

1976年に私は、新たな地震史料をふくむ総合的な検討により、①駿河トラフでもPSプレートの沈み込みがあって巨大地震発生能力をもつ、②安政東海地震の震源域は熊野灘〜駿河湾奥、昭和東南海地震のそれは熊野灘〜遠州灘西半で、遠州灘東半〜駿河湾が1854年以来122年間の未破壊域である、③駿河湾地域の明治以来の顕著な地殻変動はプレート沈み込みによるひずみ蓄積の表れであり、ひずみ量はかなり大きいと推定される、という結論を得て、「来るべき東海地震は『駿河湾地震』で、切迫している恐れがある」とする「駿河湾地震説」を発表した[40]。予想震源断層モデルも提出したが、それはM8級の「直下型巨大地震」というべきもので、静岡県を中心に大震災を起こす恐れがきわめて強かった。ところが調査・観測・研究と震災対策の両面で駿河湾地域は見落とされていたから、私は、この地域における地震予知防災体制を強化すべきだという訴えもおこなった。

当初から駿河湾単独の大地震は起こらないのではないかという意見があったし、私自身、安政東海地震と昭和東南海地震の震源域が相補的であれば駿河湾地震が近いとはいえないという議論もしたが[41]、予知連は1976年11月の「東海地震について」という統一見解で、予想震源域に関して駿河湾地震説を追認した[42]。発生時期については不明としたが、観測態勢は十分とはいえないので観測をさらに強化して監視を続けていく必要があると述べた。

1976年10月末には地震予知推進本部の設置が閣議決定され、観測の強化、24時間監視体制と異常現象判定組織の整備が進められた。1978年6月には「大規模地震対策特別措置法」(大震法)が成立し、12月に施行された。中央防災会議の専門調査会は予想震源断層モデルを検討し、それにもとづいて震度6以上の地震動が生ずる6県167市町村が大震法に従って1979年8月に「地震防災対策強化地域」に指定された。

大震法は直前予知を大前提として硬直的だという批判が強かったが、2001年1月の中央省庁再編で新設された内閣府に中央防災会議が移ったこともあって、震源域の見直し(同年12月)、強化地域の見直し(2002年4月、8都県263市町村に拡大)、東海地震対策大綱の策定(2003年5月)がおこなわれ、大綱にもとづいた対策が進められてきた[43]。

いっぽう、遠州灘西半(図**1-2**のD領域)以西の南海トラフ巨大地震についても、中央防災会議は2001年10月から「東南海、南海地震等に関する専門調査会」を開いて地震対策の充実強化を検討し始めた㊹。同年9月には地震本部・地震調査委員会が「南海トラフの地震の長期評価について」を公表し㊺、2001年から30年以内の発生確率が南海地震で40％程度、東南海地震で50％程度に達すると推定していた。なお、5頁で触れたが、このときから「東南海地震」という呼称が**固有地震**(同一の領域を震源域として、同じ規模で、ほぼ一定の間隔でくり返し発生する地震)のように使われ始めた㊻。2002年7月には、関係自治体からの強い要望を受けて「東南海・南海地震に係る地震防災対策の推進に関する特別措置法」が議員立法で成立した(翌年7月に施行)。2003年12月には1都2府18県の652市町村が「東南海・南海地震防災対策推進地域」に指定され、「東南海・南海地震対策大綱」が策定された。

東日本大震災の衝撃

2011年3月の東日本大震災は、日本海溝沿いの巨大地震対策も推進していた政府に強い衝撃を与えた。政府が対象とする大規模地震は、全国どこでも、過去のくり返し発生が資料で確認されるものに限定されていたのだが、3・11東北沖地震は想定をはるかに超えるM9・0の超巨大地震で、想像を絶する津波災害と広域震災をもたらしたからである。

中央防災会議が2011年4月に設置した「東北地方太平洋沖地震を教訓とした地震・津波対策に関する専門調査会㊼」は、同年6月の「中間とりまとめに伴う提言」で、「今後、地震・

津波の想定を行うにあたっては、これまでの考え方を改め、津波堆積物調査などの科学的知見をベースに、あらゆる可能性を考慮した最大クラスの巨大な地震・津波を検討していくべきである」と述べた。いっぽう東海・東南海・南海地震に関しては、これら3地震が同時に起こる可能性も指摘されていたし、「東南海・南海地震対策大綱」にも、10年程度東海地震が発生しない場合には東海地震対策と合わせて大綱を見直すと記されていた。

これらの状況を踏まえて、南海トラフ巨大地震対策のために想定すべき最大クラスの地震・津波を検討するために、2011年8月に内閣府に「南海トラフの巨大地震モデル検討会」(48)(以下「**モデル検討会**」)が設置された。同会は2011年12月に「中間とりまとめ」を、翌年3月に震度分布と津波高についての第一次報告を、そして8月に第二次報告を発表した。その検討結果は第3章でみる「南海トラフ巨大地震対策検討ワーキンググループ」に渡された。

いっぽう、地震本部の地震調査委員会が、主要な活断層やプレート境界で発生する地震の「長期評価」(規模や発生確率の予測)を実施しているが、日本海溝の地震の長期評価は3・11地震を予測できなかった。そのために海溝沿い地震の長期評価手法が見直されているが、南海トラフ地震は防災対策が急がれるとして、2001年の長期評価を暫定的に改訂し、「南海トラフの地震活動の長期評価(第二版)」(以下「評価二版」)を2013年5月に公表した(49)。

モデル検討会の「中間とりまとめ」によれば、同会の検討と地震調査委員会の作業とは連携して進められたという。そこで、主として評価二版によって最大クラスの南海トラフ巨大地震の地震像を概観し、つぎにモデル検討会による震度と津波の分布をみてみよう。

想定された地震像

図2-13に、想定された最大クラスの南海トラフ巨大地震の震源域を示す。

プレート境界面、すなわちPSプレート上面の形状は、複数の研究結果を参照して、図の破線の等深線のように仮定された。このたわんだ曲面の上に震源断層面を想定するのだが、東端は駿河トラフ軸〜富士川《ふじかわ》河口断層帯北端付近とされた。**富士川河口断層帯**とは、駿河湾北岸の富士川河口西側から北へ約26km以上つづく活断層帯で（西側隆起の逆断層、平均ズレ速度は約7m／1000年）、想定東海地震と同時に活動する可能性があると考えられている。[50] 西端は、宝永地震の震源域が日向灘まで延びていたという説（173頁）を考慮して、九州・パラオ海嶺が沈み込む地点とされた。その付近でPSプレートの構造が変化している。

前節の最後の項で述べたように、従来はトラフ軸付近では地震すべりは起きないとされていたが、3・11以降、その見方は適切ではないと考えられている。その結果、トラフ軸までが震源域に含められた。深いほうに関しては、従来の深さ30km程度までという見方を改めて、それより深い深部低周波微動（133頁）発生域下限付近までとされた。[51]

なお評価二版は、過去の南海トラフ巨大地震の多様性を重視しているが、現時点では多様性を説明するモデルがないので、つぎに起こる地震の震源域を推定するのは非常に困難だと述べ

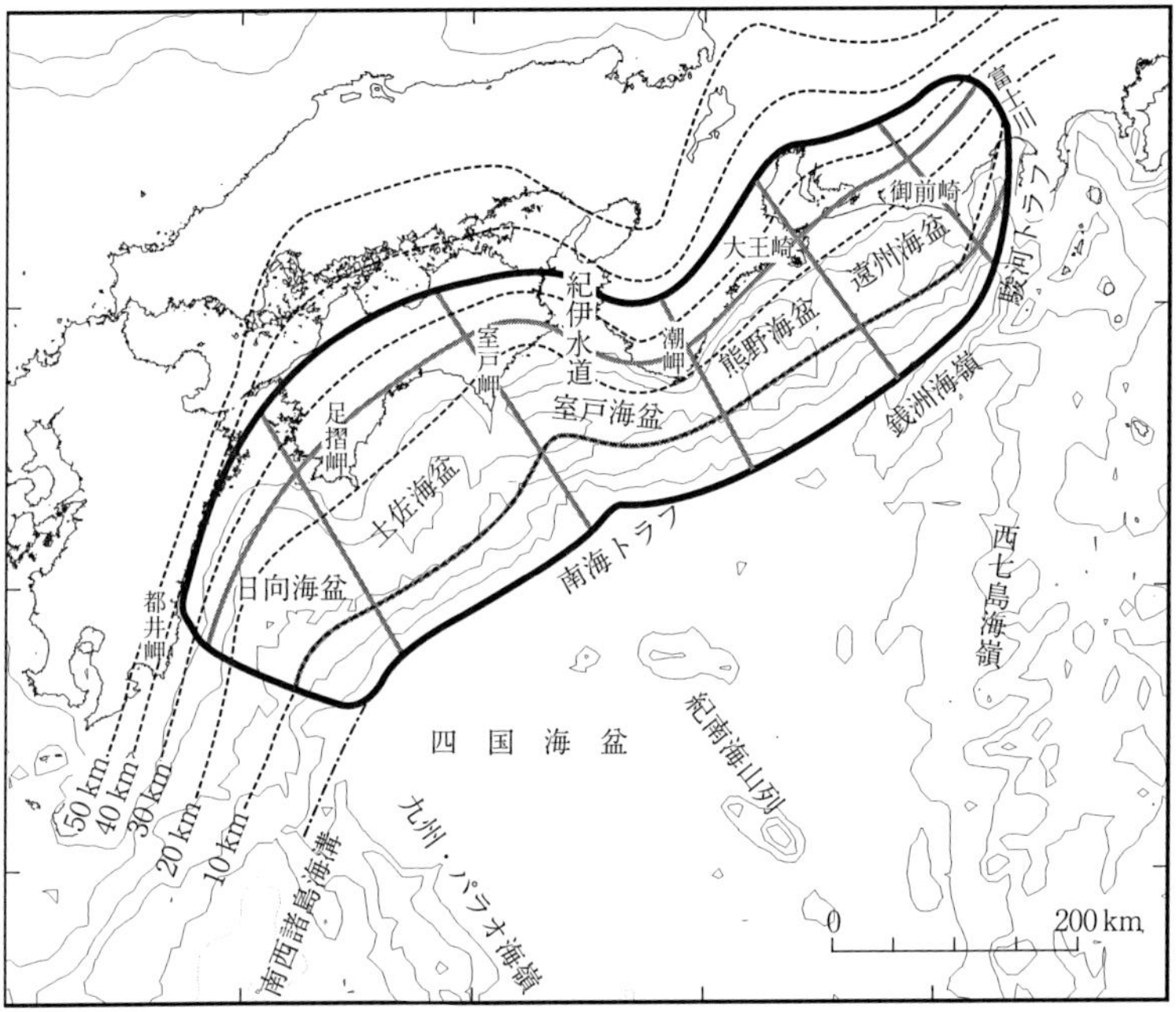

図 2-13　最大クラスの南海トラフ巨大地震の震源域(太実線). 薄い実線は, 震源域を類型化するための領域分けの境界. 破線は, 仮定されたフィリピン海プレート上面の等深線. 地震本部・地震調査委員会の「評価二版」(注 49)の「主文」の図 1 にもとづく.

ている。ただし、最大クラスと考えた震源域を複数の領域に分割して、その組み合わせで震源域を類型化することはできるとして**図2-13**のように区分した。すなわち、南海トラフの走向方向には、日向海盆・土佐海盆・室戸海盆・熊野海盆・遠州海盆(「前弧海盆」と呼ばれる堆積盆)を含む領域と駿河湾地域の6分割、深さ方向には、浅部(トラフ軸〜深さ約10km)・中部(深さ約10〜25km、従来考えられていた地震発生域）・深部（深さ約25㎞〜深部低周波微動発生域下端）の3分割である。だが、この領域分けで新たな進展が生じたわけではない。

一般に、震源断層面上の強震動生成域と津波発生域は一致するものではなく、津波発生域のほうが広いと考えられている。そこでモデル検討会は、強震動を評価するための強震断層モデルと、津波を評価するための津波断層モデルを、別々に検討した。

強震断層モデルと震度分布

モデル検討会の強震断層モデルは、最大クラスの震源域の深さ10㎞より深い部分に設定された（**図2-14**の上図）。それは湾曲した曲面なので、計算の必要上、多数の矩形の小断層に分割して近似する。また断層面全体は、駿河湾地域、東海域、南海域、日向灘域の4セグメント（領域）に区分され、領域ごとに平均すべり量（m）が決められた（東から順に3・6、6・9、9・3、5・5）。その際、断層面全体の平均応力降下量（112頁）を仮定する必要があるが、3・11東北沖地震の検討から4MPa（メガパスカル、圧力の単位）とされた。

強震動生成域（111頁のアスペリティのこと）の配置は、3・11地震の解析結果などから、各領域の面積の10％程度で数は2個（ただし東海域と南海域はそれぞれ2つの構造単位に細分されるので〔**図2-13**参照〕、構造単位ごとに2個）として、**図2-14**上図のようになった（位置はある意味「適当に」だろう）。そこでのすべり量は、ある研究結果に従って、各領域の平均すべり量（前述）の2

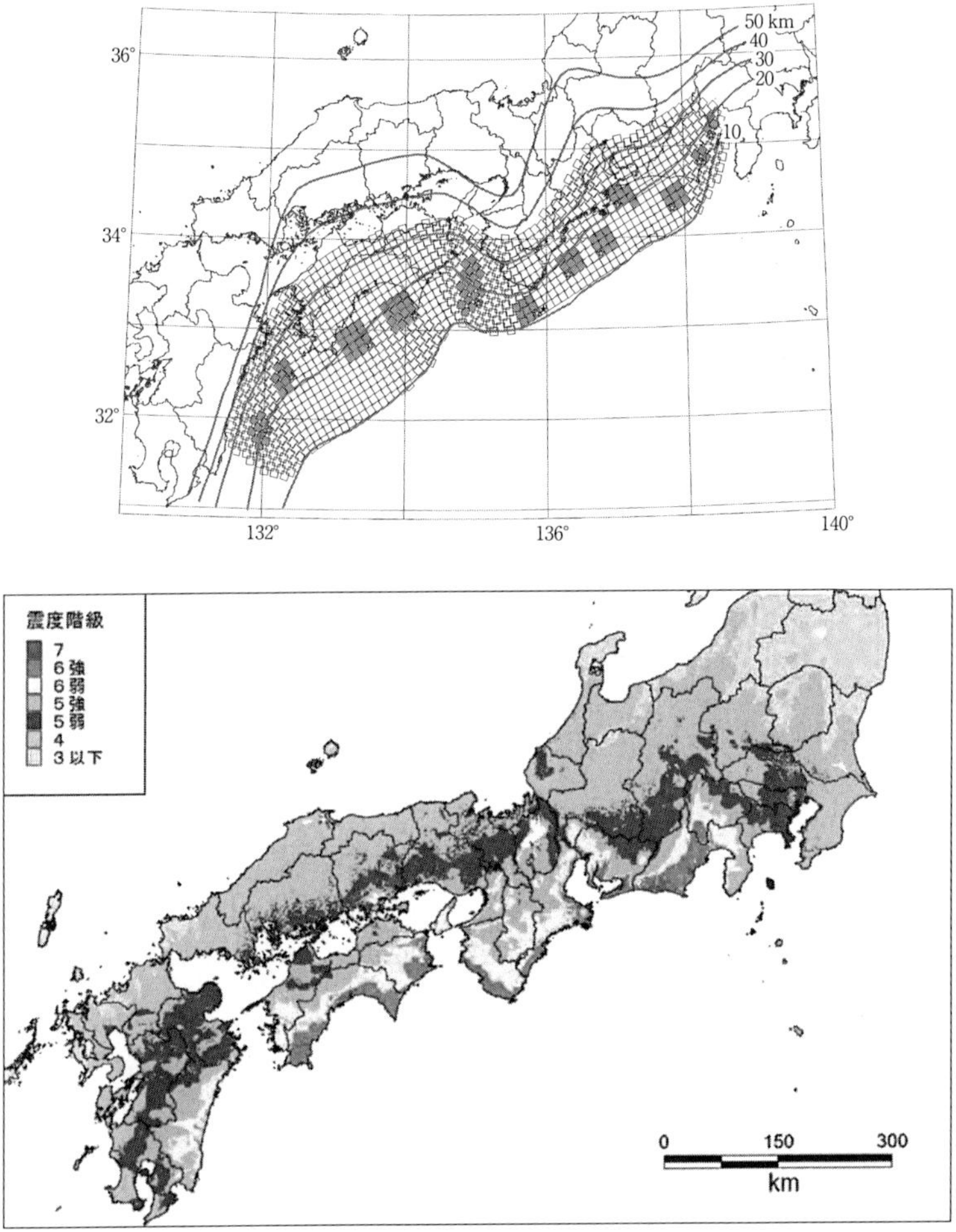

図 2-14　南海トラフ巨大地震の強震断層モデルの基本ケース．上は，たわんでいる震源断層面を多数の小断層に分けたうえで，強震動生成域(グレーの部分)を設定した様子．曲線はプレート境界面の等深線．紀伊半島の南の小さな黒い星印が破壊開始点．下は推計された震度分布．カラーの原図を白黒にしたので震度5弱が強調されていることに注意．内閣府モデル検討会・第二次報告の「強震断層モデル編——強震断層モデルと震度分布について」による．

倍とした。これによって領域ごとの強震動生成域の応力降下量が計算できるが、それは34〜46MPaになった。また、各領域の背景領域(111頁)のすべり量(東から順に3・1、5・9、8・1、4・9m)と応力降下量(4領域とも3・7MPa)も計算できる。これらの数値は、すべての小断層に断層パラメータとして割り当てられる。破壊開始点は紀伊半島の南、破壊伝播速度は2・7km/秒とされた。強震断層モデル全体としては、M_w 9・0、平均すべり量7・6m、平均応力降下量2・3MPaになった。

このようなモデルにもとづき、強震波形を計算する手法によって震度の推計がおこなわれた。それは、地下の工学的基盤(平均S波速度が0・35〜0・7km/秒に相当する地層)の各点で地震波形を計算して計測震度(8頁)を求め、その上の表層での震度の増幅を加えて地表の震度を算出する。地震波形の計算は、1つひとつの小断層が破壊の伝播に応じた時間遅れをもちながら地震波を放出するのを、地下構造を考慮したうえで全部重ね合わせる。表層に関しては、1辺250mの網目(メッシュ)の「浅い地盤構造モデル」を新たに構築した(福島県以南で約365万メッシュ)。つまり、震度は250m間隔で推計された。この震度は、約3秒より短い周期の地震動を対象としたもので、長周期地震動については検討が続いている。

強震断層モデルは、**図2-14**上図に示した「基本ケース」に加えて、強震動生成域をやや東側に移動した「東側ケース」、やや西側に移動した「西側ケース」、可能性がある範囲で最も陸側(深い側)に移動した「陸側ケース」も作り、それぞれについて震度を推計した。

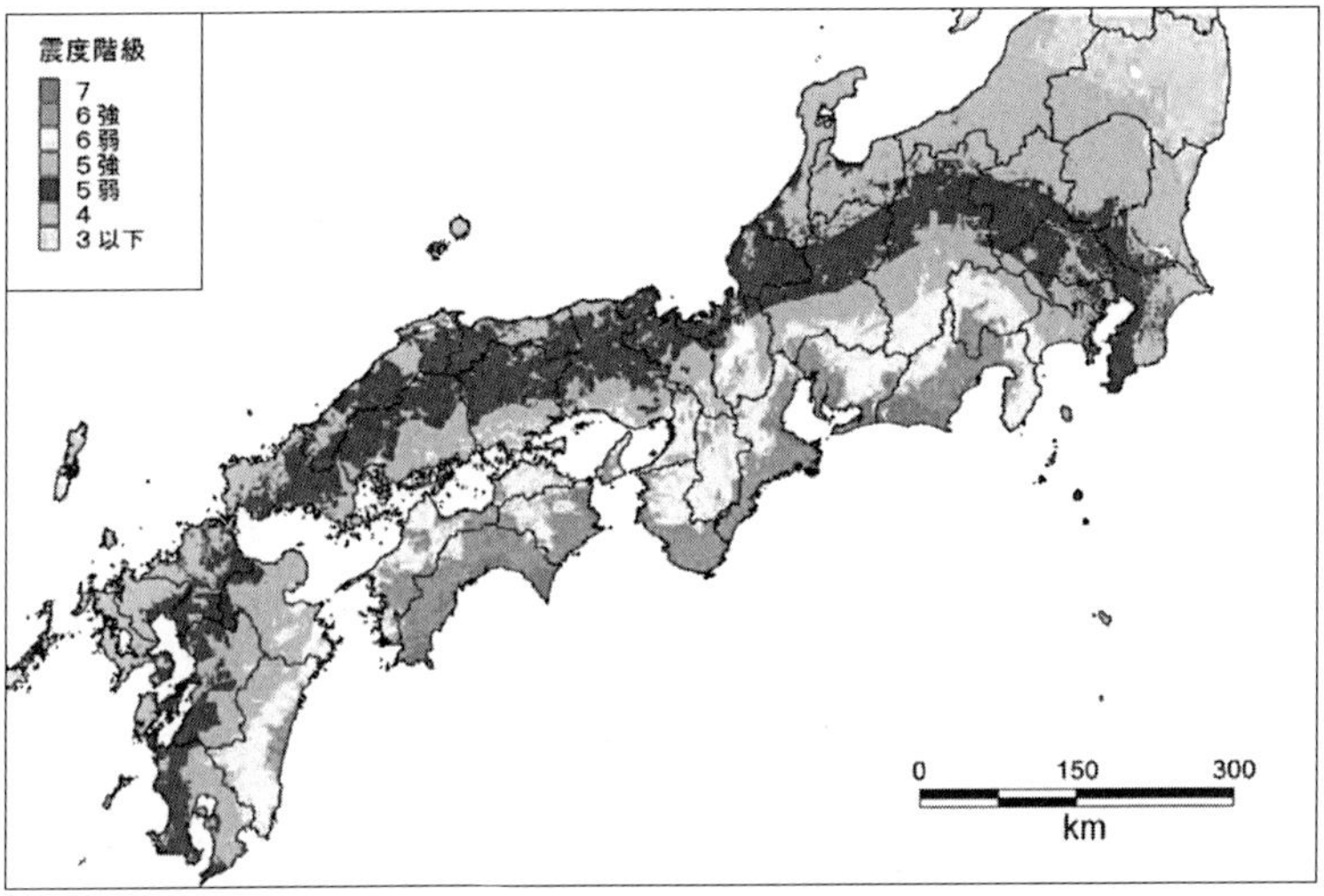

図2-15　内閣府による南海トラフ巨大地震の推計震度の最大値の分布図．強震波形計算4ケースと経験的手法の震度の最大値．カラーの原図を白黒にしたので震度5弱が強調されていることに注意．図2-14と同じ報告書による．

さらに、強震波形計算手法を補完するために、経験的手法（震源からの距離によって地震動がどの程度減衰するかを表す経験的な式を用いる手法）による震度の推計もあわせて実施した。

基本ケースについて強震波形計算で求められた震度分布を**図2-14**下図に示す。また、4ケースについて推計された震度および経験的手法による震度の最大値の分布を**図2-15**に示す。これをみると、神奈川県西部から宮崎県までの広い範囲で震度6弱以上となっており、静岡、愛知、三重、和歌山、兵庫、徳島、香川、愛媛、高知、宮崎の10県で震度7の地域がある。ただし、後述のようにこれは試算というべきもので、最大クラスの地震でこのような震度分布が現出するとはかぎらず、逆に、最大クラスの地震でなくてもこの図の震度以上に強く揺れる地域が生ずることがありうる。

津波断層モデルと津波高・浸水域

モデル検討会は、発生頻度はきわめて低いが発生すれば甚大な被害をもたらす最大クラスの津波（いわゆる「レベル2」の津波）について、3・11東北沖地震や世界の巨大津波の特徴を踏まえて津波断層モデルを作り、海岸での津波高や浸水域・浸水深などを推計した。

津波断層モデルは、トラフ軸〜深さ10kmも含めて最大クラスの震源域全体に設定された。前項と違ってセグメントには分けず、まず主部断層（深さ10km以深）の面積から、平均応力降下量3MPaを仮定して主部断層の平均すべり量を10mと求めた。これに、「大《おお》すべり域」（すべり量約20m）と「超大すべり域」（すべり量約40m、前者と合わせた面積は断層面全体の20％程度）を、トラフ軸から深さ約20kmまでの領域に付け加えた。全体のM_wは9・1になる。

大すべり域＋超大すべり域の設定場所（1カ所）が、①駿河湾〜紀伊半島沖、②紀伊半島沖、③紀伊半島沖〜四国沖、④四国沖、⑤四国沖〜九州沖、である場合を5つの基本ケースとした。それらに分岐断層が動く2ケースと（超）大すべり域が2カ所の4ケースを派生的ケースとして加えて、合計11ケースを検討した。ただし、分岐断層は熊野灘沖しか考えていない。

実際の津波襲来状況に近づけるために、長大な津波断層面全域が同時に破壊するのではなく、破壊開始点からズレ破壊が拡大し、それによって海底地殻変動と海面変動が広がってゆく(広大な津波波源域が一時に生じるのではなく、津波を出しながら成長してゆく)モデルにした。破壊開始点はケースごとに違うが、破壊伝播速度は2・5㎞/秒としている。

地形データを新たに整備し、海岸付近では海底地形・陸上地形ともに10mメッシュで、精度の高い津波高分布・浸水域・浸水深を推計した。また、陸域の地震時地殻変動については、防災上の観点から、沈降の効果(津波が相対的に高くなる)は考慮するが、隆起の効果(津波が相対的に低くなる)は考慮しない。堤防に関しては、津波が堤防を越えた時点で堤防が機能しない(堤防なし)という条件にしている。潮位は各地の満潮位としている。

推計結果は膨大だが(モデル検討会のホームページで見られる)、基本ケースの都府県別最大津波高を紹介しておくと、①では東京都(島嶼《とうしょ》部)と静岡県で31m、三重県で27m、愛知県で22m、②では三重県で23m、静岡県と和歌山県で19m、高知県で18m、③では徳島県で24m、高知県で22m、和歌山県で19m、④では高知県で34m、宮崎県で17m、東京都(島嶼部)で16m、⑤では高知県で34m、東京都(島嶼部)と愛媛県で20m、などである。また、浸水深1m以上(巻き込まれた場合ほとんどの人が亡くなる)の面積は5ケースとも500~600㎢になった。

東海地震と南海地震が数分~数時間の時間差で発生すると、それぞれによる津波が重なって場所によっては津波高がさらに高くなることも考えられる。モデル検討会はこれについても検討した。ただし、時間差をもって発生する場合には南海トラフ沿いの浅部まで破壊する可能性は低いとして、超大すべり域は設定せず、大すべり域のみをもつ「東側モデル（駿河湾域＋東海域）」と「西側モデル（南海域＋日向灘域）」を想定して計算した。その結果、時間差発生の津波高が最大クラスの津波高を有意に超えることはないことを確認したという。

注意すべき点

地震調査委員会とモデル検討会の報告は、最新の研究成果にもとづく評価・推計で、貴重である。しかし両会が認めているように、いまだ十分とはいえない知見のもとで仮定を重ねた部分も少なからずあり、あくまでも1つの目安ないし試算であることを忘れてはなるまい。

留意すべき点の第一は、巨視的な震源断層面の不確かさである。根底となるプレート境界面の形状は、もっと起伏が大きいとする研究結果もあるなかで、かなり平滑化されている。3・11東北沖地震と違って震源断層面の主要部が陸地直下にあるから、その形状の違いは、強震動生成域の位置（とくに深さ）の違いなどを通して、直上の揺れに大きな影響を与える。

それに関連して、強震動生成域や（超）大すべり域の位置が変われば震度分布や津波の様子も変わるから、個々の場所に関しては推計結果に一喜一憂しないほうがよいだろう（全体の傾向をみる場合はあまり気にしないでよいかもしれないが）。また分岐断層も大きな問題である。両会ともその重要性を指摘しているが、強震断層モデルには取り入れられていないし、津波断層モデルでも熊野灘沖で確認されたものしか考慮されていない。将来、把握されていない分岐断層が活動して、局所的に想定外の激しい揺れや大津波が生じることはありうるだろう。

　留意すべき第二の点として、計算手法（モデル設定法を含む）と地下構造モデルが、まだ完全ではないことがあげられる。前2項で、最新の研究成果にもとづく断層モデルの設定手順の一端を紹介したが、地震はばらつきの大きい破壊現象だから、将来の南海トラフ巨大地震が同様の規則性（面積比など）に従って起こるかどうかは保証できない。とくに何千年かに一度の超巨大地震では、例えば沈み込んだ海山が特別強く固着している部分で破壊が発生するとか、御前崎付近の段丘が新たに形成されるとかで、平均よりはるかに大きいすべり量や応力降下量が生ずることもあるかもしれない。また、強震波形の計算法と深部地下構造・浅部地盤モデルに関しても、精力的に研究されてきたが、まだ発展途上の部分が多いだろう。

　これらの問題点が端的に表れていると思われる一例は、第1章でみた出雲地方の過去の強震動（安政南海・宝永地震で震度6以上）が再現されていないことである（図2-15で、ほとんどが震度5弱）。これはかなり驚くべきことだが、報告書ではとくに言及はないようである。

　最近は、歴史記録や地質記録の情報から震源像を推定したうえで、震源から科学的手法で地震動や津波を導き出し、それを信用する、という考え方が強いようにみえる。しかし、記録から直接、過去の地震動・津波や災害や地域特性を学び取るという道筋も大切だろう（けっして科学的研究や計算を軽視するわけではないが）。出雲地方は地震動の表層地盤増幅率が大きいところだが、同様の場所は、計算結果が出なくても強い揺れに警戒するといった姿勢が重要だと思う。

岬の先端やV字湾の奥では常に津波に警戒したほうがよいのも同じことである。なお津波に関しては、南海トラフ巨大地震によって大規模な海底地すべりが生じれば、断層モデルでは予想できない大津波が発生することもありうる。土地の条件を重視することが肝要なゆえんである。

発生時期の問題

つぎの南海トラフ巨大地震がいつごろ起きるのかは、理想的には、固着域の分布、そこでの固着強度、現在の応力レベルと増加速度がわかれば、推定できるはずである。しかし、地下深くのこれら諸量を知ることは不可能で、地表の地殻変動(水平・上下の変動量やひずみ)から不完全に考えるしかない。地震調査委員会の評価二版では、くり返し発生履歴によって今後の発生確率を検討している。その結果を簡単に紹介しておこう。

地震のくり返しモデルとして、つぎの大地震までの年数が前回の地震の規模に比例するという「時間予測モデル」がある(ひずみの蓄積・解放という地震の物理的意味を考慮した形になっている)。このモデルに宝永・安政・昭和地震時の室津港(高知県室戸市)の隆起量をあてはめると、つぎの地震までの発生間隔が88.2年になる。これを使って、ある仮定のもとに、2013年1月1日から30年間に地震が発生する確率を求めると、60~70%程度になった。2023年1月から30年間だと70~80%程度に達する。ただし、モデル自体にまだ問題があるし、室津港の隆起量が各地震の規模を的確に反映しているかどうかに関しても疑問がある。

評価二版は、現時点で考えられる最大クラスの地震の震源域を提示したが、歴史記録はもちろん、最近約５０００年間の地質記録でも、最大クラスの地震が発生した証拠は得られていない。したがって最大クラスの地震の発生確率は不明である。

モデル検討会も、震度・津波の推計結果はけっしてつぎの南海トラフ巨大地震を予測したものではないこと、また、推計した最大クラスの地震・津波の発生確率や発生時期を予測することは現在の科学では不可能に近いこと、を強調している。

歴史上では宝永地震が最大と考えられているが、西日本の津波堆積物の調査などからは、宝永地震と同程度かそれを上回る地震が３００〜７００年間隔で発生したらしいといわれている[52]（例えば、６８４年白鳳、１３６１年康安、１７０７年宝永の地震。ただし東海地方での検証が望まれる）。また、高知県の蟹ヶ池、徳島県の蒲生田《かもだ》大池（阿南《あなん》市椿町《つばきちょう》）、三重県の須賀利大池の津波堆積物から、約２０００年前に宝永津波を上回る巨大津波が生じたことが推測されている[53]。「きわめて稀」な事象が起きてしまったのが３・11だったのだから、私たちは、宝永を上回る巨大地震津波が数十年以内に発生しても不思議ではないと思ったほうがよい。

4　南海トラフ巨大地震の原動力を問い直す

「アムールプレート東縁変動帯」仮説

3・11東北沖地震を予測できなかったことから、日本の地震学界では、「地震発生の仕組みを理解したつもりになっていたが、まったく未熟だった」という反省が生じた。そして、固有地震説やアスペリティ・モデルをはじめとする「震源破壊の起こり方」(99頁で述べた地震現象の二面性のうちの、地域によらない物理的側面)について再考がなされている。では、日本列島の大地震発生の枠組み(例えばプレートの配置や運動などの、地震現象の地学的・地域的側面)についてはどうなのだろうか。本書ではこれまで便宜的に、南海トラフ巨大地震はPSプレートの沈み込みで起こると書いてきたが、それ(だけ)でよいのだろうか?

じつは私は1995年に**アムールプレート東縁変動帯**(以下「AMP東縁変動帯」)という作業仮説を提唱した[54]。それによると、南海トラフ巨大地震の原動力はPSプレートの沈み込みだけではなく、アムール(以下「AM」)プレートの東進も重要だと考えられる。この作業仮説は、3・11地震に伴う広域の地震活動をみると、いっそう意味があると思われる。

AMプレートは1981年にソ連の研究者が提唱した極東のマイクロプレートで、バイカル湖を北西縁、スタノボイ山脈付近を北縁とする。西縁・南縁ははっきりせず(図**2-2**ではヤンツープレートが南側にあるが、少なくとも日本の近くでは疑問）、東縁～南東縁も諸説あったが、私は東北日本北米プレート説（１０３頁）にのっとって日本海東縁～フォッサマグナ西縁の糸魚《いとい》川《がわ》‐静岡構造線（糸静線）断層帯～駿河・南海トラフだと考えている。ＡＭプレートの運動については、瀬野徹三《てつぞう》らや日置《へき》幸介《こうすけ》らが求めたが、[55]日本付近では東北日本にたいして１～２㎝／年の速さでほぼ東進しているとされた。

私がＡＭＰ東縁変動帯と呼ぶものを図２‐16に示す。それは①日本海東縁変動帯、②西南日本内帯衝突域、③駿河～南海トラフ沿いの変動帯、④中央構造線活断層系（ＭＴＬ）から成る。ＭＴＬは西南日本を外帯（南側）と内帯（北側）に分ける地質構造線が活断層になっているもので、ＡＭプレート内の顕著な弱面である。①はＡＭ‐北米プレート境界線より東側のベルト地帯で広く変動帯と認められており、地震と活断層が多い。[56]東北地方では火山フロント付近まで含むと考えている。②は糸静線断層帯以西の北陸・中部・近畿地方にわたる広い領域で、地震・活断層・隆起山地が多く、陸的なＡＭ・北米両プレート間の衝突境界域がＡＭプレート内に広がっていると考えられる（中国～北九州地方にまで及んでいるようである）。①と②は大略東西方向の圧縮応力場であり、ＡＭプレートの東進を解消する東西短縮変動が生じているのだろう（ＡＭ‐北米プレート境界は１本の線で引けるものではなくて、①＋②がプレート境界帯だろう）。④のＭＴＬは②の南限として右横ズレのひずみが蓄積し、間欠的に大地震が起こる。

③はＡＭプレート内だが、ＰＳプレートの沈み込みによる変動に、ＡＭプレートの東進に起

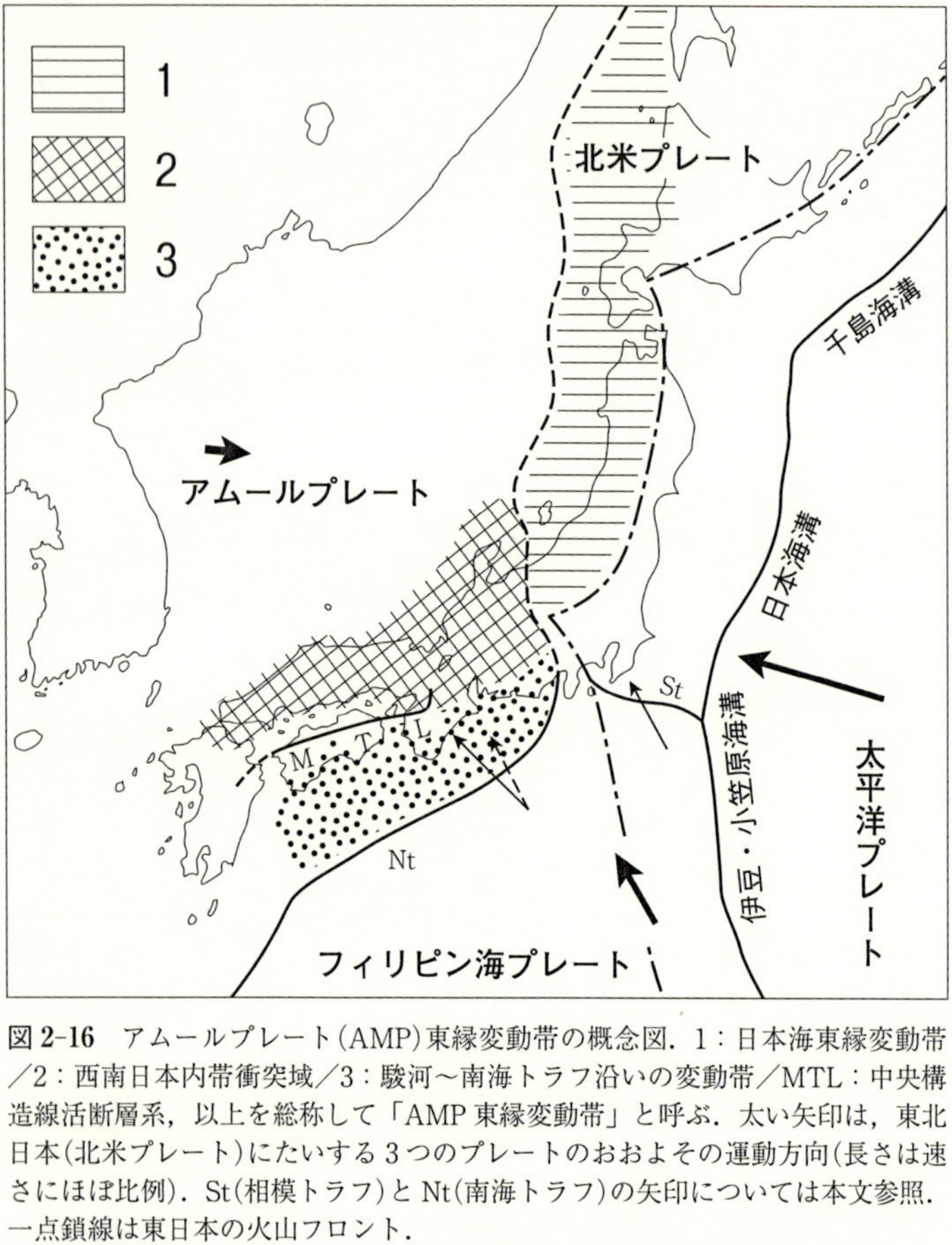

図 2-16　アムールプレート(AMP)東縁変動帯の概念図．1：日本海東縁変動帯／2：西南日本内帯衝突域／3：駿河〜南海トラフ沿いの変動帯／MTL：中央構造線活断層系，以上を総称して「AMP 東縁変動帯」と呼ぶ．太い矢印は，東北日本(北米プレート)にたいする 3 つのプレートのおおよその運動方向(長さは速さにほぼ比例)．St(相模トラフ)と Nt(南海トラフ)の矢印については本文参照．一点鎖線は東日本の火山フロント．

因する変動(南海トラフ沿いで右横ズレ、駿河トラフ沿いでほぼ東西短縮)が重なっていると考えられる。なお、PSプレートの東北日本にたいする運動の向きは、1923年関東地震の解析を含む総合的な検討から北北西と推定される。いっぽう1944・46年の東南海・南海地震では西南日本がPSプレートにたいして東南東に反発したとされ、このことからPSプレートの西南日本にたいする運動の向きは西北西とされる。これらの事情を示したのが図2-16の細実線の矢印である。[57] この点については後述する。

以上の①~④がAMプレートの東進にたいして一連の活動帯として振る舞うというのが「AMP東縁変動帯仮説」だが、これが意味する重要なことは、「南海トラフ巨大地震は、③のAMプレート南東縁が、PSプレートの北北西への沈み込み(図2-16の破線矢印)にたいして南南東に弾性反発し、加えて、地震間は妨げられていた東進を一挙に実現する出来事だ」という解釈である。つまり、南海トラフ巨大地震の原動力の一部(プレート相対速度から考えて大ざっぱには5分の1か5分の2程度か?)はAMプレートの東進だと考えられるのである。

AMP東縁変動帯仮説に整合する事実

国土地理院のGEONETが明らかにした2001年春~2002年春の1年間の日本列島の地殻水平変動(図2-17)を見ると、日光付近が不動だったとしたとき、西南日本内帯と日本海の島々が3cm前後も東進したのがよくわかる。いっぽう、北海道南東岸や東北地方東岸は太

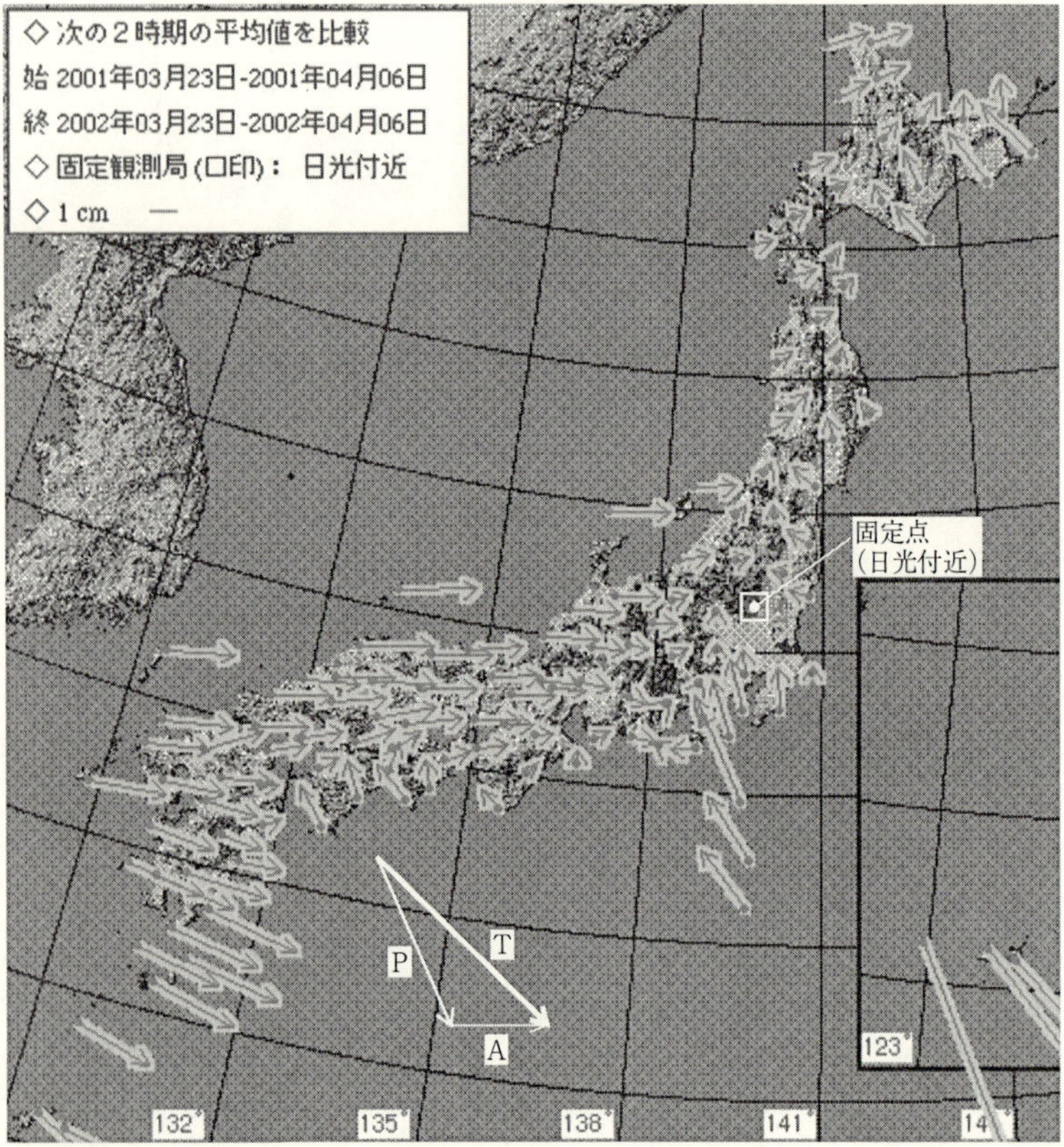

図 2-17　国土地理院の GEONET（GPS 連続観測システム，当時）による 2001 年 3/4 月〜2002 年 3/4 月の 1 年間の日本列島の地殻水平変動（日光付近を固定）．2002 年 4 月に国土地理院の公開サイトで石橋が日光付近を固定観測局に選択した表示画面（一部カットしてある）．挿入図（P，A，T のベクトル合成図）については本文参照．

平洋プレートによって内陸側に動かされ、南関東〜四国の海岸地帯はPSプレートの北北西進によって北北西に動かされている。

挿入したベクトル合成図は、前述した南海トラフ巨大地震の際の③ブロックの運動を示している。すなわち、例えば四国南岸の地点は、PSプレートにたいする弾性反発としてベクトルPのように南南東に動き、かつ、本来東に進みたかったぶんベクトルAのように動く。その結果、ベクトルTのように、PSプレートにたいして東南東に動いたことになる。

1995年兵庫県南部地震は、PSプレートの圧迫が内陸でも高まって発生したといわれるが、起震応力は明確に、西南日本内帯に特徴的な東西圧縮だから、その説明はおかしい。同様の東西圧縮力で起きた1993年北海道南西沖地震（M7・8）などと一連のものだろう。

私は1995年の論文[58]に、兵庫県南部地震の発生によって日本海東縁や西南日本内帯衝突域で東西圧縮力の地震が起きやすくなっただろうと書いた（東西といっても±30度くらいの幅はある）。その後の2000年鳥取県西部地震（M7・3）、2004年新潟県中越地震（M6・8）、2005年福岡県西方沖地震（M7・0）、2007年能登半島地震（M6・9）、2007年新潟県中越沖地震（M6・8）、2008年岩手・宮城内陸地震（M7・2）の続発（図2-21参照）は、その見方が間違っていなかったことを示していると思われる[59]。

内陸のひずみ集中・地震発生帯としては、GPS連続観測にもとづいて1999年に提唱された「新潟-神戸構造帯」[60]のほうが注目されている。ここが北米-AMプレート境界ではないかという見方もある。しかし、中部地方南半の阿寺・伊那谷・糸静線などの顕著な活断層帯が含まれておらず、最近数十万年間の変動帯がこのゾーンだとは考えにくい。近畿地方より西の地震も含まれないし、南海トラフとの接続関係もわからない。変形しやすいゾーンがあるとしても、AMP東縁変動帯の一部ということではないだろうか。

南海トラフ巨大地震と内陸大地震の連関

南海トラフ巨大地震の前に西南日本内陸の地震活動が高まるという研究が40年近く前からあり、その原因は巨大地震の前は内陸でもPSプレートによる圧縮力が強まるからだといわれた。兵庫県南部地震もその一例とされることがあるが、その見方は前述のように起震応力の点から否定される。また、1946年南海地震の前は西日本で1925年但馬《たじま》地震(M6・8)、1927年北丹後地震(M7・3)、1943年鳥取地震(M7・2)が発生して大きな被害をもたらしたが、1854年安政南海地震の前には目立った被害地震は起きていない。

私は、南海トラフ巨大地震に先行する地震活動としては、西日本に限らずにAMP東縁変動帯全体をみることが重要だと考えている。**図2-18**に1854年安政東海・南海地震に先行したM6・5以上の被害地震を示す。これらの多くは、地震時地殻変動や地表地震断層から東西圧縮力で発生したと推測でき、AMP東縁変動帯の活動として一括できる[61]。

一連の地震活動はつぎのように解釈できる。AMP東縁変動帯全体の東西圧縮応力が高まり、スクラムを組んでＡＭプレートの東進に抗している変動帯の一角でズレ破壊(地震)が起こる。すると全体の抵抗力がわずかに弱まるからＡＭプレートの東進が若干促進されて変動帯の応力が微増し、またどこかで地震が起こる。こうして変動帯のあちこちで連鎖的に地震が発生し、ついには東西圧縮力が南海トラフ沿いに集中する。すでにＰＳプレートの沈み込みで臨界状態に近づいていたＡＭ－ＰＳプレート境界が、「最後のひと押し」によって巨大地震を発生する。

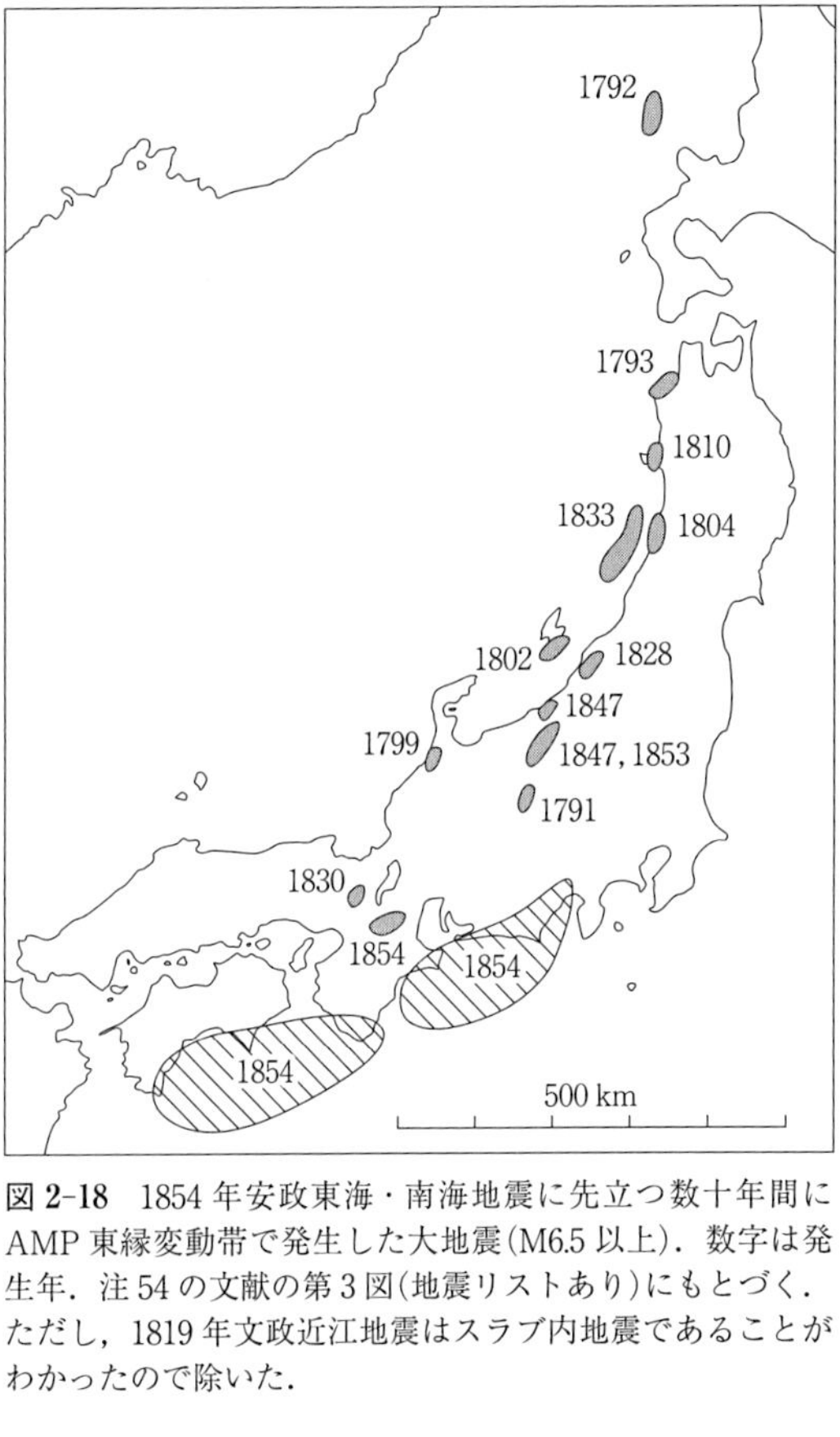

図 2-18　1854 年安政東海・南海地震に先立つ数十年間に AMP 東縁変動帯で発生した大地震(M6.5 以上)．数字は発生年．注 54 の文献の第 3 図(地震リストあり)にもとづく．ただし，1819 年文政近江地震はスラブ内地震であることがわかったので除いた．

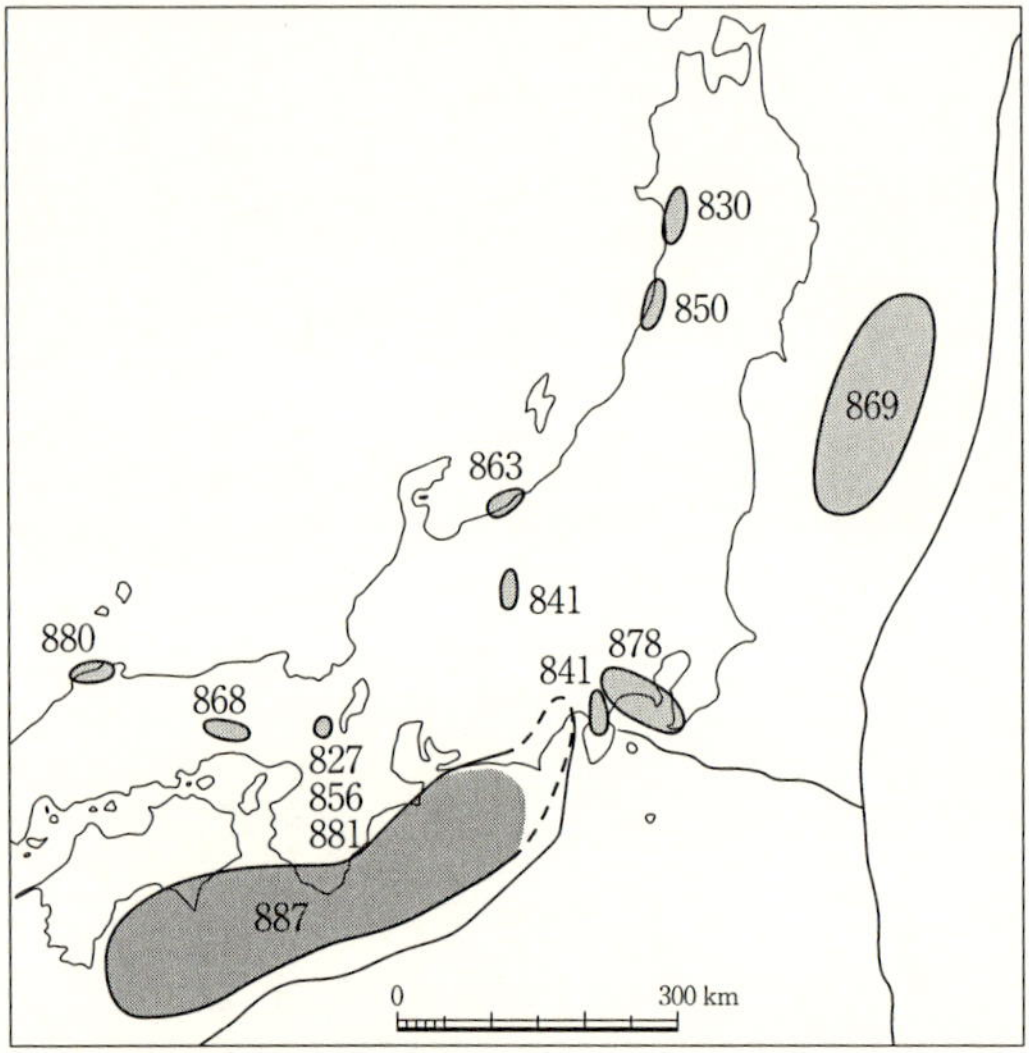

図 2-19　887 年仁和地震に先立つ 60 年間の歴史地震（総覧による）.

つまり、ＡＭＰ東縁変動帯の大地震活動期の終局として（ある意味で必然的に）南海トラフ巨大地震が起こると考えられるのである（実際はこれほど単純ではないだろうが[62]）。

　私が以前に南海トラフ津波地震だと考えた１６０５年慶長九年地震に先行して、１５８６年に中部地方で、１５９６年に近畿地方〜ＭＴＬで、ともにＭ８級の地震が起きている。これらについて、内陸地震が南海トラフ・プレート境界断層面の応力状態を変化させて津波地震が発生したという考えを旧著『大地動乱の時代』に書いたが、１６０５年地震が小笠原方面だとするとその解釈は誤りだったことになる。しかし、南海トラフでのひずみ解放の一部を１５９６年にＭＴＬが肩代わりしたために１６１４年慶長一九年地震が小型だったという可能性があり、内陸地震が南海トラフでの地震発生に影響したという基本的考え方は成り立つと思う。

全国の大地震が比較的よく記録されている六国史時代の８８７年仁和地震に先行する地震活動（図2-19[63]）も、ＡＭＰ東縁変動帯の活動とみると理解しやすい。このときは、３・11東北沖地震と同型だと考えられている８６９年貞観東北沖地震と、相模トラフ巨大地震と推定される（１７７頁）８７８年元慶《がんぎょう》関東地震も起きている。[64] 元慶地震はＡＭＰ東縁変動帯と直接の関係はないと思われるが、貞観地震は次項で述べるようなメカニズムによって、仁和地震を含むＡＭＰ東縁変動帯の地震活動と因果関係があったかもしれない（また、貞観地震と元慶地震は因果関係がありそうである）。

以上のように、南海トラフ巨大地震がＡＭＰ東縁変動帯の活動という性格をもっているために、日本列島の広範囲の内陸地震と因果関係をもっていると考えられる。近年、ＰＳプレートの沈み込みによる応力蓄積と断層運動を結びつける物理モデルによって南海トラフ地震の発生サイクルを再現しようとするシミュレーションがおこなわれているが、今後は、内陸地震との相互作用も取り入れることがきわめて重要であろう。

３・11東北沖地震以後の状況と「南海トラフ-糸静線超巨大地震」の可能性

本章扉の図が示すように、３・11地震による水平変動は日本列島の広域に及び、震源域近傍ほど東向きの変位が大きいから、地表のひずみ変化は基本的に東西伸張で、引っ張り応力が増大したと考えられる。しかし、本震直後から本州陸域と日本海で活発化したＭ５程度より大きな地震は、福島県浜通り付近を別として、ほとんどが東‐西ないし南東‐北西主圧力だった（3月12日の長野県北部〔M6・7〕および秋田県沖〔M6・4〕、4月1日の秋田県北部〔M5・0〕、6月4日の島根・広島県境〔M5・2〕、6月30日の長野県中部〔M5・4〕など[65]）。

この状況は、3・11地震によって日本海溝沿いの太平洋‐東北日本のプレート境界が広範囲で自由になったにもかかわらず、一部地域を別として、広域的にはもともと強かった東西圧縮応力場が保持されていることを示している。したがって、このような広域応力場の原因が太平洋プレートの沈み込みではなくてAMプレートの東進だと主張するAMP東縁変動帯仮説が支持される。広域地震活動がクーロン破壊関数の変化（130頁）のみによるとは思えない。

図2‐20はGEONETによる2012年12月〜2013年12月の1年間の日本列島の水平変動を、旭川を固定点として見たものである。3・11後の余効変動が依然つづいていることが明瞭だが、北海道南東部が太平洋プレートによって西北西に動かされていること、PSプレートが北北西に動いていて紀伊半島・四国の太平洋側がその向きに引きずられていること、そして西南日本内帯〜中部地方がほぼ東に進んでいることが見てとれる。その東向きベクトルは、東北地方の太平洋プレート上面の余効すべりから期待されるものより明らかに大きく、AMプレートの東進であろう。このような状況で、2013年4月の淡路島地震（M6・3）のような東西圧縮力による地震が発生している。

結論として、AMP東縁変動帯仮説は3・11東北沖地震のあとの日本列島の広域的変動も基

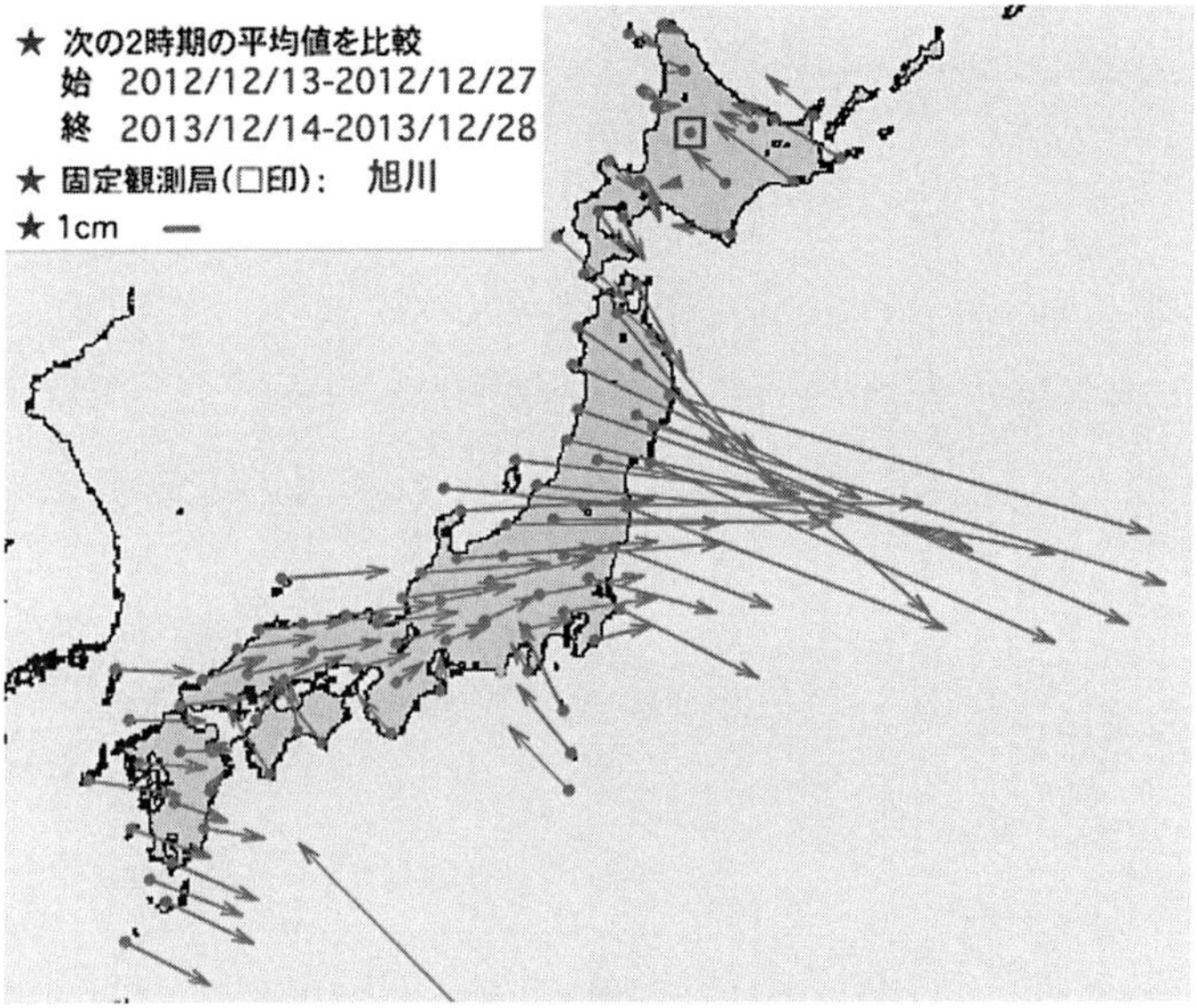

図 2-20　国土地理院のホームページの「最新の地殻変動情報」画面に表示された日本列島の 1 年間の地殻水平変動．期間は 2012 年 12 月 13-27 日から 2013 年 12 月 14-28 日まで．固定観測局として旭川を選択している．

本的に説明できると考えられる。それでは、今後どういうことが予想されるだろうか。

第一に、サハリン・北海道沖を含む日本海東縁変動帯と西南日本衝突域の広い範囲のどこかで、今後も東西圧縮力による大地震が複数発生する可能性がある。南海トラフ巨大地震が起こる前に北海道〜東北〜信越〜北陸〜中部〜近畿〜中国〜九州地方で直下地震が発生し、中京圏、京都、大阪などでも大震災が生じる恐れを否定できない。またMTLが紀伊半島〜四国北部〜伊予灘〜別府湾で内陸巨大地震を起こす可能性もある(具体的にどこかは別の研究課題)。

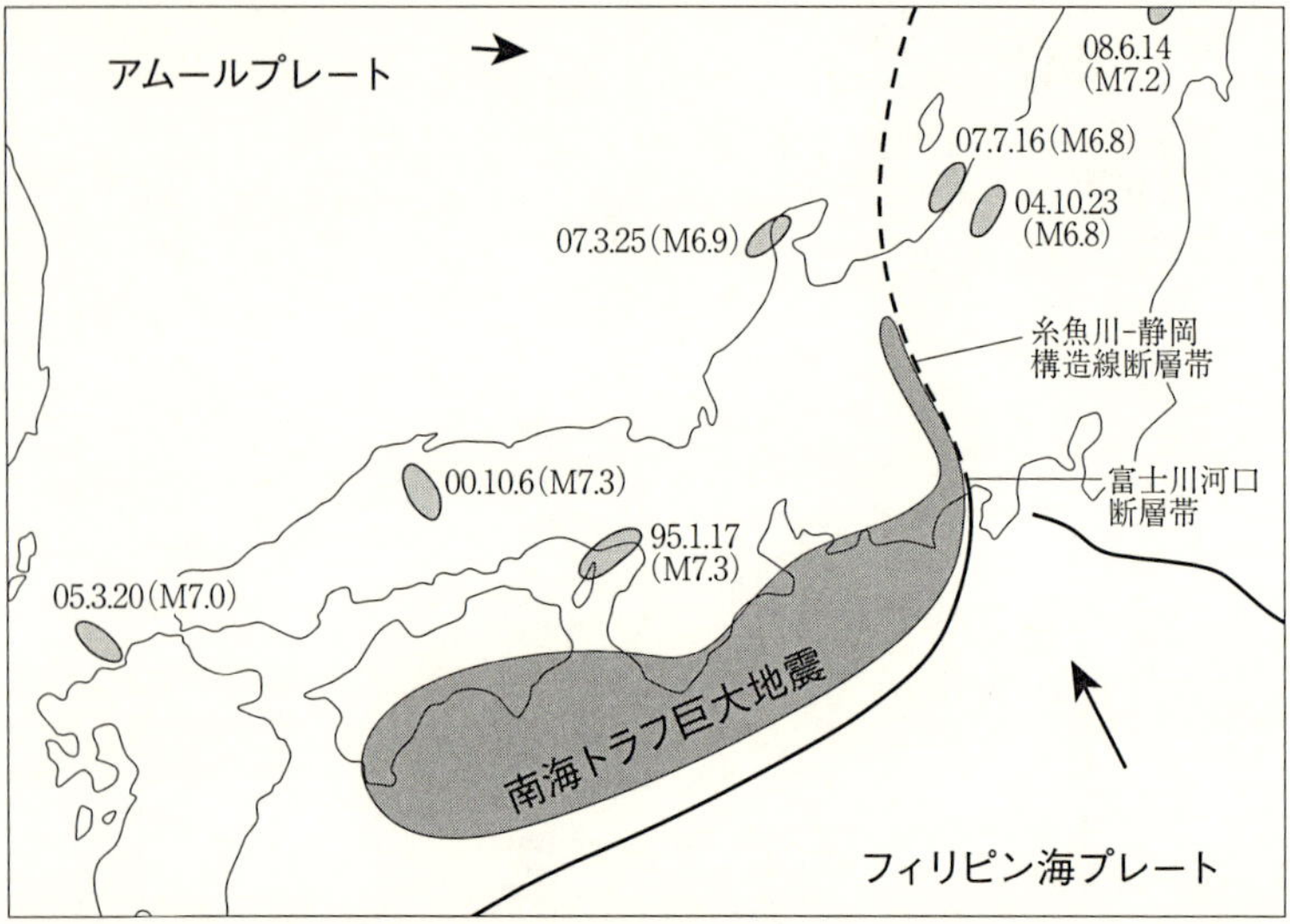

図 2-21　南海トラフ巨大地震の震源断層運動が富士川河口断層帯を経て糸魚川-静岡構造線断層帯まで延びた場合の震源域(濃いグレーの部分)の模式図．1995 年兵庫県南部地震以降の内陸の M7 前後の地震の震源域も示す．

第二に、南海トラフの超巨大地震というと震源域が南西方に延びるものが注目されるが[66]、震源域が駿河トラフから富士川河口断層帯を経て(ここまでは前節でみたように評価二版も認めている)、糸静線断層帯にまで延びる可能性が考えられる。AMプレートからみれば、それが一連の東限であり、両断層帯ともに長期的にみた場合の活動度は日本有数だからである[67]。しかも両断層帯は連続している可能性があり、地震発生確率が高いとされている[68]。

「南海トラフ-糸静線超巨大地震」の模式図を**図2-21**に示す。震源域は、足摺岬沖から松本盆地東縁までとすると長さ約７００㎞になる。ただし、富士川河口断層帯も糸静線断層帯も、形状やズレ方が異なる多数の活断層からなっているので、実際の震源断層運動は複雑なものになるだろう。大局的に断層面は鉛直に近いと思われるので、水平投影では幅が狭い。糸静線の西側の広い範囲の深さ15～20㎞あたりでほぼ水平のすべりが生じることもあるかもしれない。M_wは最大では9前後で、広範囲に激しい強震動と地表の大きなズレをもたらす。

もちろん、富士川河口～糸静線断層帯が南海トラフと同時に活動するのではなくて、AMP東縁変動帯の大地震活動期の一環として南海トラフ巨大地震の前、あるいは後に、内陸(巨)大地震を起こすこともありうるだろう。

要するに、南海トラフ巨大地震だけに注意を奪われるのは適当ではない。また糸静線断層帯を軽視すべきではない。これは「南海トラフ地震に備える」という社会的課題にとっても重要な意味をもつ。

3・11地震で東北沖の太平洋プレート境界面の固着が広範囲ではがれたから、AMプレートの東進にたいする抵抗が間接的に減少し、東進が促進されている可能性がある。その結果、AMP東縁変動帯がいっそう活性化して南海トラフ巨大地震の発生も早まるかもしれない。

駿河トラフの断層運動と「駿河湾地震説」

駿河トラフが南海トラフから北寄りに向きを変え、相模トラフと八の字の形をなしているのは、約1500万年前以来の伊豆弧の多重衝突の影響が大きいだろう。それと同時に、AMプレートの東進によって駿河湾の東西の幅が狭くなってきたかもしれない[69]。数百万年前頃は南海トラフから相模トラフまで続く幅広の沈み込み帯の一部だった駿河トラフ地域が、現在は狭小になっているのではないだろうか。明治以来の測量データなどからプレートの沈み込みは確かに続いているが、それが弱くなって、AMプレートの伊豆ブロックにたいする衝突境界的な性格が強まっているようにも思える。つまり駿河トラフは、南海トラフの続きの沈み込み境界というよりは、糸静線断層帯に近い性格に変わりつつあるのかもしれない。

安政東海地震で駿河トラフ沿いのプレート境界面が震源断層運動を起こしたのは確かだが、これはPSプレートの沈み込みにたいする弾性反発というよりは(それもあるが)、南海トラフ沿いが破壊して一挙に東進を実現したAMプレート南東端(「遠州ブロック」と仮称)が、先端の駿河トラフで伊豆半島側に乗り上げたという要素が強かったのではないだろうか。

そういう新たな観点で、1976年の私の「駿河湾地震説」を振り返っておきたい。

この説の核心は、136頁で述べたように、PSプレート境界断層面のA〜E領域(図**1-2**)が1854年に全部破壊したが、1944・46年にはA〜D領域しか破壊しなかったから、E領域が未破壊域として残っているという認識である。これは、1976年当時に支配的だったプレート沈み込み境界の「大地震空白域」という考え方である。

大地震空白域とは、一連のプレート沈み込み境界にプレート間地震の近年の震源域が(互いに相接して重ならずに）並んでいるとき、ポッカリ抜けている領域のことである（長大な横ズレ活断層でも認められることがある）。近い将来の大地震候補地と考えられ、日本では千島海溝沿いの１９７３年根室半島沖地震（M７・４）がこの考えで予測された。

私も、予知連をはじめとする大方の地震研究者も、基本的にE領域をA～D領域と同じ性格のプレート沈み込み境界のセグメント（区画）と捉えて、大地震空白域だとみなした[70]。しかし前述のように、この捉え方は間違っていた可能性がある。提唱から38年近く「駿河湾地震」は起きていないから、その点で駿河湾地震説は「外れ」だともいえるが、今からみれば考え方の根底が不適切だったかもしれないのである。

この評価は、E領域は単独では破壊しないのではないかという１９７６年以来の論点と深く関係する。これについての明快な答えはいまだにないのだが、現在の私の考えは、C＋D領域が大規模に破壊して遠州ブロックが大きく東進したときだけ、「最後のひと押し」が加わってE領域が破壊するというものである。破壊規模は、１８５４年は最大級だったようだが、C＋D領域のすべり量や偶然に左右されて、小規模（不完全）なこともあるだろう。これは、歴史地震の震源域がE領域に及んでいたかどうかという次節の問題とも密接に関係する。

もちろん以上はまだ結論的なものではない。今後このような観点で考察を深めていきたい。

5 過去の南海トラフ巨大地震の震源像

多様性の重視と新説

南海トラフ巨大地震についてのモデル検討会の主眼は「あらゆる可能性を考慮した最大クラスの地震・津波」だったが、地震調査委員会は「最大クラスも含めた地震の多様性」を重視した。調査研究が進むにつれて、南海トラフの地震は「100~200年に1回、ほぼ同じ領域で同様の規模で繰り返し発生する」という固有地震モデルが必ずしも成立しているとは限らないことがわかってきたからだという[71]。

おりしも瀬野徹三が、南海トラフ歴史地震の震源域をA~E領域に割り当てるという従来の考え方(図1-2参照)に疑問を呈し、巨大地震の時空間分布について新説を発表した[72]。それによると、東海地震は今後200年以上起きないだろうという。まずこの説を紹介し、その妥当性を検討しながら、第1章でみた過去の南海トラフ巨大地震の震源像を整理しよう。

瀬野は、一般にプレート沈み込み境界の巨大地震の震源断層面において、周期10秒以下の地震波を生成するすべり領域(本書では「地震波生成域」と書く)、津波を発生させるすべり領域(同「津波生成域」)、地殻変動を生ずるすべり領域(同「地殻変動生成域」)[73]を別々に認識すべきだという基本的考え方を提唱して、総合的な議論を展開している。ただし本書では、専門的な詳細には立ち入らないで、彼の主要な結論に話を限る。

主要な結論とは、地震波生成域に関して、①安政東海地震のそれは駿河湾に入り込んでいたが熊野灘には存在しなかった、②宝永地震のそれは安政東海地震と違って駿河湾に入り込んでいなかった、③昭和東南海・南海地震のそれは宝永地震とほぼ同じだった、④昭和東南海地震のそれは熊野灘が主だから、安政東海地震とは相補的だった、というものである。したがって、「安政東海地震が固有断層面C＋D＋Eを破壊し、その後昭和東南海地震がC＋Dを破壊したため、Eが未破壊で残っている」という従来の東海地震説は成り立たないと主張した。

瀬野は、南海トラフ巨大地震は、地震波生成域の特徴によって「安政型」(駿河湾を含み熊野灘を含まない)と「宝永型」(駿河湾を含まず熊野灘を含む)に分けられると考え、白鳳地震から明応地震までを既往の研究にもとづいて分類した。それによると、安政型の可能性があるのは、684年白鳳地震、1096・99年永長・康和地震、1498年明応地震で、1854年安政地震を含めた平均間隔は約400年だという。また、宝永型の可能性があるのは、887年仁和地震、1361年康安地震で、1707年宝永地震と1944・46年昭和地震を含めた平均間隔は約350年だという。現在、安政東海地震から160年経っているが、その前の安政型地震は1498年だから、その間隔356年を参照すると、将来の東海地震が起こるのは約200年も先だろうと述べている。しかしながら、各地震の駿河湾と熊野灘の地震波生成域に関しては、大いに議論の余地がある。

「安政型」地震の震源域は熊野灘を含まなかったか？

1854年安政東海地震の地震波生成域が熊野灘〜遠州灘西半（C＋D領域）にはなかったと瀬野が考えた根拠は、この地震で紀伊半島に震度6以上の地点がないことだった。しかし、まず注意すべきは、熊野灘に地震波生成域があったことが広く認められている1944年東南海地震においても、第1章でみたように、熊野灘沿岸地域の地震動はそれほど激しくなかったことである。そこはおおむね震度5弱で、震度4の地点もあり[74]、震度6は唯一新宮の狭い範囲と大杉谷（三重県大台町《おおだいちょう》）だけだった。

しかも安政東海地震では、新宮と和具《わぐ》（三重県志摩市志摩町和具）は震度5〜6、越賀《こしか》（三重県志摩市志摩町越賀）は震度7、国府《こう》（三重県志摩市阿児町《あごちょう》国府）と山田（伊勢市）は震度6だった。また、京都の日記によれば、翌日の安政南海地震よりも激しい揺れで、驚いて走って帰ったが走りにくいときがあったといい、震度5弱程度と推定される。これらの揺れを地盤のせいにして、遠州灘東半以東で放出された地震波によるとするのは困難ではないかと思われる。瀬野は、地殻変動生成域もC領域にはなかったとしているが、私は、湯峯温泉が4〜5カ月止まったのは熊野灘（C領域）の震源断層運動によると考えたい（14頁参照）。

私自身、東南海地震と安政東海地震が相補的だったかもしれないと考えたことがある[75]。しかし現在は、後者の地震波生成域は少なくともD領域をふくみ[76]、さらにC領域でも、E領域に比べれば弱かったかもしれないが、地震波を放出したと考えたほうがよいと思う[77]。

安政地震のひとつ前の安政型とされた1498年明応東海地震も、一級史料から推定される京都・奈良の震度と有感地震の頻発（余震と考えられる）、典拠の質はやや落ちるが熊野地方の震度6以上の地震動と湯峯温泉停止の可能性から、熊野灘に地震波／地殻変動生成域がなかったとはいえない。むしろ、存在していた可能性が高いと思われる。

その前の1096年永長東海地震も、京都・奈良の強震動（京都では宝永地震よりも強い揺れだった）と京都における有感地震の続発（余震と考えられる）が、震源域を遠州灘以東に限定する考えに疑問を投げかける。瀬野が熊野灘を震源域に含まないとした根拠は、熊野灘を含まないと想定した安政東海地震の被害を参照すると遠州灘以東の震源域だけで説明できるという循環論法的なものである。状況は、むしろ、安政東海地震や永長地震で熊野灘が地震波を放出しなかったという解釈が誤っていることを示しているように思われる。684年白鳳地震は資料が乏しく、熊野灘で地震波の放出がなかったと断定することはできない。

結局、熊野灘を震源域に含まない「安政型」という類別は、成り立たないと考えられる。

1707年宝永地震の諸問題

最近、瀬野説に限らず、宝永地震の震源域が駿河湾に入っていなかったという見方が強くなっている。その根拠のひとつは、この地震による駿河湾沿岸の震度が安政東海地震に比べて小さいというものである。その傾向はかつて私も指摘したが、[78] 現段階で(南海地方も含めて)詳細に再検討するにあたっては、まず両地震の史料の質と量の非常な違いを知っておく必要がある。幕末の安政東海・南海地震については武者史料と新収史料が3582頁を使っており、生々しい史料も多くて場所によっては見ているように状況がわかる。これにたいして宝永地震は両史料あわせて841頁しかなく、しかも地震時の被災現地の史料は少ない。[79]

瀬野は「宝永地震の震害は駿河湾西岸で顕著に小さかった」と述べている。たしかに安政東海地震に比べれば全般的に軽かったようにもみえるが、図1-10にあるように駿河湾西岸一帯に震度6が並んでおり、清水や清見寺では震度7で震害が大きかった。本震翌日の余震が駿府辺りまで多少は影響したようだが、富士山西麓ほどではない。51頁で述べたように山梨県の大きな被害も大部分は本震によると考えられる。これだけ駿河湾西岸とその北方が揺れていれば、かなりの地震波が駿河湾地域の地下でも放出された可能性があると考えられる。

江戸を含む関東地方の地震動は、史料が非常に少ないが、安政東海地震に比べると弱かったようにも思われる。伊豆半島の神社の棟札の調査から、宝永地震による伊豆半島の地震動・津波は大きくなく、震源域は駿河湾奥までは達していなかったという見解もある。[80] だが、震源断層運動は1か0ではなく、面積・すべり量・応力降下量などが地震ごとに違うことはありうる。駿河湾内で震源断層運動が起これば必ず安政東海地震なみの揺れになり、そうでなければ震源断層運動はないという論法はおかしい。まして、駿河トラフのプレート境界が前節で述べたように衝突境界的で、南海トラフ沿いの破壊との付き合い方に揺らぎがあるとすれば、宝永地震時の駿河トラフ断層面の破壊は中途半端だったということもありうるだろう[81]。

宝永地震については、九州東岸の高い津波を説明するには震源域を足摺岬沖より西方の日向灘まで延ばしたほうがよいとする説[82]や、四国沖〜東海沖で安政地震より沖合に震源域があったとする説[83]なども出されている。駿河湾の問題とともにさらに検討が必要だろう。

瀬野が宝永型とした他の地震もみておこう。彼は、1361年康安東海地震については門間沼遺跡(愛知県一宮市)より東に文献史料や考古学資料がないこと、887年仁和地震については地蔵越遺跡(愛知県稲沢市)より東に歴史史料や考古学資料がないことをあげて、両地震が宝永型であったことと矛盾しないと述べている。しかし、古地震学の制約を考えれば、このようなことはいえない。両地震とも、第1章でみた浮島ヶ原の急な沈降は、富士川河口断層帯で逆断層運動が生じて下盤側が沈降した可能性を示唆している。まだ調査結果の不確かさが大きいようだが、震源域が駿河湾に入っていたことを否定できない材料だろう。

結論として、「安政型」と「宝永型」という類型化はできないと考えられる。

1605年慶長九年地震について

第1章で述べたように、1605年慶長九年地震については、従来の私自身の南海トラフ巨大津波地震説を否定して、伊豆・小笠原海溝沿いの(超)巨大地震だっただろうという作業仮説を2013年秋に提出した。この解釈修正には、2010年12月22日の父島近海の地震[84]（M_J7・8、M_W7・3、アウターライズ地震）と3・11東北沖地震の発生が大きく影響している。

父島近海地震では、西南日本は無感だったが関東以北に震度1〜2の異常震域（111頁）を生じた。伊豆・小笠原〜日本海溝から沈み込んだ太平洋スラブの中を短周期地震波が遠方まで伝わるからである。また、父島・八丈島・南関東以西で50cm以下の津波を観測した。

いっぽう、世界各地のプレート沈み込み境界を比べてプレート間地震の起こり方を議論する**比較沈み込み学**によれば、日本海溝ではM9クラスは起こらず、伊豆・小笠原海溝では巨大地震が発生しないと考えられていた。ところが3・11地震がこの見方を根底から覆したから、伊豆・小笠原海溝でも巨大地震が起こるかもしれないという可能性が浮上する。1605年地震がそういう地震だったとすると、第1章で述べた問題が解決すると思われた。

2010年父島近海地震の震度分布からみて、伊豆・小笠原海溝沿いでM8〜9の（超）巨大地震が起これば、京都方面はほとんど無感で南関東以北の太平洋岸は震度5程度になるだろう。大余震が続けば御宿で1カ月以上揺れることもありうる。津波に関しては、シミュレーションにより、例えば北緯30度付近のM_W8・4程度のプレート間地震やアウターライズ地震によって第1章の**図1-11**にまとめた各地の津波がほぼ説明できることがわかった[85]。よって、本地震は伊豆・小笠原海溝沿いの巨大地震だった可能性があるといえる。

1605年慶長南海トラフ巨大津波地震が消えても、3・11地震の類推から、南海トラフ近くに超大すべり域をもつ最悪の超巨大地震の想定が否定されるわけではない。しかし、従来の時空間分布が変われば、南海トラフ巨大地震の研究にそれなりの影響を与える。また、伊豆・小笠原海溝の巨大地震によって房総半島から九州（さらには南西諸島）まで大津波が襲来する可能性が浮上するとしたら、防災上の観点から重大である。したがって、この作業仮説の検討は大事な問題だろう。

まず小笠原諸島の津波堆積物の調査が望まれる。また慶長九年の強震動が東北地方まで及び、大津波が南西諸島まで達した可能性があるので、広範囲の史料と津波の調査が必要であり、強震動のシミュレーションも欠かせない。プレート論などからの総合的な考察も必須だが、基本的姿勢として、南海トラフ巨大地震の発生履歴を解明するためには伊豆・小笠原海溝沿いも視野に入れる必要がある。

過去の地震の震源域のまとめ

第1章で述べたことと本節の議論を併せて、**図2-22**に、歴史上の南海トラフ巨大地震の時空間分布についての本書のまとめを掲げる。史料地震学・地震考古学・古地震学の調査・研究が精力的に進められているから、近い将来この図が修正されることは十分ありうるが、現時点でのひとつの見取図として、今後の地震対策や研究の参考になればよいと思う。

なお、1498年明応地震について補足しておく。第1章で述べたように、この地震の研究

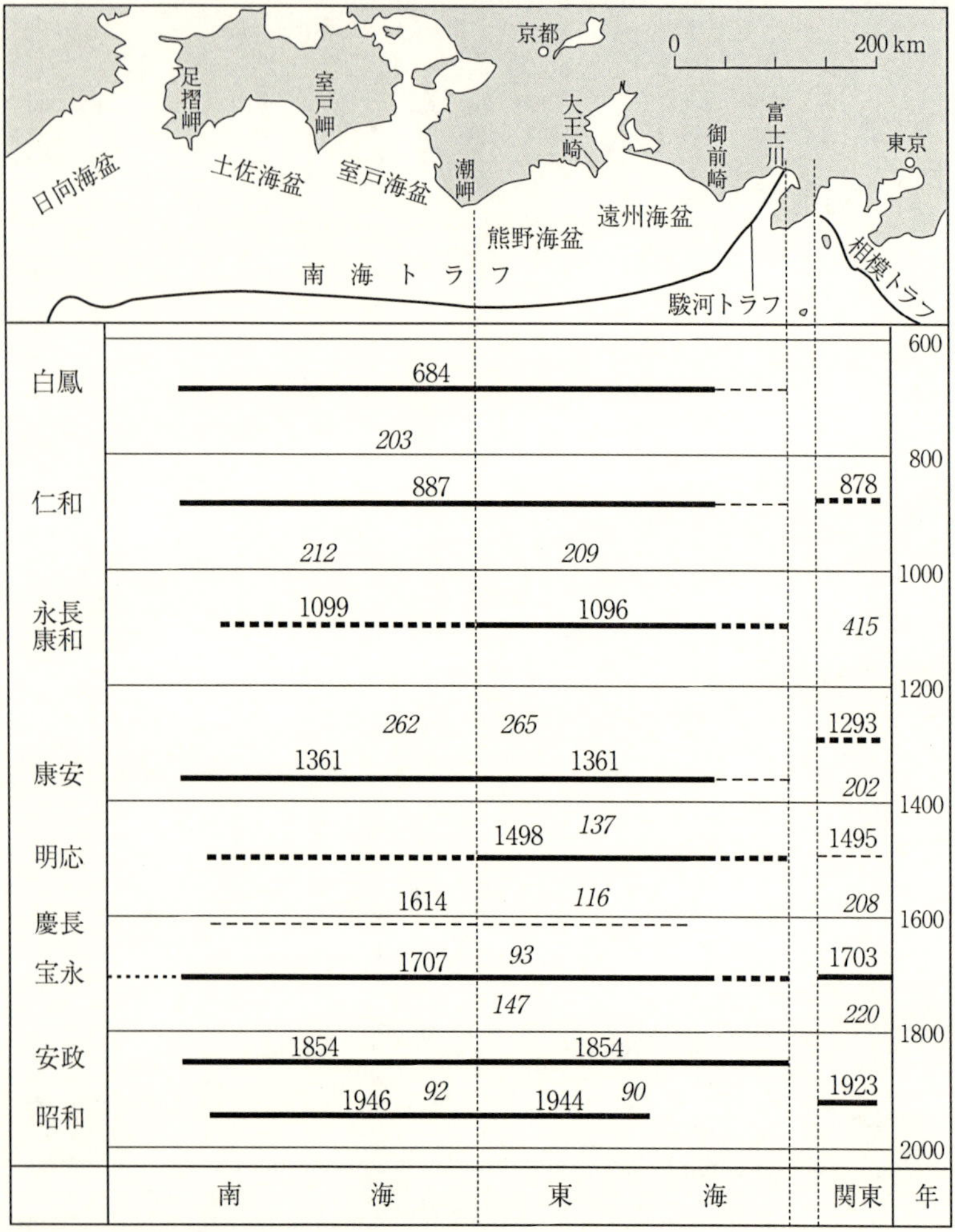

図 2-22　東海・南海地震と関東地震の時空間分布．震源域のトラフ走向方向への広がりのみを示しているが，深さ方向にも多様性を有していたと思われる．太実線は確実なもの，太破線は可能性が高いもの，細破線は可能性があるもの，点線は学説があるもの．立体数字は発生年，斜体数字は発生間隔．南海トラフ陸側の領域名は地震本部・地震調査委員会の「長期評価(第二版)」(注 49)に従った．

初期に鎌倉と外房の強震動と大津波が推定されたが、それらは確かな史料の裏付けがないものだった。ところが、その推定にもとづいて東海沖から伊豆半島南方を新島〜神津島付近まで延びる津波波源域が提案されたり、銭洲海嶺南縁の銭洲断層系が活動した可能性がいわれたりした。私はこのような見方の問題点を指摘したが[86]、最近また、長大な「銭洲断層系活断層」を新たに発見したグループが、明応地震は「津波波源域が南海トラフより東の伊豆半島沖まで拡大しているという特徴がある」として、その活断層に沿う震源断層モデルを提案するなどした[87]。しかし、銭洲海嶺付近の調査・研究自体は興味深く重要だが、明応地震の震源域に関しては、やはり駿河湾に入っていた可能性のほうが高いと考えられる。

説明は省略するが、相模トラフ沿いのプレート間巨大地震である関東地震のくり返しについても、私の現在の考えを併せて示した[88]。固有地震の考えに立っているわけではないが、相模トラフにおけるPSプレートの収束速度3〜4cm／年とM8級巨大地震の平均的なすべり量を考え合わせれば、200年程度の間隔で関東地震がくり返すことは妥当だと考えている。

南海トラフにおけるPSプレートの収束速度は上盤がAMプレートであるぶん相模トラフより速く(図2-16参照、回転極からの距離の問題(103頁)もある)、巨大地震のくり返しのリズムは基本的に両トラフで独立と考えられる。しかしタイミングが合うと、878-887年、1495-1498年、1703-1707年のように連鎖的になるのだろう(このとき、相模トラフ沿いでPSプレートの固着が外れたことが、南海トラフ断層面へのPSプレートの「最後のひと押し」

になった可能性がある)。

第3章 南海トラフ巨大地震と社会

1946年昭和南海地震によって沈水した高知市内の地震直後(上)と現在(下)の様子
地震による地盤の沈降と堤防決壊のために高知市東部の広い範囲が海水に浸かった．五台山から西方を望んだもので，中央手前が青柳橋，そのやや左を西から流れてくるのが鏡川，川の堤の左側で広く冠水しているのが潮江地区である(上：高知市防災政策課提供／下：高知大学・岡村土研提供)．

1　南海トラフ巨大地震の被害想定

中央防災会議の被害想定

本章では、南海トラフ巨大地震への備えをハウツーもの的に書くのではなく、未曽有の地震活動の時代に向かって私たちの社会や暮らし方をどうするのがよいか、やや長期的な視点から一地震研究者の考えを述べてみたい。だがその前に、政府による被害想定をみておこう。

最大クラスの南海トラフ巨大地震による震度分布と津波高などに関するモデル検討会(前章3節)の結果を受け、被害を推計し被害シナリオを描いて対策の検討をおこなうために、2012年4月に中央防災会議の防災対策推進検討会議のもとに「南海トラフ巨大地震対策検討ワーキンググループ」[1](以下「WG」)が設置された。WGは同年8月に第一次報告、2013年3月に第二次報告、同年5月に最終報告を公表した。

第一次報告では、建物の全壊焼失(揺れ、液状化、津波、斜面崩壊、火災による)、ブロック塀や自動販売機などの転倒、屋外落下物、死者(建物倒壊、屋内転倒物など、津波、斜面崩壊、火災、屋外転倒物・落下物による)などに関する推計結果が示された。地震動と津波、季節と時間、風速の設定条件で結果は大きく異なり、建物の全壊焼失は約94万棟から約２３９万棟（津波が基本ケース⑤で地震動が陸側ケース〔前章3節参照〕、冬の夕方で風速８ｍ／秒の場合）まで、死者は約３万２０００人から約32万３０００人（津波が基本ケース①で地震動が陸側ケース、冬の深夜で風速８ｍ／秒の場合、約23万人は津波による、負傷者は約62万人）までとなった。[2] 建物被害と津波被害に伴う要救助者は最大でそれぞれ約31万人、約３万６０００人だという。なお、建物の耐震化率を現状（約8割）から約9割に向上させると、揺れによる全壊棟数は4割程度減少すると推計された。また津波による死者は、全員が即座に避難を開始して津波避難ビルが効果的に活用されると、そうでない場合に比べて最大で約9割減少すると試算された。

　第二次報告では、被害の全体像をつかみ、詳細な被害状況を明らかにするために、「施設等の被害」と「経済的な被害」に分類したうえで、「被害の様相」を幅広く想定し、可能なものについては「定量的な被害量」を推計した。推計されたおもな最大値は、発災直後の断水人口が約３４４０万人（東海・四国で8～9割）、停電が約２７１０万軒（東海・近畿・四国で約9割）、固定電話の通話不能が約９３０万回線（東海・近畿・四国で約9割、携帯電話は大部分が通話困難）、避難者は1週間後に最大で約９５０万人（うち避難所に約５００万人）、発災後3日間の食料と飲料水の不足量が約３２００万食と約４８００万リットル、平日昼に発災した場合に居住地外に滞留する人が中京圏で約４００万人、京阪神圏で約６６０万人（うち合計約３８０万人が帰宅困難）、孤立集落が農業約１９００、漁業約４００、などである。被害額は最大で、被災地の資産などが169・5兆円、全国の生産・サービス低下に起因するものが44・7兆円、交通寸断に起因するものが6・1兆円で、合計220・3兆円(東日本大震災の10倍以上)と試算された。

最終報告は、まず強震動と津波の超広域性をあらためてまとめている。それによれば、震度6弱以上、または深さ30cm以上の浸水域が10ha以上になる自治体は、30都府県の734市区町村に及び、全国にたいする面積比は約32%、人口比は約53%に達するという。そして、従来の震災とはまったく異なる被害が生じるとして、広域での甚大な人・建物・ライフライン・社会基盤施設の被害、膨大な避難者の発生、被災地はもちろん全国的な生産・サービス活動の低下、被災地内外の食糧・水・生活物資の不足、電力・燃料などのエネルギー不足、帰宅困難者や多数の孤立集落の発生、復旧・復興の長期化などを指摘した。それを受けて、対策の基本的方向と具体的に実施すべき対策を詳細に述べ、今後の検討課題を示している。

なお最終報告は、「南海トラフ沿いの大規模地震の予測可能性に関する調査部会」の報告[3]を添付している。その報告は、過去の発生の仕方は多様であり、震源域の広がり(地震規模)と発生時期を高い確度で予測することは非常にむずかしいとしている。私もそう思うが、東海地震か南海地震の一方だけが発生したときは、他方の地震がいつ発生するかの予測を社会から強く求められるだろう。WGが指摘しているように、二重の被災や救援作業中の二次災害が懸念されるからである。そして、地震活動や地殻変動の推移の創造的判断による一発勝負的な予測が、成功しないとはかぎらない。今からその局面を考えておくことが重要だと思われる。また、余震が頻発するむずかしい状況だが、精度の高い緊急地震速報(4)が求められるだろう。

被害想定の問題点

WGの報告をどう受け止めるかに関しては、いろいろな問題がある。まず、WG自身が注意しているように、この想定は発生頻度のきわめて低い最大クラスの地震にたいするものであって、つぎの南海トラフ地震で必ずこうなるわけではない。だから悲観的にならないようにというわけだが、逆に、(津波についてはは確かにそうだろうが)強震動・地殻変動・大余震・続発大地震に起因しては、想定と同様か、それ以上の災害も起こりうると考えたほうがよい。

前章3節の「注意すべき点」に述べたように、モデル検討会の震度予測において例えば出雲地方に疑問があり、それは被害予測にも影響している。WGは島根県の最大被害として全壊建物約500棟(液状化によるものだけ)、避難者数最大約1800人など(死者はわずか(10人未満?))としているが、その程度ではすまない恐れがある。そうなると島根県は、山陽・四国などの被災地にたいする十分な支援ができないかもしれない。同様のことは福井県などの北陸地方にもあてはまる。北陸は、東西を結ぶ大動脈が太平洋側で寸断されたときの代替ルートになると期待されているようだが、推計以上の強震動で道路・鉄道もかなりの被害を受けるかもしれない(豪雨や雪害などが重なればなおさら)。このようなことは十分に想定しておくべきだろう。

つぎに、中央防災会議の地震・津波対策においては、今回のように、まず対象地震による地震動と津波を推計し、それにもとづいて被害想定をおこなって、地震対策大綱・地震防災戦略などを作成するという流れがある。また、災害対策基本法のもと、防災基本計画(中央防災会議が作成)の下位に都道府県地域防災計画、その下位に市町村地域防災計画、という構造がある。防災行政としては必要な仕組みなのだろうが、これらの枠組みが強すぎると、住民からみた場合、「偉い専門家がむずかしい科学で決めた」震災像が上から与えられ、行政に主導されて避難訓練に参加するだけというような受身の姿勢、「他人事感」が生じかねない。

前章3節で述べたことにつながるが、可能な地域では、住民が地元の古記録・遺跡・伝承などに親しんで過去の震災・津波を実感し、古い地名や地形やボーリングデータなどから土地の成り立ち・条件を学んで、それらの科学的解説も聴きながら将来の地震・津波をみずから思い描くというような活動を強化してはどうだろうか。中高生が主役になって調べて大人たちに発信し、震災イメージを地域全体で共有するというやり方もあるだろう(すでに実行している地域があるかもしれない)。行政の被害想定に書かれていなくても裏山が崩れるかもしれないし、神社の狛犬《こまいぬ》が倒れるかもしれないと想像力を働かせることが大事である。それが、住民主体の、復興計画までをふくむ積極的な防災意識と行動につながるのではなかろうか。

阪神・淡路大震災を契機にして1995年に発足した地震本部は「行政施策に直結すべき地震調査研究」を政府として一元的に推進するとうたっており、その延長上に被害想定がある。しかしこの構造は、未知の探究を使命として常に成長途上にある自然科学が、丸裸のままで直接行政施策の土台にされているわけで、社会にとっても地震科学にとっても最善とは思えない。[5]「最新の科学的知見に基づき」「想定外をなくすという観点から、最大クラスの地震・津波が発生した場合の被害をとりまとめたもの」といわれると、最新の科学的知見は完璧で、この被害想定以上(以外)のことは起こらないと受け取られかねないが、それは危ういことである(「この被害想定には修正がありうる」という趣旨の断わり書きはあるが[6])。

影響は世界に——上海は大丈夫か

WGの最終報告は南海トラフ巨大地震災害が国外の経済にも影響を与えかねないと述べている。20年前の拙著『大地動乱の時代』でも当時の同様の分析を紹介したが、以下では、物理的影響が海外に及びかねないことを指摘しておこう。

一つは、3・11でも起きたことだが、環太平洋の海岸全体に津波が押し寄せることである。モデル検討会の津波断層モデルを用いた太平洋の津波シミュレーションはまだおこなわれていないようだが、北米・南米のほか、西太平洋沿岸の津波が高くなるのではないかと思われる。

また、津波に関連して震災瓦礫《がれき》の漂流の問題がある。東日本大震災では、膨大な瓦礫の1割程度とされる約150万トンが津波に引かれて沖合に出て、風に吹かれ黒潮に乗って東に進んだ。2011年中にはカナダやアメリカの西岸に流れ着き、その後ゆっくり南下して、北赤道海流に乗ってフィリピンや台湾、日本に向かったという。[7]この震災漂流物は、付着した外来生物の侵入、劣化プラスチック細片の生物の誤飲、化学物質などによって、生態系への悪影響や環境破壊が懸念されているが、南海トラフ巨大地震によっても同様のことが起こるだろう。過去の巨大地震でも瓦礫の流出はあったはずだが、自然材料ばかりだから、かなりは漂着前に自然に還ったと思われる。現代社会の便利さの思いがけないツケという一面があり、自然に戻る各種材料の開発・普及が望まれる。

第1章でみたように、1854年安政南海地震と1707年宝永地震の日に、現在の上海市で黄浦江《ホワンプーチャン》(市の中央を北流して長江に注ぐ)の水がたぎって高さ2~3尺に達したり、市北西部の嘉定区で地が震えたり、浙江省湖州市で地が震えて水が湧き上がったり、もっと内陸の江蘇省丹徒県でも揚子江や池・井戸・溝の水が動揺したりした。これは、両地震の表面波による揺れや、それによる水面の振動(セイシュ)だったと考えられる。足摺岬から上海までは約1100kmで、盛岡までが約1070kmだから、不思議なことではない。

重要なのは、つぎの南海トラフ巨大地震でも中国東部のかなり広域が長周期地震動に襲われる可能性が高いということである。津波も場所によって、また最大クラスの地震であればなおさら、1~2m以上になるかもしれない。中国でこのことがどの程度認識されているだろうか。浦東《プートン》新区(黄浦江東岸に大規模開発された上海の新都心)に林立する超高層ビルの耐震性は十分なのだろうか。私は、同区の開発が始まって間もない1993年に、できはじめた高架高速道路の橋脚の細さに驚いた記憶がある。ここが思いもよらない大揺れにみまわれ、セイシュで河川・

水路も動揺すれば、構造物の大被害がなかったとしても(超巨大地震であればそれも心配)、東アジア有数の経済中心が大混乱に陥るおそれがある。上海など中国東部にかぎらず、東アジア各地にたいする地震動と津波の影響を、関係者が多国間で真剣に検討すべきではないだろうか。それとともに、国際協力による地震史料・伝承の調査も必要である(極東諸国だけでなく、例えば、1854年当時に上海に滞在していた西欧人の日記や書翰も含む)。

2 巨大な危険施設——原子力発電所とリニア中央新幹線

地震列島の原発は「安全性の確認」ができない

WGの被害想定は原子力発電所の事故を除外している。第二次報告の「施設等の被害」に「原子力発電所は、地震発生と同時に運転を停止するものとする」と書いているだけである。

しかし、私が1997年に**原発震災**(「はじめに」参照)という造語で警告したのは、震災軽減の観点からだった。そのときの論文に「これからの地震防災論や震災対策は、原発震災を抜きにしては考えられない。防災基本計画から地域防災計画や民間の対策にいたるまで、全国規模で、原発震災を具体的に想定したものに早急に改めるべきである」と書いた[8]。この指摘が正しかったことは、3・11に始まった「福島原発震災」で不幸にも実証されてしまった[9]。

2013年9月15日に稼働原発が再びゼロになった[10]が、同年末までに9原発16原子炉が原子力規制委員会[11]（以下「規制委」）に再稼働の申請をした。これについて安倍晋三首相は、安全性が確認された原発は再稼働するという姿勢を示している。しかし、首相から地元住民までが口にする「安全性をしっかり確認」は無意味な呪文のようなものであり、地震列島の原発の「安全性の確認」など到底できない。なぜならば、原発に重大な影響を与える地震動や津波をすべて予測することはできないからである。私は以前からそれを強調していたが、3・11東北沖地震によって多くの地震研究者もそう痛感するようになった。しかも「世界で最も厳しい」といわれる規制委の安全基準が、実は、以下のように驚くほどいい加減である。

原子力施設の事故防止と事故の影響緩和のために、IAEA（国際原子力機関）は**深層防護**（安全対策の多段階設定）という考え方をとっており、これが国際常識にもなっている。具体的には5層からなり、第1層（安全を重視した余裕ある設計と高品質の建設・運転）、第2層（設備の監視・制御・保護のシステム）、第3層（想定事故を起こさず、起きたとしてもそれが重大事故〔シビアアクシデント〕に進展しないための工学的安全設備と事故対応手順）、第4層（重大事故が起きてしまったときの施設内での対策）、第5層（放射性物質が外部環境に放出されてしまった場合の施設外での緊急時対応）の5段階である。ここで非常に重要なのは、各階層が、前後の階層に期待せずに最善の安全対策を尽くすことと、自分の前の階層が破られると思って防護対策を講じることである。

ちっとも厳しくない「新規制基準」

ところが規制委の**新規制基準**[12]（2013年7月施行）は、深層防護を徹底するといいながら[13]、実際は（耐震安全性に話をかぎるが）第1層が致命的に甘い。従来、耐震設計の基準とする**基準地震動**（以下「Ss」）の過小評価が根本的な問題だったが、「地震の評価の厳格化」をうたいながら、その点の抜本的改善がなされていないのである。[14] したがって今後「想定外」の地震動によって事故が起こり、第2、3層の設備も耐震性不足で重大事故に至ってしまうことがあるだろう。そのときは新基準で新たに追加された第4層で対応するというのだが、要するに、重大事故が起きてもよい、応急的対応で放射能放出をギリギリで食い止めるという（大地震と余震のなかでは失敗が懸念される）非常に危険な、倒錯した規制基準だといわざるをえない。

原発施設の規制基準と並んで第5層がたいへん大事であり、規制委が「原子力災害対策指針[15]」を定めている。だが、周辺住民の生命・健康を守る緊急時対応が実際に可能な原発は現在ひとつもない。したがって、日本の原発の安全性はまったく保証できないのである。

そもそも、福島第一原発の事故は「想定外」の大津波が原因とされているが、国会に設置された「東京電力福島原子力発電所事故調査委員会」（以下「**国会事故調**」、私も委員を務めた）の報告書[16]（2012年7月提出）は、安全上重要な機器が地震によって損傷しなかったとは確定できず、とくに1号機においては小規模LOCA（冷却材喪失事故）が起きた可能性を否定できないと述べている。また、少なくとも1号機の1系統の非常用交流電源喪失が津波以前である可能性が判明したと記している。ただし、未解明の部分が残っているから引き続き第三者による検証を期待するとした⑰。しかし規制委は、この問題を真剣に調査しようとせずに⑱、事故原因が不明なまま、地震動を軽視した基準を作ったわけである。

旧原子力安全委員会の「耐震指針検討分科会」で、Ssを大きくすべきという私の主張にたいして、全電力会社が加わる電気事業連合会(電事連)が、既設炉の存続や原発訴訟に悪影響が出るからと裏で強く干渉し、公開審議の場で特定委員に電事連の意向を代弁させるという不祥事があった。当時の私は何も知らなかったが、国会事故調の報告書で明らかになり、有力委員の奇妙な発言の理由がわかった⑲。国会事故調は、規制する側が原子力事業者の「虜《とりこ》」になっていたと断じたが、その状況を刷新するために発足したはずの規制委も同様なのかもしれない。

浜岡原発と伊方原発の再稼働は無謀

御前崎の西方、南海トラフ巨大地震の震源域の真上に、中部電力浜岡原発3~5号機がある(1~2号機は2009年1月に運転終了)。現在は、2011年5月の菅直人《かんなおと》首相(当時)の要請以来、停止している。

しかし中部電力は、海抜22mの防波壁(モデル検討会による浜岡原発付近の津波高が19m)を設置するなどの津波対策を進めている。また、Ssは800ガル(ガルは加速度の単位、この値は最大加速度。以下同様)だが、モデル検討会の強震断層モデルにもとづく地震動を踏まえ、改造工事用地震動(1200ガル、一部2000ガル)を設定して耐震工事を実施するという。さらに、新規制基準に適合する対策を計画して、再稼働をめざしている。

だが、計算上大丈夫だからといって巨大地震の震源域の真上で原発を運転するのは常軌を逸している。南海トラフ巨大地震では、3・11地震と同様に揺れの時間が長く、短周期強震動で配管の支持金具などが損傷した後に長周期強震動が長く続く。また、直後から大余震が頻発するが、浜岡直下ということもありうる。強震動・余震・津波以外に、浜岡では地震時地殻変動がとくに心配である。安政東海地震のように基盤が1～2m隆起すれば、表層地盤の破壊などが生じて、最大津波が来る前に防波壁が損壊するかもしれない。さらに、浜岡原発付近で約2000年ごとに大隆起したような現象が起これば[20]お手上げだろう。

最悪3基とも重大事故を起こせば、福島事故を上回る放射能が放出される。浜岡付近で卓越する南西の風であれば高濃度の放射能雲が首都圏にまで達し、空前の「浜岡原発震災」と「首都喪失」が起こりかねない[21]。その元凶になりうる原発は、「予防原則」の考えに立ち、使用済み核燃料の厳重な安全管理をしたうえで廃炉にするのが、人間の理性と節度であろう。

四国の北西端、豊後《ぶんご》水道に突き出た佐田岬《さだみさき》半島の付け根付近に四国電力伊方《いかた》原発（愛媛県伊方町）がある。その3号機が再稼働に向けて「新規制基準適合性に係る審査」を受けており、やがて合格しそうだという。だが、伊方も南海トラフ巨大地震の震源域の上にあるといってよく、ここで原発を運転するのは無謀なことである。

3号機のSsは570ガルで、南海トラフ巨大地震による地震動はそれ以下だとされている。

しかし、3・11東北沖地震の震源域の外縁の上（プレート境界面の深さは60㎞以上）にあった福島第一原発が675ガルを記録した（Ssは600ガル）から、最大クラスの南海トラフ巨大地震が起これば、その震源域の北限の真上（プレート境界面の深さは約35㎞）に位置する伊方原発の地震動が570ガルを大きく超える可能性を否定できない。また本震では大事に至らなくても、1854年のような直下の大余震が追い打ちをかけるかもしれない。

そもそも570ガルという値が、原発前面の中央構造線活断層系（MTL）で発生する地震にたいするものだが、過小評価である可能性が高い。四国電力はMTLは鉛直か北傾斜と主張しているようだが、少し東の石鎚《いしづち》山地北縁ではMTLの活断層が山地を隆起させてきたといわれており、それも考慮した検討が必要だろう。すべり量の設定も小さすぎると思われ、深層防護の第1層を十全なものにするために、規制委の科学的で公正な審査が望まれる。なお、東京電力柏崎刈羽《かりわ》原発（新潟県柏崎市・刈羽村）が2007年新潟県中越沖地震（M6・8）に襲われたとき、Ssに相当する地震動として1699ガルを記録した。私は、日本で原発を動かすならば、全原発のSsを最低限この値にすべきだと考えている。

伊方原発3号機がもし重大事故を起こせば、四国・九州・中国地方のほとんど全域に放射能をまき散らし、南海トラフ巨大地震の災害を桁違いに悲惨なものにする。また、瀬戸内海も致命的に汚染する。絶対に再稼働するべきではない。

周辺の原発も危険かつ役に立たない

2013年末の時点で、伊方原発3号機のほかに、北海道電力泊《とまり》（北海道泊村）1〜3号機、東北電力女川《おながわ》（宮城県女川町・石巻市）2号機、柏崎刈羽6・7号機、関西電力大飯《おおい》（福井県おおい町）3・4号機、関西電力高浜（福井県高浜町）3・4号機、中国電力島根（島根県松江市）2号機、九州電力玄海《げんかい》（佐賀県玄海町）3・4号機、九州電力川内《せんだい》（鹿児島県薩摩川内市）1・2号機の各原発・原子炉が、再稼働に向けた審査を申請している。

これらのうち女川と川内を除く6原発は、AMP東縁変動帯（前章4節）に立地しており、南海トラフ巨大地震の前か後に、近くで大地震が起こる可能性を無視できない。もし地震で放射能災害を起こせば、もちろんそれだけでも大変だが、南海トラフ地震対策や復興の重大な障害になるから、どれも、使用済み核燃料の安全な管理をおこないつつ閉鎖したほうがよい(22)。しかも、どれもSsが過小評価であり、それぞれに具体的な問題を抱えている。

島根原発では3号機が増設中だが、燃料装荷までに必要な使用前検査を終えているという。しかし一度運転を始めたら、使用済み核燃料や放射化した設備などの「核のゴミ」の生産所になってしまう。核燃料の装荷をせずに、例えば国際的な視野で、技術者のための教育・訓練施設や一般の人々のための見学施設にしてはどうだろうか(23)。また、中国電力が山口県上関町《かみのせきちょう》に建設計画中の上関原発は、万一の場合は伊方原発以上に、内陸での放射能放出という様相と瀬戸内海汚染が激しくなるから、絶対に造るべきではない。

原発は電力の安定供給性に優れているといわれる。しかし、南海トラフ巨大地震を中核とする大地震活動期にあっては、頼りにならない電源と思ったほうがよい。南海トラフ巨大地震が発生すれば、大事故が起きないとしても浜岡・伊方原発は「地震加速度大」のスクラム信号が出て緊急停止する。若狭湾岸、島根、九州の原発もその可能性が高く、北陸電力志賀《しか》原発（石川県志賀町）と柏崎刈羽原発も停まるかもしれない。いったん緊急停止すると、損傷がなくても発電再開までに最低数日を要する。損傷があれば、再起動には数カ月か1年以上かかるかもしれない。だから、原発をベース電源にしていると震災地が長期間電力不足に陥るのである。

さらに、短期間で再起動できたとしても、大余震や続発地震が広範囲で何年間も起こるから、そのたびに緊急停止と停電をくり返す。南海トラフ巨大地震の前でも、例えば若狭湾岸のかなりの原発を関西圏のベース電源にしたとして、もし若狭湾でM6・5程度の地震が起こると（その可能性は十分ある）、事故が生じなくても多くの原発が突然停まる事態がありうる。

地震列島の日本では、使用済み核燃料の処分がとりわけ困難なことも大きな問題だが、これに関しては最近の私の論考[24]などを参照していただきたい。

旅客機事故がなくならないように、世界のどこかでまた原発の重大事故が起こる可能性がある。そのとき日本は、地理的にみて大災害を被る恐れがある。まず自国が原発から脱却し、原発輸出をやめて、「人類の脱原発」の先頭に立つべきだろう。

減災と環境保全に逆行するリニア中央新幹線

２０１３年９月にＪＲ東海（東海旅客鉄道株式会社）が、２０２７年の開業をめざす「リニア中央新幹線」品川～名古屋間について環境影響評価準備書を公表し、詳細なルートや駅の位置などを明らかにした㉕。中央新幹線は１９７３年に基本計画路線に決まり、東日本大震災後の２０１１年５月に国土交通省の交通政策審議会・中央新幹線小委員会（以下「小委」）の「答申」㉖を受けて整備計画が決定され、国土交通大臣からＪＲ東海に建設指示が出されていた。それは超伝導磁気浮上方式によって東京都と大阪市を最高設計速度５０５㎞／時で結ぶもので、赤石山脈（南アルプス）中南部を貫き、名古屋付近、奈良付近を経由する。

この計画にたいしては、必要性、経済的・技術的実現性、採算性、安全性、環境対応性などに関して疑問や批判が多いが（例えば橋山禮治郎の冷静で客観的な分析㉗は説得力がある）、私も、震災を激化させ環境を悪化させ国土を改悪するものではないかと強く懸念している。

地震に関しては、①リニア新幹線自体が大被害を受ける恐れ、②別の新たな地震被害の誘因になる恐れ、③地震に弱い国土を助長する恐れ、という３つの問題がある。

①について「答申」は、地震発生時には安全確保の対応ができるとしているが、地震動や停電にたいしてだけであり、断層のズレや地殻変動は考えていない。しかしルートは、糸魚川‐静岡構造線（糸静線）断層帯㉘、伊那谷断層帯、清内路峠断層、阿寺断層帯などの日本列島第一級の活断層を貫く。大阪まで延伸する場合はさらに、養老‐桑名‐四日市断層帯、鈴鹿‐布引東縁

断層帯、奈良盆地東縁断層帯、生駒断層帯、上町断層帯などの大活断層を横切る。

これらの断層帯では、破砕帯で難工事が予想されるとともに、もし大地震が発生してズレが路線を直撃すれば、列車走行中ならば大惨事になるし、それを免れたとしても路線は完全に破壊されて復旧は困難をきわめるだろう。しかも前章で述べたように、南海トラフ巨大地震とほぼ同時か前後にこれらの活断層のどれかで大地震が起こる可能性はけっして低くない。既存の多くの交通網がこれらの活断層を横切っているではないかという反論もあろうが、だからといって新たな大きな危険要因を追加してよいわけではない(必要性と、自然・環境への影響の問題も絡む)。さらに、赤石山脈一帯では最近約100年間に40㎝程度の定常的な隆起が進行している[29]。このような顕著な地殻変動は、リニア新幹線開業後の悪影響も懸念される。

リニア中央新幹線の必要理由として、東海道新幹線が東海地震で被災した場合の代替があげられるが、東海地震の怖さがわかっていない。南海トラフ巨大地震と同時に糸静線断層帯が活動すればもちろん、そうでなくても、東海地震はリニア新幹線にも被害を与えるだろう。急峻な南アルプスの何カ所かで路線が深いV字谷に露出するが、強震動で(工事履歴も影響して)大規模な斜面崩壊が起こり、埋没する危険性がある。また、南海トラフ巨大地震による名古屋圏の被害は甚大で、中央新幹線のターミナルが大被害を受ける恐れもある。そうすれば、仮に路線は無事であったとしても、リニア中央新幹線は使えない。

②に関しては、南アルプスに20㎞以上の長大トンネルを掘ることが、工事用の道路・施設・

立坑・斜坑などの大規模な建設を含めて、地形を変え、大量の掘削残土を排出して、歴史上の南海トラフ巨大地震でも多発した山地災害をさらに増幅するのではないかと懸念される。集中豪雨などが激甚化している今日、地震時以外にも新たな災害要因になる恐れが強い。

③に関しては、「答申」がリニア中央新幹線の意義として、三大都市圏が短時間で結ばれるために日本の人口の約半数（6000万人）が含まれる世界に類をみない巨大都市集積圏が形成されることをあげている。それは日本の国土構造を変革する好機だというが、環境と人類の持続のために分散型国土の形成こそが求められている現在、驚くべき時代錯誤の考えといわざるをえない。結局は東京一極集中をさらに進めるのが落ちではないかと思われるが、いずれにせよ、将来の震災が激甚化するような国土構造を強化するものである。

「南アルプス」は山梨・長野・静岡3県の10市町村が「ユネスコエコパーク」（生物圏保存地域、生態系の保存と持続可能な利活用の調和をめざす）の登録を申請し、2013年9月に日本ユネスコ国内委員会がユネスコ本部に推薦書を送付した[30]。リニア新幹線はこの計画にとって有害であり[31]、現にエコパークとの関係で掘削残土の処理先が決まらない地区もある。地下水への悪影響も心配だし、南アルプスに限らず沿線住民の生活、とくに過疎の集落で自然と共生してきた人々の暮らしを破壊するだろう。そもそも莫大な電力を使って過密都市を結ぶリニア新幹線は、東日本大震災を経験し、西日本大震災に賢く備えるべき日本には似合わない。

JR東海が自己負担でやる[32]のだからやらせればよいという意見もある。しかし、鉄道のような公共性の高い事業がそれではいけないことは自明である。だからこそいちおうは制度があるのだが、小委は、福島原発震災前に原発は必要で絶対安全だといっていた各種審議会と同様の役回りをした。JR東海は南アルプス貫通ルートの技術的諸問題を解決しているのだろうから任せればよいという無邪気な意見もあるが、経営に隷属した技術が杜撰で無責任であることは福島原発事故で思い知らされている。日本列島の自然現象を研究している私としては、一事業者が国民の合意なしに勝手気儘に日本列島を大改造(大破壊)するのは納得できない。日本列島に生かされている私たちは、大自然を畏敬し、傷つけずに未来世代に渡さなければならない。必要性の希薄さに照らせば、大自然にたいする暴虐とすら思える。そのような行為を平気で許す社会は、いずれ大自然から手痛いしっぺ返しを受けるのではないかと心配である。

3　超広域複合大震災の時代にどう備えるか

「地震に備える」ことの意味

すでに紙数が尽きており、以下では十分な論述ができないが、最終節を書くにあたって、「どう備えるか」についての私の基本的な考えをまず述べておきたい。

第一は、何度か述べたが、南海トラフ巨大地震だけを想定していてはだめで、それに先行ないし続発するAMP東縁変動帯の大地震、さらには首都直下地震(実例は1854年安政地震の翌年の安政江戸地震）がありうることを念頭におくべきである（もちろん、それらとは別に東日本の太平洋側などでも大地震があるかもしれないが）。つぎの南海トラフ巨大地震が最大クラスでなかったとしても、前後に複数の大地震があって三大都市圏や地方中核都市のどこかが被災した場合、南海トラフ地震の発災時対応や復興の道のりはWGの想定よりも厳しくなる可能性がある。まさに日本の存亡にかかわる超広域複合大震災が現出しかねない。なお、本書では触れられなかったが、富士山の大噴火も南海トラフ巨大地震とセットで考慮すべきものである。

第二に、地震対策の目標は、生命・財産の損失を減らすこと（減災）はもちろんだが、最終的には、被災した人々が1日も早く平穏な暮らしを取り戻せるように準備しておくことだろう。人々の暮らしは、多かれ少なかれ地域に根ざして労働と衣食住が営まれている。したがって、被災地に密着した生活と、それを支える社会関係と就労の機会が速やかに回復できるようにしておくことが重要である。「グローバル」がもてはやされるが、まず「ローカル」を尊重すべきだ。自然災害は輸出も移転もできない地域固有のもので、自然の恵みと表裏一体だから、それと賢く共存していくこと（自然との共生）こそが大切だろう。

第三に、日本列島に暮らす人々はくり返し南海トラフ巨大地震で大被害を受け、そのたびに立ち直ってきたが、現代の私たちとは根本的に違う暮らし方をしていたことを忘れてはならない（最後の震災は、敗戦前後の混乱期の１９４４／46年を別とすれば、１８５４年）。すなわち、身分制度と低い生産力のもとで過酷な状況に置かれてはいたが、基本的に衣食住をはじめとする生活全般が、自然的・自給的・自立的であった。ところが今の暮らしは、「顔の見えない他者」に無際限に依存することを余儀なくされている（それが「進歩」というのも変な話だが）。したがって、生活を支える複雑・高度な仕組みが震災によって大規模に崩壊すると、昔の貧しい人々が苦しんだのとは別の困難に直面する。その意味で、原発に象徴される科学技術至上主義と、市場原理・自由貿易至上主義によって繁栄している社会が、人類史上初めて超巨大地震の試練を受けるのだといえる（3・11は序の口だった）。いまの日本の社会経済システムが、被災者を一人も切り捨てることなく試練を乗り越えることができるかどうか、見きわめる必要がある。

三大都市圏の長期的地震対策は「集中」の解消

南海トラフ巨大地震の被災地は、首都圏(33)も含む三大都市圏、地方中核都市、中小都市、農山漁村、「限界集落」など非常に多様であり、地震被害の様相もさまざまである（地震被害の諸相については旧著『大地動乱の時代』に書いたことが、基本的には今でも当てはまると思われる）。短期・中期・長期の地震対策はそれぞれの地域におうじて異なるが、長期的な対策としては、どの地域も切り捨てることのないようなものでなければならない。

三大都市圏では、あらゆる種類の一次被害が生じて、多岐にわたる災害が発災直後から何年も先まで続く。被害と影響は膨大で深刻であり、日本社会を没落させたり、世界経済を混乱させたりしかねない。だが、その究極の原因はただ一つ、「集中」と過密だろう。したがって、本当に震災を軽減したいのであれば、集中と過密を解消しなければならない。

依然として、経済成長のために三大都市圏と中核都市に人口を集中せよとか、東京・山手線内の容積率をニューヨークなみに高くせよといった意見がある。だが、旧著に書いたとおり、ニューヨークと東京では地盤の堅固さがまるで違う(しかも、ニューヨークには地震がほとんどない)。大阪や名古屋も、東京と同じように軟弱地盤が広がっている。このような場所にヒト・モノ・カネを集中しておいて、いくら対症療法的・戦術的に防災対策をおこなっても、最悪の場合の激甚な震災は軽減できないだろう。根本的な価値観の転換が必要だと思われる。

『大地動乱の時代』で東京一極集中に警鐘を鳴らし、分散型国土の創生を訴えた者としては、2020年夏のオリンピックとパラリンピックについて、その成功と将来の東京の震災軽減との両立を、真剣に考えてほしいと思う。準備期間中と開催中に大地震が起きないことは、祈るほかないが、関連施設の整備が五輪後も一極集中を助長することになっては(それを期待する向きが多いようだが)、東京の安全と国土・社会の均衡のためによろしくない。私は、長期的には、立法・行政・司法・経済の中枢を東京から別の場所に移し、東京はスポーツ・芸術・文化の世界的中心都市と位置付けてスキスキにするのがよいと思うが、現実には不可能だろう。

首都圏以西の被災地全域で、あらゆる物資・サービスなどの欠乏が生じる。救援する側には人的・物量的・距離的な制約があり、どれをとっても深刻だが、水について考えてみたい。WGの最終報告は、家庭でも1週間分以上の水や食料の備蓄が必要だとした(大阪府の被害想定では地震直後の断水率は94％（832万人）に達するという）。しかし、1人1日3リットルとして4人家族・7日分で2リットルのペットボトル約40本、20リットルのポリタンクで4個となり、常備するのはスペースや水質維持の手間の点で困難である。けれども、地震以外にも気象災害が多発する日本では、各家庭での水の備蓄は必須といえる。そこで、戸建ての住宅でも上水道の元栓のつぎに100〜200リットルの貯水タンクを挿置するのを標準とする水道設備を開発・普及させてはどうだろうか。

すでに「非常用水道水貯水タンク」という製品は存在する。100リットルの円筒形ステンレス製耐圧タンクで5万円弱、普通の水栓に接続し、内部を常時水道水が流れるのでメンテナンスの必要はないという。元栓につなぐ基本設備として改良を加えて量産すればもっと安くなるだろう。新築や改修でこの設備を導入する家庭に補助金を出すなどして普及させ、事業所用の大型のものや既存の各種水槽方式とあいまって発災後数日程度の給水の社会的負担を減らすことができれば（激甚被災地は別として）、被災者にも行政にも大きな助けになるだろう。

自力復興を可能にする地方の再生を

南海トラフ巨大地震による超広域大震災では、全国からの消防・警察・自衛隊・ボランティアの救援や自治体間の応援という仕組みが、細々としか機能しないだろう。被災地は、ほぼ市町村レベルで、（行方不明者の大掛かりな捜索や救命医療などは困難だとしても）基本的に自力で災害に対処することを迫られる。したがって重要なことは、市町村が独力で災害に対応し、かつ立ち直れる能力を、今のうちから強化することである。つまり「国土強靭化」とは、一言でいえば「地方の再生」であろう。これは、三大都市圏の集中を是正することと表裏一体であり、地震対策を別にしても、日本列島における人と富の異様な不均衡を改善するものになる。

　各地で取り組みはじめているかもしれないが、太陽光（熱）・風力・水力・バイオマスなどを小規模分散型で組み合わせたエネルギーの自給[34]が重要である。食料の地産地消も強力に進めるのがよい。農業は、ＴＰＰ（環太平洋戦略的経済連携協定）のような観点から産業としてだけ捉えるのではなく、人間社会にとって自然な、地域内の生業《なりわい》のバランスと、結果としての食料自給率の向上という面も大切にすべきだろう。その意味で、都市内の兼業農家や近郊の小規模農家も尊重されて然るべきだ。牧畜・漁業も同様である。

　さらに地域経済を域内循環型で活性化させ、仕事場を確かなものにすることも重要である。事業主に雇われて働き、震災で経営が行き詰まって解雇されるというケースが多いが、解雇されない就労形態を増やしてゆくのがよいと思う。例えば、従業員全員が経営者でもある「協同労働[35]」がある。働く一人ひとりが出資し、全員が管理・経営も担って、主として地域社会に必要とされる事業をおこなう働き方だという。「労働者協同組合（ワーカーズ・コレクティブ、ワーカーズコープ）」ともいわれる。欧米の経済社会ではすでに確実な地歩を築いており、日本でも注目されつつある。東日本大震災の被災地でも協同労働で復興事業をおこない、地域再生の力強い担い手になっている人々がいるという。早急に法律を作って法人格が得られるようにし、事業の種類も拡大して発展することが望まれる。なお、林業を最新の手法で盛んにすることが、全国各地で地域再生の大きな力になり、震災復興力も強くするだろう。

日本の人口は、2013年8月に約1億2700万人だったものが、2050年には約9700万人にまで減ると推計されている。㊱ そういう状況のもとで、大都市・大会社(とくにグローバル企業)中心から地方・住民中心の社会に大転換して、三大都市圏以外の人口が相対的に増加することを目指してほしいものである。

経済成長至上主義からの脱却を

第2章の3節で述べたように、南海トラフ巨大地震は今世紀半ば頃までには発生する可能性が高いと考えたほうがよい。それはM9・1の最大クラスではないかもしれないが、最大クラスの地震の発生頻度がきわめて低いからといって、次回にそれが起こる可能性が低いとはいえない。ただし、万一最大クラスが起きても、WGが述べているように、レベル2の津波にたいしては避難を軸にして命を守るのが原則だろう。避難訓練が必要なゆえんである。

1707年宝永地震や1854年安政地震なみだったとしても、津波による死者以外は、WGの被害想定に匹敵するような災害になる恐れがある。WGは新幹線などの脱線転覆事故や高速道路などでの自動車事故による死者は考慮していないが、それらがないとはいえない。

すでに各都府県・市町村で短期・中期・長期の対策の検討が始まっていると思うが、減災対策とともに、復興事業の計画を住民とよく話し合って立案することが非常に重要である。東日本大震災の被災地では、震災復興事業が、立ち直りかけた被災者に新たな災難をもたらしている事例が少なくない。そういうことが生じないように、とくに地盤の沈降や大津波が予測される地域では入念な事前の準備が望まれる。

南海トラフ巨大地震に備える一端として本章で述べたこと――原発からの脱却、リニア新幹線の建設中止、三大都市圏への集中・過密の解消――は、原発・リニア・都市集中が経済成長のために必要だとする声高の主張の対極にある。だが、GDP（国内総生産）の数字を信奉して経済成長率に一喜一憂し、経済成長しなければ人間が幸せになれないかのような考え方は、世界的な思潮からみて時代遅れだし、多くの日本人も疑問に感じているだろう。[37]

巨大な津波にたいしては巨大な防潮堤で対抗するのではなく、ひたすら逃げましょうという共通認識に象徴されるように、大自然を畏敬してその摂理に逆らわないのが人間の節度というものである。ところが経済成長至上主義は、大量の資源・エネルギーを使って必要以上のモノを作りつづけ、大量の廃棄物を出して地球をパンクさせようとしている。

南海トラフ巨大地震に賢く備えることは、経済成長至上主義と、それによる貧富や地域間の格差を正し、人間本来の豊かさを取り戻すことに通じるものであるだろう。

■岩波オンデマンドブックス■

叢書 震災と社会
南海トラフ巨大地震 ―歴史・科学・社会

2014年3月11日 第1刷発行
2016年1月15日 第2刷発行
2019年8月9日 オンデマンド版発行

著　者　石橋克彦《いしばしかつひこ》

発行者　岡本 厚

発行所　株式会社 岩波書店
〒101-8002 東京都千代田区一ツ橋2-5-5
電話案内 03-5210-4000
https://www.iwanami.co.jp/

印刷／製本・法令印刷

ISBN 978-4-00-730916-8　Printed in Japan

注

【はじめに】

1　石橋克彦「迫り来る大地震活動期は未曽有の国難――技術的防災から国土政策・社会経済システムの根本的変革へ(第百六十二回国会衆議院予算委員会公聴会から)」『人間家族』345号，6-20，2005年(http://historical.seismology.jp/ishibashi/opinion/050223koujyutsu.pdf，注2の石橋(2012)に再録).

2　石橋克彦「原発震災――破滅を避けるために」『科学』67巻，720-724，1997年(http://www.iwanami.co.jp/kagaku/K_Ishibashi_Kagaku199710.pdf)，石橋克彦『原発震災――警鐘の軌跡』七つ森書館，2012年.

3　警察庁緊急災害警備本部「平成23年(2011年)東北地方太平洋沖地震の被害状況と警察措置」(平成26年1月10日，2014年，http://www.npa.go.jp/archive/keibi/biki/higaijokyo.pdf)によれば，死者1万5884人，行方不明者2640人，復興庁「東日本大震災における震災関連死の死者数(平成25年9月30日現在調査結果)」(平成25年12月24日，2013年，http://www.reconstruction.go.jp/topics/main-cat2/sub-cat2-1/20131224_kanrenshi.pdf)によれば，震災関連死者は2916人，である．集計時期が異なるが，合計すると2万1440人となる.

【第1章】

1　海上保安庁海洋情報部「日本周辺海域等の海底地形の名称」2013年3月1日(http://www1.kaiho.mlit.go.jp/KOKAI/ZUSHI3/topographic/topographic.htm).第2章3節の内閣府・モデル検討会は「中間とりまとめ」で南海トラフが駿河湾奥まで達しているように書いているが，適切ではない．地震本部・地震調査委員会は，駿河トラフを含めて南海トラフと呼ぶと断わっている.

2　地震学では，「震源断層面」は fault plane of earthquake (seismic) source，「震源域」は(earthquake) source region であり，宇津徳治『地震学(第3版)』(共立出版，2001年)も本書のように用いている.

3　図1-2の原型は拙著『大地動乱の時代』(注32)に掲げたが，A～Eの区切り方(例えばDとEの境界が御前崎より西)は，宇津徳治「東海沖の歴史上の大

地震」『地震予知連絡会地域部会報告』1巻(建設省国土地理院, 1-8, 1997年)に準じている.

4　地震防災行政では「東海地震」という言葉がE領域の「想定東海地震」の意味で用いられている. また, 後述の1944年の地震の固有名称だった「東南海地震」という言葉が, C+D領域に想定される地震の名前として法律にまで規定されている. しかし, その領域に固有の地震があるかどうかは科学的には未解明で, 不適切な用語ではないかと思われる. 以下も参照; 石橋克彦「東南海・南海地震について」『自然災害科学』21巻, 190-198, 2002年(http://www.jsnds.org/contents/shizen_saigai_back_number/ssk_21_3_183.pdf).

5　石橋克彦「フィリピン海スラブ沈み込みの境界条件としての東海・南海巨大地震――史料地震学による概要」『京都大学防災研究所研究集会13K-7報告書』1-9, 2002年(http://historical.seismology.jp/ishibashi/archive/2002DPRI.pdf)にもとづく.

6　第2章3節で紹介する地震本部・地震調査委員会の「南海トラフの地震活動の長期評価(第二版)」は図1-2(a)の原因を参照した.

7　歴史年表では古いほうが上で, 図1-2もそのように描いたが, 地学現象の場合, 古い堆積物ほど下にあるという事実に象徴されるように, 新しい事件を上に書くのが一般的である.

8　宇佐美龍夫・石井寿・今村隆正・武村雅之・松浦律子『日本被害地震総覧599-2012』東京大学出版会, 2013年.

9　纐纈一起監修「日本付近のおもな被害地震年代表」自然科学研究機構国立天文台編『理科年表 平成26年』丸善出版, 722-755, 2013年. この表は, 毎年刊行される『理科年表』に掲載され, ときどき改訂されてきた.

10　ほかに, 茅野一郎・宇津徳治「日本の主な地震の表」宇津徳治・嶋悦三・吉井敏尅・山科健一郎編『地震の事典(第2版)』(朝倉書店, 569-641, 2001年)がある.

11　北原糸子・松浦律子・木村玲欧編『日本歴史災害事典』吉川弘文館, 2012年.

12　中央気象台編『気象要覧』544号(昭和19年12月), 中央気象台, 1951年.

13　気象庁『気象庁震度階級の解説』2009年(http://www.seisvol.kishou.go.jp/eq/shindo_kaisetsu/jma-shindo-kaisetsu-pub.pdf).

14　宇佐美龍夫『歴史地震事始』1986年.

15　飯田汲事「昭和19年12月7日東南海地震の震害と震度分布」『飯田汲事教授論文選集 東海地方地震・津波災害誌』飯田汲事教授論文選集発行会，449-570，1985年（http://www.seis.nagoya-u.ac.jp/taisaku/mikawa/mikawa/saigaishi1.html）.

16　中央気象台編『極秘 昭和十九年十二月七日 東南海大地震調査概報』中央気象台，1945年（http://kindai.ndl.go.jp/info:ndljp/pid/1063949）.

17　京都市中京区西ノ京笠殿町38.

18　羽鳥徳太郎「東海・南海道沖における大津波の波源――1944年東南海，1946年南海道津波波源の再検討と宝永・安政大津波の規模と波源域の推定」『地震2輯』27巻，10-24，1974年（https://www.jstage.jst.go.jp/article/zisin1948/27/1/27_1_10/_pdf）.

19　武村雅之「東南海地震被害の再調査（序報）――昭和19年12月7日13時35分」『日本地震学会講演予稿集2012年度秋季大会』126（2012年）による．これは，注15の文献の内容などを再整理したもの．内訳は，愛知県435人，三重県373人，静岡県295人，和歌山県47人，岐阜県16人，大阪府14人，奈良県3人.

20　注19の文献.

21　注27の文献によれば，半田市の中島飛行機半田製作所・山方工場では153人が亡くなった．ここは埋立地で地盤が悪いうえに，レンガ造の古い紡績工場の構造材を撤去して内部を拡げたものだった．死者の多くは動員された中学生・女学生だったという.

22　佐藤裕・井内登「東南海地震（1944）による東海地方の上下変動」『地震2輯』28巻，489-491，1975年（https://www.jstage.jst.go.jp/article/zisin1948/28/4/28_4_489/_pdf）.

23　注18の文献.

24　岩田孝仁・浜田信生「1944年東南海地震前後の地震活動」『地震2輯』39巻，621-634，1986年（https://www.jstage.jst.go.jp/article/zisin1948/39/4/39_4_621/_pdf）.

25　佐藤努・小泉尚嗣・中村憲一「昭和南海地震で湯峯温泉の湧出は止まったのか？」『地質ニュース』609号，31-42，2005年（http://www.gsj.jp/data/chishi

tsunews/05_05_03.pdf).

26　小泉尚嗣・高橋誠・松本則夫・佐藤努・大谷竜・北川有一「水文学的手法による地震予知研究——地下水変化から地震前の地殻変動を検知する試み」『地震2輯』58巻，247–258，2005年(https://www.jstage.jst.go.jp/article/zisin1948/58/3/58_3_247/_pdf).

27　例えば，中央防災会議・災害教訓の継承に関する専門調査会「1944東南海・1945三河地震報告書」2007年(http://www.bousai.go.jp/jishin/chubou/kyoukun/rep/1944-tounankaiJISHIN/index.html).

28　注24の文献.

29　注27の文献.

30　私も，1987年の歴史地震研究会で以下の発表を聴いて，そのように思っていた．宮坂五郎・飯田悦司・伊藤和明「1944年東南海地震における長野県諏訪の被害について」『歴史地震』3号，114–117，1987年.

31　Kanamori, H., 1972, Tectonic implications of the 1944 Tonankai and the 1946 Nankaido earthquakes, Phys. Earth Planet. Inter., 5, 129–139. なお，相前後してFitch and Scholzが両地震による地殻変動のデータを解析して同様のイメージを打ち出した.

32　石橋克彦『大地動乱の時代——地震学者は警告する』岩波新書，1994年.

33　今村明恒「南海道沖大地震の謎」『地震1輯』5巻，607–626，1933年(https://www.jstage.jst.go.jp/article/zisin1929/5/10/5_10_607/_pdf).

34　まだ「南海トラフ」「震源域」「巨大地震」といった概念がないなかで，南海道沖では過去600年間に広域を震源とする「非局部性大地震」が5回発生しており，それは紀伊・室戸両半島の地震時の南上がりの「急性的傾動」と地震前長期の南下がりの「慢性的傾動」で特徴づけられると指摘している.

35　今村明恒「昭和21年(1946)12月21日南海道大地震」那須信治編『大地震の前兆に関する資料——今村明恒博士遺稿』古今書院，129–130，1977年．武者金吉「今村明恒先生素描」『地震なまず』東洋図書，160–183，1957年(復刻，明石書店，1995年)．『朝日新聞』昭和21年12月23日「今村博士は予知 一週間前から」.

36　例えば，宇佐美龍夫「むかしの大地震」浅田敏編著『地震予知の方法』東京大学出版会，12–28，1978年．松浦律子・松田時彦・津村建四朗「歴史地震研

究で重要な『問い続ける態度』——今村明恒の功罪からの教訓」『歴史地震』27号，46，2012年.

37 今村の伝記として，山下文男『地震予知の先駆者 今村明恒の生涯』青磁社，1989年.

38 中央気象台編『気象要覧』568号(昭和21年12月)，中央気象台，1953年.

39 例えば，川辺岩夫「地震に伴う地下水・地球化学現象」『地震2輯』44巻特集号，341-364，1991年(https://www.jstage.jst.go.jp/article/zisin1948/44/Supplement/44_Supplement_341/_pdf).

40 水路局『昭和21年南海大地震調査報告 地変及び被害編』，『水路要報 増刊号 昭和23年8月31日』1948年(http://www1.kaiho.mlit.go.jp/KAN5/siryouko/suiro-youhou/3.pdf)(http://www1.kaiho.mlit.go.jp/KAN5/siryouko/suiro-youhou/suiro-youhou.html も参照).

41 例えば総覧22頁の表3-5.

42 高知県南海大震災誌編纂委員会編『南海大震災誌』高知県，1949年；「津波ディジタルライブラリィ」(http://tsunami.dbms.cs.gunma-u.ac.jp/)で閲覧できる.

43 ここは，斐伊川・神戸川下流域で地盤が悪く，また平野北縁の大社衝上断層沿いは揺れやすいともいわれ，1854年と1707年の南海トラフ巨大地震でも被害を受けている.

44 注18の文献.

45 中村操・西山昭仁「明応南海地震の存在について——明応7年6月11日の地震の可能性」『歴史地震』14号，193-199，1998年.

46 本震翌日の1946年12月22日に熊本付近でM5.1(その後群発)，1947年1月13日に島根県東部でM3.9，4月6日に島根県西部でM4.2，5月9日に大分県西部でM5.5(小被害あり，余震多し)など.

47 史料とは本来，歴史を研究するための材料の総称だが，地震史料というときにはふつう文字史料を指す.

48 古記録とは古い公私の日記など，古典籍とは昔の歴史書・年代記・地誌など，古文書とは発信者・受信者・用件を備えた書類の古いもの，金石文とは石碑や梵鐘の銘文など，棟札とは建物の由緒・施工記録などを記して棟木などに打ちつけた板，である.

49　明治・大正期の田山実と大森房吉の労作を増補改訂したもの．文部省震災予防評議会『増訂大日本地震史料』第 1，2，3 巻，1941，1943，1943 年．武者金吉『日本地震史料』毎日新聞社，1951 年(前書の第 4 巻にあたる)．これら 4 冊の最新の復刻版は『復刻 日本地震史料』全 4 巻，明石書店，2012 年．

50　東京大学地震研究所編『新収日本地震史料』全 21 冊，東京大学地震研究所のちに日本電気協会，1981～94 年．これは，史料とはいえない現代の論文なども含むが，近世の地方文書(江戸時代の農村の古文書)や藩政史料などを豊富に収載している．なお都司嘉宣が 1979～83 年に，東海・南海地方に関して独力で膨大な新史料を収集し，国立防災科学技術研究所(当時)から 6 冊の地震史料集を刊行した．その成果も『新収史料』に吸収されている．

51　既刊のすべての地震史料集が「東京大学地震研究所図書室所蔵特別資料データベース」(http://wwweic.eri.u-tokyo.ac.jp/dl/meta_pub/ssearch)で画像として閲覧できる．

52　例えば，小山真人「日本の史料地震学研究の問題点と展望――次世代の地震史研究に向けて」『地学雑誌』108 巻，346-369，1999 年(https://www.jstage.jst.go.jp/article/jgeography1889/108/4/108_4_346/_pdf)．

53　武者史料について見ると，第 1 巻は古代から元禄六(1693)年までの約 1100 年間にたいして 945 頁，第 2 巻は江戸中期の 90 年間にたいして 754 頁，第 3 巻は江戸後期の 65 年間にたいして 945 頁，第 4 巻は幕末の 20 年間にたいして 757 頁があてられている．

54　石橋克彦「歴史地震研究で感じたこと(要旨)」『歴史地震』1 号，55-58，1985 年(http://historical.seismology.jp/ishibashi/feeling.html)．石橋克彦「地震予知研究における歴史地震研究の現状と問題点」『地震予知研究シンポジウム(1987)』日本学術会議地震学研究連絡委員会・地震学会，129-142，1987 年(http://historical.seismology.jp/ishibashi/archive/1987EPRsymp.pdf)．

55　石橋克彦「日本の古代・中世の地震史料の校訂とデータベース化」『月刊地球』27 巻，811-818，2005 年．石橋克彦「歴史地震史料の全文データベース化」『地震 2 輯』61 巻特集号，S509-S517，2009 年(http://historical.seismology.jp/ishibashi/archive/2009zisin61S.pdf)．なお，江戸時代(近世)を含めなかったのは，分量が限定されている古代・中世の地震史料で方法論・手法を開発・確立しようとしたこと，古代・中世の地震史料と地震像に比較的問題が多いこ

と，などによる．膨大な近世地震史料のデータベース化が非常に重要だが，歴史研究者や地方史研究家の全国的な協力を得て組織的に進めることが望まれる．

56 ［古代・中世］地震・噴火史料データベース（β版）(http://sakuya.ed.shizuoka.ac.jp/erice/)．古代中世地震史料研究会は，石橋克彦，小山真人，佐竹健治，都司嘉宣，早川由紀夫，榎原雅治，笹本正治，高橋昌明，田良島哲，藤田明良，矢田俊文，原正一郎，前嶋美紀．

57 早川由紀夫・小山真人「1582年以前の火山噴火の日付をいかに記述するか——グレゴリオ暦かユリウス暦か？」『地学雑誌』106巻，102-104，1997年(https://www.jstage.jst.go.jp/article/jgeography1889/106/1/106_1_102/_pdf)．小山真人・早川由紀夫「歴史時代の地震・火山噴火の日付をいかに記述すべきか」『地球惑星科学関連学会1998年合同大会予稿集』328，1998年．

58 生物にとって不可欠な炭素には放射性同位体C14がごく微量に含まれていて（大部分は安定なC12），大気中および生物体内での存在比は一定である．しかし動植物が死ぬと大気から隔絶されるので，放射性崩壊によって存在比が減っていく（半減期は5730年）．よって遺骸のC14の存在比を測れば，その生物が死んでからの経過年数がわかる．

59 寒川旭『地震考古学——遺跡が語る地震の歴史』中公新書，1992年．

60 寒川旭『地震の日本史——大地は何を語るのか　増補版』中公新書，2011年．

61 日本での調査・研究は，箕浦幸治・中谷周・佐藤裕「湖沼底質堆積物中に記録された地震津波の痕跡——青森県市浦村十三付近の湖沼系の例」『地震2輯』40巻，183-196，1987年(https://www.jstage.jst.go.jp/article/zisin1948/40/2/40_2_183/_pdf)あたりを先駆として東北・北海道地方で実施されるようになり，1990年代後半から南関東以西でもおこなわれるようになった．東日本大震災後に，それと類似した869年貞観東北沖地震津波の津波堆積物調査・研究が震災前にかなり進んでいたことが報道され，この分野が世間の注目を集めるようになった．ただし，調査できる場所の制約や，今後解決すべき研究課題・技術的限界などもある（例えば，後藤和久・西村裕一・宍倉正展「地質記録を津波防災に活かす——津波堆積物研究の現状と課題」『科学』82巻，215-219，2012年．藤原治「地形・地質記録から見た南海トラフの巨大地震・津波（東海地域の例）」『GSJ地質ニュース』2巻，197-200，2013年〔https://www.gsj.jp/

data/gcn/gsj_cn_vol2.no7_197-200.pdf〕)．なお，津波の痕跡としては，1771年明和八重山地震津波で石垣島などの標高30 m付近まで打ち上げられた巨礫(津波石)のようなものもある．

62　やや古いが，古地震研究の全般的紹介として，太田陽子・島崎邦彦編『古地震を探る』古今書院，1995年．

63　矢田俊文『中世の巨大地震』(吉川弘文館，2009年)の99-100頁．なお，新たな史料論に一歩踏み込んだものとして，田良島哲「地震史料データベース化における史料学的課題——中世の年代記を中心に」『月刊地球』27巻(819-824，2005年)があげられる．このなかで，日本中世史・史料学を専門とする著者は，歴史地震研究で使われる史料には従来の政治史や社会史の研究では用いられなかった類型のものが多く，歴史学的・史料学的な評価は未開拓であるとして，「年代記」について検討を加えている．

64　一般に事件当時に書かれた史料では当然旧年号が使われているから，改元日までは旧年号を当てるべきだという歴史研究者が少なくない．そう考えると「嘉永東海地震」ということになるが，本書では定着した呼び方に従う．

65　Ishibashi, K., 1981, Specification of a soon-to-occur seismic faulting in the Tokai district, central Japan, based upon seismotectonics, in *Earthquake Prediction: An International Review*, D. W. Simpson and P. G. Richards (eds.), Maurice Ewing Series 4, American Geophys. Union, 297-332. 石橋克彦「駿河湾地域の地震時地殻上下変動」『第四紀研究』23巻，105-110，1984年(https://www.jstage.jst.go.jp/article/jaqua1957/23/2/23_2_105/_pdf)．

66　本章扉に示した薩埵峠の山裾は，波打ち際が約30～300 m後退した．諸国の大型廻船で賑わっていた清水湊は約3 mも隆起し，小舟しか入れなくなってしまった．相良の萩間川河口も1 m近く隆起して同様なことになった．御前崎も，約50～100 m海が退いて磯が0.9～1.2 m浅くなった．中部電力浜岡原子力発電所が立地する佐倉(旧浜岡町，現，御前崎市)では海水が約18 m遠くなったという．

67　羽鳥徳太郎「安政地震(1854年12月23日)における東海地方の津波・地殻変動の記録——明治25年静岡県下26ヵ町村役場の地震報告から」『地震研究所彙報』51巻，13-28，1976年(http://repository.dl.itc.u-tokyo.ac.jp/dspace/bitstream/2261/12607/1/ji0511002.pdf)．

68　史料「安田賤勝筆記」などによるが，注 104 の文献は，崩壊の翌日に決壊したとしている．

69　注 32 の文献．

70　同前．

71　中央防災会議・災害教訓の継承に関する専門調査会「1854 安政東海地震・安政南海地震報告書」2005 年（http://www.bousai.go.jp/kyoiku/kyokun/kyoukunnokeishou/rep/1854-ansei-toukai_nankaiJISHIN/index.html）．

72　宇佐美龍夫・渡邊健・八代和彦「安政東海・南海地震による大阪市内の被害分布」『歴史地震』15 号，171–200，1999 年．なお西山昭仁（注 78 の文献）は，前日の東海地震によって脆弱な建物は壊れてしまって被害が拡大しなかったケースと，強度が低下して 5 日に破壊にいたったケースがあるだろうから，建物被害だけから震度を推定するのは困難ではないかと指摘している．また，被害は概して御堂筋の西側に多かったという．

73　都司嘉宣・松岡拓也「安政南海地震（1854）による土佐国の死者分布」『歴史地震』26 号 91，2011 年）が，いくつかの土佐の地震史料を用いて，この公式数字が信頼できることと，郡別・集落別死者数を示している．

74　宇津徳治「日本の地震に関連する中国の史料——明応 7 年 6 月 11 日西日本の地震ほか」『地震 2 輯』41 巻，613–614，1988 年（https://www.jstage.jst.go.jp/article/zisin1948/41/4/41_4_613/_pdf）．

75　都司嘉宣・上田和枝「明応（1498）南海地震の存在とその日付について」『地球惑星科学関連学会 1997 年合同大会予稿集』169，1997 年．

76　原田智也・石橋克彦「南海巨大地震による東シナ海の津波のシミュレーション：上海を津波が襲うか？」『日本地震学会講演予稿集 2005 年度秋季大会』47，2005 年（http://historical.seismology.jp/ishibashi/archive/2005SSJtsunamiShanghai.pdf）．Harada, T., and K. Satake, Tsunami Simulations in the Western Pacific Ocean and East China Sea from the Great Earthquakes along the Nankai-Suruga Trough, in *Tsunami Events and Lessons Learned*, Kontar, Y. A., V. Santiago-Fandiño, and T. Takahashi (eds.), Springer, 2014, 129–146.

77　山本尚明「瀬戸内海の歴史南海地震津波について」『歴史地震』19 号，153–160，2003 年（http://sakuya.ed.shizuoka.ac.jp/rzisin/kaishi_19/23-Yamamoto.pdf）．

78　西山昭仁「安政南海地震における大坂での震災対応」注 71 の報告書(42-67, 2005 年)が災害対応を詳細に記述している．

79　この石碑に刻まれた「大地震両川口津浪記」には，後人の心得と溺死追善のために被害状況と警告が記されているが，その最後に「願くハ心あらん人，年々文字よミ安きやう，墨を入給ふへし」と書かれている．それを守って，今も町内住民が年に一度墨入れをしているという．この津浪記はかわら版にもなって市中に流布した．注 78 の文献参照．

80　足摺岬付近は，都司嘉宣「安政南海地震(安政元年 11 月 5 日，1854 XII 24 に伴う四国の地盤変動」『歴史地震』4 号，149-156，1988 年，宍倉正展・行谷佑一「足摺岬における宝永・安政・昭和南海地震の地殻変動」『歴史地震』26 号，88，2011 年(http://sakuya.ed.shizuoka.ac.jp/rzisin/kaishi_26/HE26_88.pdf)による．

81　宇佐美龍夫・上田和枝「安政南海地震にみられる高知市の地盤変動」『歴史地震』6 号，167-179，1990 年．

82　井上公夫「四国・紀伊半島における海溝型地震による土砂災害の事例の収集・整理」2012 年(http://www.sff.or.jp/H24Gakkai02.pdf)によれば，土佐清水市の三崎川において，本震で上流に斜面崩壊による天然ダムが生じ，それが七日の大余震で決壊して下流に洪水をもたらした可能性があるという．

83　注 74 の文献．

84　安政四(1857)年には安芸灘付近で M7 超の地震が発生して愛媛・広島両県ほかにかなりの被害が出たが，これは 2001 年芸予地震(M6.7)に似たスラブ内地震だった可能性が高い．

85　地震発生時刻に関する史料の記述を統計処理した平均は 13 時 47 分で標準偏差は 1.02 時間という研究がある(今井健太郎・西山昭仁・前田拓人・石辺岳男・佐竹健治・古村孝志「史料に基づく 1707 年宝永地震の発震時刻に関する統計的解釈」『歴史地震』26 号，99，2011 年〔http://sakuya.ed.shizuoka.ac.jp/rzisin/kaishi_26/HE26_99.pdf〕)．

86　興福寺金堂西の回廊が倒れ，唐招提寺の中門が崩れ，興福寺・元興寺・西大寺・薬師寺・唐招提寺の伽藍や院(境内の小寺)などに破損(一部は潰れ)があったが，主要な建物の倒壊はなかった．東大寺も院々の石垣・塀などが破損したが伽藍には別条がなかった．法華寺の古い塔は倒壊したが，慶長初期に再建さ

れた本堂・南門・鐘楼は無事で現存している.『基熙公記』(関白太政大臣・近衛基熙の日記)も「大和国社寺等各々無異(中略)凡今度地震大社大寺等無異無事云々」と書いている.

87　注74の文献.

88　注75の文献.

89　ただし,室戸半島付近の波高(浸水高)はおおむね5〜6m程度で,被害も少なかった.これは,地震時に大きく隆起したことが影響している可能性がある.注131参照.

90　村上仁士・島田富美男・伊藤禎彦・山本尚明・石塚淳一「四国における歴史津波(1605慶長・1707宝永・1854安政)の津波高の再検討」『自然災害科学』15巻,39-52,1996年.

91　都司嘉宣『歴史地震の話——語り継がれた南海地震』高知新聞社,2012年.

92　千田昇・中上二美「大分県佐伯市米水津とその周辺地域における宝永4年,安政元年の南海地震と津波の分析」『大分大学教育福祉科学部研究紀要』29巻,69-80,2006年(http://www.ed.oita-u.ac.jp/kykenkyu/bulletin/kiyou/chida29-1.pdf).

93　注77の文献.

94　長尾武「宝永地震(1707)による大坂市中での津波遡上高」『歴史地震』26号,15-18,2011年(http://sakuya.ed.shizuoka.ac.jp/rzisin/kaishi_26/HE26_15_18_03_Nagao.pdf).

95　小田原市前川で塩田が流失し,千葉県九十九里町の作田川と思われる川で14人が死亡した.

96　長崎では夕方から潮の引き差しが生じ,夜10時頃に新地(現在の中華街付近)の唐人荷物蔵が浸水し,町中でも60cmほど冠水した.

97　都司嘉宣「歴史地震研究の上での国際協力成果例とデータベースの活用例」『史料地震学と地震危険度評価に関する日伊ワークショップ予稿集』2004年(http://historical.seismology.jp/erice/archive/WS2004_abstract.pdf),都司嘉宣・行谷佑一「連動型巨大地震としての宝永地震(1707)」『日本地球惑星科学連合2007年大会予稿集』T235-010,2007年(http://www2.jpgu.org/meeting/2007/program/pdf/T235/T235-010.pdf).

98　1750年前後に成立したと考えられる『増補耽羅誌』(「耽羅」は済州島の古

称)に1707年前後の一連の地震記事があり，そのなかに「粛宗大王三十三年丁亥(中略)十月初五日，初十日，地震，海溢」とあるが(藤田明良「文献史料からみた済州島の11世紀噴火――東アジア漢文史料の噴火叙述に関する予備的考察」『歴史地震』18号，149-164，2002年〔http://sakuya.ed.shizuoka.ac.jp/rzisin/kaishi_18/23-Fujita.pdf〕)，宝永地震とは1日違っている．地震は一二月まで続き，一一月一一日には「海中出火」とあるから，火山島である済州島の近海の海底火山活動だったかもしれない．いっぽう宝永地震津波のシミュレーションによれば，近似計算だが，済州島の津波高は20〜40 cm程度であり，被害を生ずるほどではないと思われる(石橋克彦・原田智也「南海巨大地震による東シナ海の津波のシミュレーション(続報)：済州島を中心として」『日本地震学会講演予稿集2006年度秋季大会』179，2006年〔http://historical.seismology.jp/ishibashi/archive/2006SSJtsunamiCheju.pdf〕)．

99 矢田俊文「1707年宝永地震と大坂の被害数」『災害・復興と資料』2号，118-122，2013年．

100 串本については，今村明恒「串本に於ける陸地隆起の痕跡」『地震1輯』8巻，309-312，1936年(https://www.jstage.jst.go.jp/article/zisin1929/8/6/8_6_309/_pdf)．御前崎については，今村明恒「遠州東南地塊の傾動に就いて」『地震1輯』15巻，217-224，1943年(https://www.jstage.jst.go.jp/article/zisin1929/15/9/15_9_217/_pdf)．

101 宍倉正展・越後智雄・前杢英明・石山達也・永井亜沙香「南海トラフ沿いに起きた歴史地震に伴う隆起を記録した紀伊半島南部沿岸の生物遺骸群集」『歴史地震』23号，21-26，2008年(http://sakuya.ed.shizuoka.ac.jp/rzisin/kaishi_23/23_021.pdf)，宍倉正展・越後智雄・前杢英明・石山達也「紀伊半島南部沿岸に分布する隆起生物遺骸群集の高度と年代――南海トラフ沿いの連動型地震の履歴復元」『活断層・古地震研究報告』8号，267-280，2008年(http://unit.aist.go.jp/actfault-eq/seika/h19seika/pdf/11shishikura_kii.pdf)．

102 注80の宍倉・行谷(2011)．

103 『谷陵記』(土佐藩士・奥宮正明が土佐の津波被災地を宝永四年一二月にとりまとめた書)が，以布利(土佐清水市内)について「市井海ニ没」，湊(宿毛市小筑紫町内)について「民家田苑海ニ没」と記している．なお，渭浜(土佐市宇佐町内)についても「在所尽ク海ニ没シ深サ五尋六尋(約7.5〜9 m)アルナレハ別

ニ記コトナシ」と述べている．

104　例えば，土屋智「地震による大規模崩壊と土砂移動 3.4 白鳥山崩壊」中村浩之・土屋智・井上公夫・石川芳治編『地震砂防』古今書院，35-37，2000年．

105　例えば，土屋智「地震による大規模崩壊と土砂移動 3.2 大谷崩」中村浩之・土屋智・井上公夫・石川芳治編『地震砂防』古今書院，28-32，2000年．

106　例えば，井上公夫「宝永南海地震(1707)による仁淀川中流・舞ヶ鼻の天然ダム」水山高久監修／森俊勇・坂口哲夫・井上公夫編著『日本の天然ダムと対応策(カラー電子版)』古今書院，51-55，2012年(http://www.sff.or.jp/nihonnotennendamu/chapter2.pdf)．

107　総覧の81，84頁，図153-3と，注85の文献．

108　岡村眞・松岡裕美・千田昇・島崎邦彦「見えてきた巨大南海地震の再来周期」『日本地震学会講演予稿集2006年度秋季大会』16，2006年．松岡裕美・岡村眞・岡本直也・中野大智・千田昇・島崎邦彦「津波堆積物に記録された南海地震の繰り返し間隔」『日本地球惑星科学連合2007年大会予稿集』S141-P037，2007年(http://www2.jpgu.org/meeting/2007/program/pdf/S141/S141-P037. pdf)．

109　原田智也・石橋克彦「大分県龍神池の堆積物に記録された『巨大南海地震』の津波シミュレーションによる検討」『地震2輯』63巻，71-81，2010年(https://www.jstage.jst.go.jp/article/zisin/63/2/63_2_71/_pdf)．

110　災害史事典は震源域を「富士山麓東側辺り」としているが，三島に潰家はなく，駿東郡(現在の沼津市～裾野市～御殿場市～小山町などの地域)の村々にも別条はなかったというから，妥当ではないだろう．また，松浦律子・中村操「歴史地震の震源域位置および規模の系統的再検討――第11報(八戸沖など27地震)」『日本地震学会講演予稿集2013年度秋季大会』(109，2013年)は北緯35.25度・東経138.75度(富士山南麓・愛鷹山北西麓)の浅所を震源と推定しているが，もっと西ではないかと思われる．なお，彼らはMを6.5と推定している．

111　総覧は「翌五日卯刻，甲斐を中心に大余震あり，甲斐などでは本震より強く感じ，大きな被害(潰家7397，同寺254，死者24となった」と述べているが，この被害記事原典(楽只堂年録)の書きぶりや甲府城下『山田町御用留帳』の内容などからみて，被害の大部分は本震によると判断してよいだろう．

112　磯田道史「宝永地震　成熟社会への転換」『NHK さかのぼり日本史⑥ 江戸“天下泰平”の礎』NHK 出版，63-87，2012 年.

113　石橋克彦「1605(慶長 9)年東海・南海津波地震の地学的意義」『地震学会講演予稿集 1983, No. 1』96，1983 年（http://historical.seismology.jp/ishibashi/archive/1605KeichoEq83.pdf）．この被害記事は，地震から 200 年以上も後の淡路島の地誌『淡路草』(文政一一〔1828〕年序)に「先山千光寺，慶長九年天下大地震の時，諸堂倒る，其時仏像堂前に飛出すといふ」と書かれているだけである．太平洋岸の広域に大津波をもたらした地震で淡路島が激しく揺れたのであれば，京都も震度 4 以上になったはずだが，本文で述べるように確実にほぼ無感だった．したがって淡路島の地震被害は事実ではないと結論した．むしろ，『淡路草』の記事は慶長元(文禄五，1596)年の近畿地方の大地震と混同している可能性がある(石橋克彦「1596 年慶長近畿大地震で中央構造線が活動した可能性と 1605 年南海トラフ津波地震への影響」『地震学会講演予稿集 1989, No. 1』62，1989 年〔http://historical.seismology.jp/ishibashi/archive/1596,1605KeichoEqs89.pdf〕)．

114　確認した同時代日記は以下の 6 点．『言経卿記』(権中納言・山科言経の日記)，『御湯殿上日記』(皇居内の御湯殿上という部屋で天皇近侍の女官らが書き継いだ職掌日記)，『慶長日件録』(明経博士〔大学寮の教官〕・舟橋秀賢の日記)，『時慶卿記』(参議・西洞院時慶の日記)，『舜旧記』(神道家で豊国神社の神宮寺別当だった梵舜の日記)，『鹿苑日録』(相国寺の歴代の鹿苑院主の日記)．これらの日記は，他の地震の記事をかなり含むから記主が地震に無関心だったわけではないが，一二月一六日前後に地震記事はなかった(唯一，『時慶卿記』が一四日夜の地震を記す)．なお，『義演准后日記』の慶長九年一二月一五〜一七日の条には，たしかに地震の揺れの記事はない．

115　『当代記』はこの時代の貴重な史料で，徳川政権に近い者がさまざまな情報を後年にまとめたものだろうといわれている．本件当時の天候の記述を京都の日記と較べると，地震時の記録拠点が京都でないことはほぼ確実だと思われる．

116　『義演准后日記』のほか，『孝亮宿禰日次記』(太政官の官務を司る左大史・小槻孝亮の日記．なお，この日記は慶長六年二月一九日の次が慶長一〇年正月一日で，慶長九年の分は伝存しない)の慶長一〇年正月一八日の条に「近日関東大地震有之，死人等多云々」，また桑名市の旧家の『慶長自記』に「四海浪

打て熊野浦関東浦々の在所数多人馬多死」と見える．

117 「外房」は，房総半島南西端の洲崎から，狭義には鴨川・勝浦両市の境付近まで，広義には太東崎までをいう．

118 武者金吉「上総岩和田大宮神社古記録抄(房総地震史料)」『地震1輯』3巻，509-510，1931年．大宮神社の古記録から武者金吉が地震記事を書き抜いたもの．原本は地元の貴重な史料だと思われるが，伊藤純一ら(注134の文献)によると，現在は古記録があったことすら知られていないという．

119 『房総治乱記』は江戸時代前期(1650～68年頃)の成立．それ以降に成立の『房総軍記』と『関八州古戦録』にも似たような記事がある(前者は慶長六年一〇月一六日，後者は天正一八年二月一六日とする)．ただしこれらの軍記類は，地震史料としては信頼性が低いと考えられてきた．

120 注125の文献は伊豆半島については不明としているが，『増訂豆州志稿』(1800年完成の伊豆の地誌『豆州志稿』を1892-95年に増訂・刊行したもの)に本津波を記す佐波神社上梁文(棟上げを祝う文)が掲載されている．なお，下田市田牛の「天文十三年甲辰十二月十六日卯之刻の大津浪にて，寺堂幷に尊像共に山奥に打入給ふ云々」という記録を今村明恒は，60年後で干支が同じ慶長九年の誤記だとした．ただし時刻(朝6時頃)も違っている．

121 高田圭太・佐竹健治・寒川旭・下川浩一・熊谷博之・後藤健一・原口強「静岡県西部湖西市における遠州灘沿岸低地の津波堆積物調査(速報)」『活断層・古地震研究報告』2号，235-243，2002年(http://www.gsj.jp/data/actfault-eq/h13seika/takada/report1/kosaishi.pdf)，小松原純子・藤原治・高田圭太・澤井祐紀・タン-ティン-アォン・鎌滝孝信「沿岸低地堆積物に記録された歴史時代の津波と高潮――南海トラフ沿岸の例」『活断層・古地震研究報告』6号，107-122，2006年 (http://unit.aist.go.jp/actfault-eq/seika/h17seika/pdf/komatsubara.pdf)．

122 『当代記』は「右之大波之比，伊勢山田岡本町七百間余焼失，人馬多死，依之暫神前之社参を被留」と記す．『神廷紀年』(石崎文雅，1797年)には「(慶長九年)十二月廿六日辛未山田曽禰火穢七日」とあるが，『伊勢山田奉行沿革史』(橋本石洲，1977年)は「同(慶長)十九年十月大地震あり，山田は加へて大火を生じ八百戸が焼失，幕府は拝借金を仰付けられ，日向奉行に命して其の救済に当らしめた」(新収史料)と書いていて，大火は次項の地震のときだったよう

にみえる．

123　熊野地方に関しては，『熊野年代記』(近世初期に新宮市で作成されたと推定される原本を18世紀後半に書写・加筆したもの)が，慶長八年の条に月日なしで，浜ノ宮・天満・勝浦・宇久井の浦々(和歌山県那智勝浦町内)に大塩がさし，浜ノ宮社(熊野三所大神社)に海水が入ったと記している(流されなかったらしい)．慶長九年の誤記だとすれば本地震の可能性があるが，その場合，この社殿は宝永津波で流されたから，慶長津波のほうが低かったことになる．

124　出典の『和歌山県有田郡地震津浪の記事』は明治以降に書かれたもののようで，「天正年間地大に震ひ，紀州沿岸に津浪襲来し云々」と記すが，年が違っており，「地大に震ひ」という常套文句も疑わしい．

125　山本武夫・萩原尊禮「慶長九年(一六〇五)十二月十六日地震について——東海・南海沖の津波地震か」萩原尊禮編著『古地震探究——海洋地震へのアプローチ』東京大学出版会，160-251，1995年．

126　注90の文献．

127　1978年に私が指摘(文献は下記)するまで神奈川県の三浦三崎だとされていた．いまでも最新の災害史事典(注11)が相模三崎としているが，誤りである．石橋克彦「1605年慶長大地震の震源域について——南海沖・房総沖2元説への疑問」『地震学会講演予稿集1978，No. 1』164，1978年(http://historical.seismology.jp/ishibashi/archive/1605KeichoEq78.pdf)．

128　『薩藩旧記後編』に「東目より西目之浦浜」とあり，武者史料は「薩摩地方を西目とし，大隅地方を東目となす」のだろうと注記した．これを山本武夫・萩原尊禮(注125の文献)が強く批判し，鹿児島湾北西部の鹿児島市鴨池〜加治木(現，姶良市東部)あたりだとした．総覧もこれに従っている．しかし，桜島より奥の小区域だけ大波というのはいかにも不自然であり，津波の数値計算によっても再現できなかった(第2章注85の文献)．平凡社『世界大百科事典』の「鹿児島県」には「薩摩・大隅両半島(中略)をそれぞれ西目，東目ということがある」(服部信彦執筆)と書かれており，この場合は原文をそう解釈するのが妥当だろう．

129　羽鳥徳太郎「明応7年・慶長9年の房総および東海南海道大津波の波源」『地震研究所彙報』50巻，171-185，1975年(http://repository.dl.itc.u-tokyo.ac.jp/dspace/bitstream/2261/12593/1/ji0502002.pdf)．

130　古村孝志・今井健太郎・前田拓人・原田智也「1605年慶長地震における八丈島の津波痕跡高の再検討」『日本地球惑星科学連合2012年大会予稿集』SSS38-P10, 2012年(http://www2.jpgu.org/meeting/2012/html5/PDF/S-SS38/SSS38-P10.pdf).

131　『谷陵記』(注103参照)が宝永津波は慶長より6尺低いとしているが，宝永津波は6m前後と推定されている.

132　例えば，注129の文献．これにたいして私は，不自然であることと史料の再検討から，疑問を呈した(注127の石橋(1978)).

133　注113の石橋(1983).

134　伊藤純一・都司嘉宣・行谷佑一「慶長九年十二月十六日(1605. 2. 3)の津波の房総における被害の検証」『歴史地震』20号，133-144，2005年(http://sakuya.ed.shizuoka.ac.jp/rzisin/kaishi_20/23-Ito2.pdf).

135　石橋克彦・原田智也「1605(慶長九)年伊豆-小笠原海溝巨大地震と1614(慶長十九)年南海トラフ地震という作業仮説」『日本地震学会講演予稿集2013年度秋季大会』108，2013年(http://historical.seismology.jp/ishibashi/archive/1605-14KeichoEqs13.pdf).

136　『異本塔寺長帳』が信を置けない史料であることは，石橋克彦「1433(永享五)年会津地震(M6.7)の非実在性」『地震2輯』36巻，169-176，1983年(https://www.jstage.jst.go.jp/article/zisin1948/36/2/36_2_169/_pdf)で述べた．また，この史料に，「十月廿五日大地震，別越後国高田領大震」に続けて「人死多，津浪モ揚打」とあるのは，漠然と全国のことを記したと解すべきだろうが，旧説は越後高田付近のこととした．なお，武者史料は『異本塔寺長帳』と異名同書の『続年日記』を重複掲載している.

137　山本武夫・大長昭雄・萩原尊禮「慶長19年の越後高田地震――京都付近の内陸地震か」萩原尊禮編著『古地震――歴史資料と活断層からさぐる』東京大学出版会，186-202，1982年.

138　大坂の陣を語る『難波戦記』は，「大地震山崩レ，駅馬死ス，民家多ク転倒シ，堂社仏閣破壊ニ及ケレハ是唯事ニアラストソ世人申アヘリ」(武者史料)と述べているが，時刻が申の刻となっており，軍記物の誇張もあるのだろう.

139　文献は複数あるが，地震史料集所載でいちばん古いのは寛政九(1797)年に石崎文雅が著した年代記『神廷紀年』である．これは慶長九年には津波を記し

ていない.

140　注120参照.

141　注129の文献.

142　愛知工業大学研究報告No. 15(1980)に掲載された論文が以下に再録されている．飯田汲事「明応7年8月25日(1498年9月20日)の明応地震の震害と震度分布」『飯田汲事教授論文選集 東海地方地震・津波災害誌』飯田汲事教授論文選集発行会，33-39，1985年(http://www.seis.nagoya-u.ac.jp/taisaku/mikawa/mikawa/saigaishi.PDF/1.iidakumiji/1-1.pp.1-113/1-1-3.pp.33-39.pdf).

143　京都では，太政大臣を務めた近衛政家の『後法興院政家記』，権大納言・三条西実隆の『実隆公記』，権中納言・山科言国の『言国卿記』，『御湯殿上日記』(注114参照)など，奈良では，興福寺大乗院の門跡・尋尊の『大乗院寺社雑事記』.

144　『後法興院記』の九月二五日の条に記されている.

145　『内宮子良館記』(伊勢神宮の内宮に仕える童女〔子良〕の館で室町時代に書き継がれた記録)による.

146　『日本塩業大系 史料編 古代・中世(二)』所収の「太田文書」の「元田由来」による.

147　矢田俊文「1498年の地震被害――京都・伊勢」『中世の巨大地震』吉川弘文館，77-110，2009年.

148　佐々木久彦「第3章，第1節 明応地震，2 記録に見る災害の状況」『静岡県史 別編2 自然災害誌』静岡県，311-324，1996年.

149　矢田俊文「1498年の地震被害――駿河・遠江・紀伊」『中世の巨大地震』吉川弘文館，111-153，2009年.

150　静岡市清水区の海長寺の日海上人が書いた『日海記』に，同寺の日円上人らが小川にある末寺に出掛けていて津波で流死したことが記されている．海辺の堂社・仏閣・人宅・草木・牛馬・六畜等ことごとく水没して死に，末寺の御堂坊等もことごとく大浪に取られて，河原のようになったという.

151　都司嘉宣・小網汪世「明応東海地震(1498)による，駿河湾沿岸の津波被害」『歴史地震』27号，62，2012年．都司嘉宣「明応東海地震(1498)による駿河湾沿岸での津波高」『日本地震学会講演予稿集2011年度秋季大会』134，2011年.

152　注148と149の文献.

153　藤原治・青島晃・北村晃寿・佐藤善輝・小野映介・谷川晃一朗・篠原和大「元島遺跡周辺(静岡県磐田市)で見られる4世紀から中世にかけての津波堆積物」『歴史地震』28号，145，2013年．藤原治・青島晃・佐藤善輝・北村晃寿・小野映介・谷川晃一朗「静岡県磐田市の太田川低地で見られる歴史津波堆積物」『日本第四紀学会講演要旨集』42号，46-47，2012年．

154　例えば，注60の文献．

155　藤野滋弘・木村治夫・宍倉正展・小松原純子・行谷佑一「東南海地域における過去約4000年間の古津波記録」『日本地質学会第118年学術大会講演要旨』T17-O-12，2011年(https://www.jstage.jst.go.jp/article/geosocabst/2011/0/2011_0_116/_pdf)．藤野滋弘・小松原純子・宍倉正展・木村治夫・行谷佑一「志摩半島におけるハンドコアラーを用いた古津波堆積物調査報告」『活断層・古地震研究報告』8号，255-265，2008年(http://unit.aist.go.jp/actfault-eq/seika/h19seika/pdf/10fujino.pdf)．

156　石橋克彦「東海地震の長期的予測に関するコメント」『地震予知研究シンポジウム(1980)』123-125，1980年(http://historical.seismology.jp/ishibashi/archive/1980EPRsymp.pdf)．なお，山本武夫「明応七年(一四九八)の海洋地震──伊豆以東における諸状況」萩原尊禮編著『続古地震──実像と虚像』(東京大学出版会，343-364，1989年)が『鎌倉大日記』の記述内容を明応七年のこととして詳細に議論しているが，疑問である．私は，明応四年八月一五日に相模トラフ沿いの関東巨大地震が発生した可能性があると考えている(石橋克彦・佐竹健治「古地震研究によるプレート境界巨大地震の長期予測の問題点──日本付近のプレート沈み込み帯を中心として」『地震2輯』50巻，別冊，1-21，1998年〔https://www.jstage.jst.go.jp/article/zisin1948/50/appendix/50_appendix_1/_pdf〕の12頁右段)．

157　地震史料DBにおける統一書名．武者史料の明応7年地震の条では『塔寺八幡宮長帳続』として掲載．この史料については注136参照．

158　注156の山本(1989)．

159　都司嘉宣「明応地震・津波の史料状況について」『月刊海洋科学』12巻，504-526，1980年．

160　注123参照．

161　注150で引用した『日海記』による．

162　注150の『日海記』によれば，身延山では日蓮上人が草創した諸堂の地がことごとく損滅して河原のようになり，日朝上人が建立した塔が頽落して坊中ことごとく流失した．富士河口湖町の冨士御室浅間神社(旧勝山村)に伝来する『勝山記』によれば，本地震ののち，明応八年「正月五日大地震動」，明応九年「此年マテモ大地動不絶」「六月四日大地動，上ノ午ノ年(明応七年)大地震ニモ勝レタリ，惣テイカナル日モ夜モ動ル事不絶，更ニ無限」という有様だった．

163　注60の文献．

164　唯一，愛媛県新居浜市の黒島神社に，「明応7年の震災」で大地が潰崩して島の6,7分は流失し住民が一時期離散したと記す文書があるが，明治20年に書かれたものであり，より古い確かな史料が求められる．また月日は示されていない．

165　例えば，岡村眞・松岡裕美「津波堆積物からわかる南海地震の繰り返し」『科学』82巻，182-191，2012年．

166　注143参照．

167　甲斐の『甲陽日記(高白斎記)』(明応七～天文二二年〔1498-1553〕に関する編纂物)が「明応七年六月十一日大地震」と記しているが，八月二五日を書いていないので，混同している可能性がある．

168　注74の文献．

169　注75の文献，および都司嘉宣「南海地震とそれに伴う津波」『月刊地球』号外No. 24，36-49，1999年．

170　注5の文献．議論の概略を記すと，六月一一日南海地震説の根拠は，①『熊野年代記』から湯峯温泉の湧出停止が六月一一日午後2時，②『九州軍記』によって六月一一日に九州で大被害，また「山崩れては海川に入り」という記述が「海が川に入り」で津波のこと，③何点かの史料によれば六月一一日に三河湾奥や伊勢湾を大津波が襲った，④中国での水面異常は南海地震の特徴．これらにたいする私の批判は，①は本文に書いたとおり，②は「山が崩れては海川(海や川)に入り，地が裂けては泥が湧き出す」という対句の誤読，③は南海地震で三河湾や伊勢湾に大津波が来るのはおかしい，④は安政南海地震の2日後の大地震でも上海で揺れたから南海地震の証拠とは限らない，というものである．なお，都司・上田(1997)は中国の「津波」を大きな根拠にしたが，批判を受けて都司(1999)では撤回している．

171　1909年11月10日に宮崎県西部の地下，深さ150kmでM7.6と推定される地震が発生し，九州～瀬戸内海沿岸が震度5で被害があり，近畿地方にも震度3～4の場所が広がった．深さ数十km程度のスラブ内大地震であれば，日本と中国の観測事実を説明できる可能性がある．なお『朝鮮王朝実録』によると，六月一一日に慶尚道(朝鮮半島南東部)の17の郡・県で地震を感じ，一三日と二〇日も揺れたという．これは一種の政治的な記事のなかに書かれており，六月一一日の何時だかわからないので日本の地震による揺れかどうかは確かではないが，興味深い記録である．九州の北東半の深さ数10kmでM7.5以上というような大地震が起これば，朝鮮半島南東部はある程度(それほど激しくなく)揺れるのではあるまいか．これらのことは注5の文献で述べた．

172　注159の文献，および都司嘉宣「明応地震の津波は和歌山をおそった――東海沖巨大地震の歴史をさぐる」『科学』51巻，329-333，1981年．

173　注149の文献．

174　疑問な点は，移転先の湊村も津波の危険性は和田浦と大同小異ではなかったか，悉皆調査ともいえる『紀伊続風土記』に和田浦の津波しか記されていないのは不自然ではないか，などである．また，『神社明細帳』の記事の『紀伊続風土記』からの独立性と信頼性にも疑問が残る．

175　『後法興院記』『言国卿記』『御湯殿上日記』も記すが，『実隆公記』は「地震甚し，その動き数刻，消魂しおわんぬ」と書いている．奈良の『大乗院寺社雑事記』は閏一〇月一九日の条に「数日地振連続」と記している．

176　猪井達雄・澤田健吉・村上仁士『徳島の地震津波――歴史資料から』徳島市立図書館，1982年．現代語訳は，田井晴代訳『阿波国宍喰浦地震・津波の記録　震潮記』田井晴代，2006年．大庄屋を務めた田井家10代目当主が，直接体験した安政南海地震の詳細を記すとともに，地元の古記録を書写したものだという．

177　総覧は「地震記事なく，風津波か？」としている．しかし，猪井達雄ら(前注)は高潮説に疑問を抱くとともに，作り話とも考えられないと述べている．なお，猪井らや『宍喰町誌』などが死者を3700余名としているのは，史料中の総人口を誤読したものと思われる．

178　『実隆公記』と『尚通公記』(関白太政大臣・近衛尚通の日記)が記す．後者は，一〇日夜，一三日(たびたび)にも揺れを感じたと書いている．

179　戦前の軍国主義を支えた皇国史観(万世一系の天皇の統治として日本歴史をみる)では，南朝が正統とされた．

180　『愚管記』(別名『後深心院関白記』など)は当時の北朝の左大臣・近衛道嗣，『後愚昧記』は当時の北朝の内大臣・三条公忠，『忠光卿記』は北朝の廷臣・柳原忠光，の日記である．

181　例えば，注 60 の寒川，注 183 の山本・萩原，注 185 の矢田の著作が火災としている．そもそも『大日本史料』が「(前略)御塔九輪之上火災，一折燃テ下モヘハヲチス，(後略)」と載せて「塔九輪ノ上火災」と頭書している．しかし，南北朝時代の写本の複製本(荻野仲三郎〔編・発行〕『鵤叢刊第三 嘉元記』1936 年)を見ると「御塔九輪之上火炎一折懸ニテ下モヘハヲチス」であり，『改定史籍集覧』第 24 冊(近藤出版部，1902 年)の翻刻も「御塔九輪之上火炎一折懸テ下モヘハヲチス」だから，「九輪の上の火炎(たぶん水煙)一つ(片側)が折れ懸かったが下(しも)へは落ちなかった」という意味だろう．『嘉元記』が「六月廿八日禅覚坊御塔之火焔大地震〈今月廿四日〉ニ損シタルヲ一人登テ一人シテ被直タル(後略)」と述べているのと符合する．通説では，九輪の上の火炎状の装飾を，「火」の文字を忌むとともに「火を調伏する」縁起によって「水煙」と呼ぶといわれるが(例えば小学館『日本国語大辞典』)，(時代によるかもしれないが)往時の僧侶が平気で「火炎(火焔)」と呼んでいたことがうかがえて興味深い．なお，「折懸ニテ下モヘ」の部分の判読と語釈は髙橋昌明・馬田綾子両氏のご教示を得た．注 60 の寒川は「金堂の東の間」についても「仏壇の下が燃えて崩れ落ちた」と書いているが，これも「仏壇がしも(下モ)へ崩れ落ちた」であって火災ではないだろう．

182　総覧は「興福寺金堂・南円堂破損」としているが，史料価値の低い『細々要記』が記すのみである．

183　山本武夫・萩原尊禮「正平十六年(康安元年，一三六一)六月二十四日前後の地震——南海大地震，震害と津波被害の検討」萩原尊禮編著『古地震探究——海洋地震へのアプローチ』東京大学出版会，70-96，1995 年．

184　同前．

185　矢田俊文「一三六一年の地震被害」『中世の巨大地震』吉川弘文館，51-76，2009 年．

186　都司嘉宣「大阪を襲った歴史津波」『NHK そなえる防災』，2012 年(http://

www.nhk.or.jp/sonae/column/20121014.html).

187　注101の文献.

188　注60の文献.

189　注108の文献.

190　山本武夫・萩原尊禮「疑わしい四つの熊野灘地震」萩原尊禮編著『続古地震——実像と虚像』東京大学出版会，241-266，1989年.

191　石橋克彦「1361年正平南海地震に対応する東海地震の推定」『日本地震学会講演予稿集1998年度秋季大会』，P125，1998年(http://historical.seismology.jp/ishibashi/archive/1361Ko-anTokai98.pdf)，および注5の文献.

192　今村明恒「正平16年(1361)6月24日の南海道沖地震」那須信治編『大地震の前兆に関する資料——今村明恒博士遺稿』古今書院，20-22，1977年.

193　二一日夕方の地震がどこで起きたかはわからない.『忠光卿記』に鳴動があったと書かれており(当該記事は，日付を含む記事前部と当該日以前が欠失しているが，六月二二日条のすぐ前にあるので二一日条と推定される)，それが地鳴りだとすると，短周期地震動が優勢な京都直近の小地震か，45，68頁に出てきたスラブ内地震だったかもしれない．余震らしい記録がないこともそう考える根拠である.

194　奥野真行・奥野香里「伊勢神宮外宮の被害と1361年康安地震」『日本地球惑星科学連合2011年大会予稿集』SSS035-11，2011年(http://www2.jpgu.org/meeting/2011/yokou/SSS035-11.pdf).

195　注60の文献.

196　藤原治・澤井祐紀・森田益宗・小松原純子・阿部恒平「静岡県中部浮島ヶ原の完新統に記録された環境変動と地震沈降」『活断層・古地震研究報告』7号，91-118，2007年(https://www.gsj.jp/data/actfault-eq/h18seika/pdf/fujiwara_ukishima.pdf)．藤原治・藤野滋弘・小松原純子・行谷佑一・澤井祐紀・守田益宗「駿河湾北岸の湿地堆積物に見られる100-300年間隔の沈水イベントとプレート間地震との関係」日本地質学会第116年学術大会講演要旨，O-272，2009年(https://www.jstage.jst.go.jp/article/geosocabst/2009/0/2009_0_345/_pdf).

197　石橋克彦「実在しない天福元年2月5日(ユリウス暦1233年3月17日)の南海巨大地震」『地震2輯』51巻，335-338，1998年(https://www.jstage.jst.

go.jp/article/zisin1948/51/3/51_3_335/_pdf).

198　注60の文献.

199　『平戸記』(公卿・平経高の日記)の寛元三年七月二六日の条に「今夜丑剋大地震」として，生まれて初めての大揺れで振動が長かったこと，京都のあちこちに小被害があったことが書かれている．1日の始まりは夜明け頃という昔の感覚を考えると「二七日の丑刻(午前2時頃)」だろう．

200　都司嘉宣「『平家物語』および『方丈記』に現れた地震津波の記載」『建築雑誌』114巻，1446号，46-49，1999年，ほか．

201　例えば，小松原琢「元暦二年(1185)近江山城地震の起震断層の再検討」『歴史地震』27号，1-7，2012年．

202　都司の論拠は，奈良でも仏像・建物に被害があった，『平家物語』が「遠国」にも被害が及んだと述べているのは，律令制で規定された「遠国」の土佐などにも被害があったことを示す，同書の「汀こぐ船は波にゆられ，陸ゆく駒は足のたてどをうしなへり」といった叙述は当然津波である，というものである．しかし，奈良の地震動被害は激しいものではなかった．また，広域被害と津波は『平家物語』の修辞を無視した誤読といってもよいと思われる．「遠国」を漠然と都から遠い国の意味で用いる例は，日本国語大辞典が『源平盛衰記』から2例あげている．なによりも，『平家物語』よりはるかに信頼できる京都の同時代史料が伝える余震活動の激しさは，この地震が京都近傍で発生した内陸浅発地震であったことを雄弁に示している．さらに，『太子伝古今目録抄』が伝える大阪四天王寺の無被害状況は，この地震が南海地震ではなかったことの有力な証拠である(文献などは，注5を参照)．

203　保立道久「平安時代末期の地震と龍神信仰──『方丈記』の地震記事を切り口に」『歴史評論』750号，66-80，2012年．

204　保立の主張は，『平家物語』延慶本に，この地震の鳴動が巨大で長く続いて列島全域に波及したと書かれていること，地震直後の一一日に平宗盛が厳島参詣に向かったこと，一四日に清盛が宗盛を呼び返して兵を率いて福原(神戸市内)から京に入ったことなどが，龍神信仰なども考慮すると南海地震を思わせるというものである．しかし，地震当時に京都で書かれた右大臣・九条兼実の『玉葉』と後の内大臣・中山忠親の『山槐記』という良質の日記に余震を示唆する地震記事がみられず，南海地震とは考えにくい．『玉葉』は「大地震，比

類無し」と書いているが，これが南海地震であれば大阪湾〜瀬戸内海の沿岸地帯でかなりの地震動・津波被害が発生したはずで，清盛・宗盛の行動とも矛盾すると思われる．

205　矢田俊文『中世の巨大地震』(吉川弘文館，2009年)は1096年と1099年の地震を中世の地震としている．

206　この地震の詳論は石橋克彦「文献史料からみた東海・南海巨大地震——1. 14世紀前半までのまとめ」『地学雑誌』108巻，399-423，1999年(https://www.jstage.jst.go.jp/article/jgeography1889/108/4/108_4_399/_pdf)を参照．ただし，京都・奈良・大坂の震度はやや過大評価だった．

207　前注の文献に余震の表がある．

208　総覧は，1096年と1099年の地震で四天王寺の西廊46間と東大門が倒れたとするが，典拠の『太子伝古今目録抄』は，嘉保三年と康和元年の地震記事とは別に「永長承徳．西廊四十六間東大門倒了．云々」と記しているのであって，地震によるのではない可能性がある(例えば注216の永長二年〔承徳元年〕八月五日の暴風雨など)．この点，注206の石橋(1999)の書き方も適切ではない．

209　Kitamura, A., O. Fujiwara, K, Shinohara, S. Akaike, T. Masuda, K. Ogura, Y. Urano, K. Kobayashi, C. Tamaki, and H. Mori, Identifying possible tsunami deposits on the Shizuoka Plain, Japan and their correlation with earthquake activity over the past 4000 years, The Holocene published online 16 October 2013, DOI: 10.1177/0959683613505345 (http://hol.sagepub.com/content/early/2013/10/16/0959683613505345)．

210　山本武夫・萩原尊禮「嘉保三年(永長元年，一〇九六)十一月二十四日と承徳三年(康和元年，一〇九九)正月二十四日の地震——東海地震と南海地震」萩原尊禮編著『古地震探究——海洋地震へのアプローチ』東京大学出版会，3-34，1995年．

211　注65のIshibashi(1981)．

212　注155の藤野ほか(2011)．

213　注153の文献．

214　注206の文献．

215　注196の文献．

216　正月以降もときどき揺れを感じ，七月六日は強かった．また六月から炎旱

が続いたが，八月五日(1097年9月13日)は京都が大風雨で建物の倒壊や死傷者が生じた．地震も続き，天文密奏(陰陽寮が天文異変を観測したとき，その吉凶を占った結果を密封して奏聞すること)がたびたびおこなわれた．九月一日には彗星が現れ，いっぽう京都で火災が多発した．

217　この地震の詳論は注206の石橋(1999)を参照．ただし，京都・奈良・大坂の震度はやや過大評価だった．

218　『中右記』は，「早旦(早朝)大地震」とだけ記す目録のみで，日記本体を欠いている．

219　山本・萩原(注210)は法隆寺の講堂の「上堂」が転倒したとしているが，石橋(1999)(注206)が指摘したように，典拠の『聖徳太子伝私記』には「上堂康和年中顛倒了」と書かれているだけで，本地震によるかどうか不明である．永祚元(989)年に大風で転倒しており，この時も暴風による可能性がある．

220　注208参照．

221　例えば，注60の文献．ただし，地震痕跡の時空間分布図(本書の図1-6に転載)には示されていない．

222　神田茂「康和元年土佐における大地震」『地震2輯』21巻，142-143，1968年(https://www.jstage.jst.go.jp/article/zisin1948/21/2/21_2_142/_pdf)．

223　髙橋昌明「南海地震と潮江荘」『歴史家の遠めがね・虫めがね』角川学芸出版，22-25，2007年，および私信．

224　注210の山本・萩原(1995)がこの問題を詳細に論じているが，南海巨大地震に共通な地震時地殻変動としての地盤沈下という基本的視点が欠落している．

225　この地震が南海地震でない場合は，1952年吉野地震(M6.7，震源の深さ61 km)のようなスラブ内地震の可能性が考えられる．吉野地震は奈良や大阪にも多少の被害を与え，余震がほとんどなかった．

226　この地震の詳論は注206の石橋(1999)を参照．

227　注206の文献に余震の表がある．

228　例えば，注60の文献．なお，静岡市上土遺跡の表層地すべりが仁和東海地震によるという話があったが(注206の文献参照)，注60の文献は取り上げていない．

229　注153の文献．

230　注206の文献，および石橋克彦「887年仁和地震が東海・南海巨大地震で

あったことの確からしさ」『地球惑星科学関連学会 2000 年合同大会予稿集』S1-017，2000 年(http://historical.seismology.jp/ishibashi/archive/887Nin'naEq.pdf).

231　早川由紀夫「平安時代に起こった八ヶ岳崩壊と千曲川洪水」『歴史地震』26 号，19-23，2011 年(http://sakuya.ed.shizuoka.ac.jp/rzisin/kaishi_26/HE26_19_23_05_Hayakawa.pdf).

232　注 206 の石橋(1999)．なお，私撰の史書『扶桑略記』は仁和地震の日に信濃の山崩れ洪水があったと書いていて，それが一連の地学現象の解釈に混乱をもたらした．しかし，『三代実録』の仁和三年七月三十日条には信濃の山崩れ洪水の記事はなく，『扶桑略記』の誤記といってよいだろう．これに関連して，総覧が，「疑わし」としながら本地震の日に信濃北部の地震を掲げている．しかしこれは，今村明恒が信濃山崩れの記事を誤解したことによる「ニセ地震」で，削除したほうがよいと思われる．

233　注 231 の文献．なお，以下の文献がこの災害を詳しく調査・報告している．井上公夫・服部聡子・町田尚久「八ヶ岳大月川岩屑なだれによる天然ダムの形成(887)と決壊」水山高久監修／森俊勇・坂口哲夫・井上公夫編著『日本の天然ダムと対応策(カラー電子版)』古今書院，35-50，2012 年(http://www.sff.or.jp/nihonnotennendamu/chapter2.pdf).

234　小松原純子・宍倉正展・岡村行信「静岡県浮島ヶ原低地の水位上昇履歴と富士川河口断層帯の活動」『活断層・古地震研究報告』7 号，119-128，2007 年(https://www.gsj.jp/data/actfault-eq/h18seika/pdf/komatsubara_ukishima.pdf).

235　戦前の文献では天武一二年とするものが多いが，現在は，壬申の乱のあった 672 年を天武元年とする『日本書紀』の年紀に従って天武一三年とされている．

236　この地震の詳論は注 206 の石橋(1999)を参照.

237　『日本書紀』一一月三日の条に，土佐の国司から「海水が高く沸き騰がって押し寄せ，そのために調税を運ぶ船が多数流失した」という報告があったと記されている．これが，今村明恒の指摘以来，本地震による津波の記録だと考えられている．

238　『日本書紀』天武一四年四月四日の条に，紀伊の国司が「牟婁温泉が埋もれて湯が出ない」と報告したと記されている．これも本地震によると考えられて

いるが，前年一〇月一四日に停止したとすると報告が遅すぎるようにも思われる．なお『熊野年代記』が，熊野の浦々に津浪が入り，熊野三山が大破して修造料の黄金が下ったと記すが，同書の古代の記事は信頼性が低い(注 123 参照)．

239 例えば，注 60 の文献．

240 前注に同じ．

241 注 165 の文献．

242 例えば，注 60 の文献．

243 都司嘉宣・岡村眞・松岡裕美・後藤智子・韓世燮「三重県尾鷲市大池，および紀伊長島町諏訪池の湖底堆積層中の歴史・先史津波痕跡について」『月刊地球』24 巻，743-747，2002 年．ただし岡村・松岡(注 165)は，須賀利大池については約 2000～2500 年前の津波堆積物しか示していない．

244 注 155 の藤野ほか(2011)．

245 注 153 の文献．

246 注 196 の文献．

247 『日本書紀』一〇月一四日の条の地震記事に続いて，「この夕，鼓のような音が東方に聞こえた．ある人が『伊豆島の西北二面が自然に三百余丈も増益して一つの島になった．鼓のような音は神がこの島を造る響きである』と言った」とある．これは伊豆大島か神津島の噴火ではないかと言われてきたが(例えば，早川由紀夫「関東甲信越地方 39 火山の噴火史」『群馬大学教育学部紀要 自然科学編』46 号，135-155，1998 年)，後日の伊豆方面からの伝聞をふまえた話なのかどうか疑問が残る(伊豆島は漂着・流罪の地として『日本書紀』に地名が見えるが)．私は，音が事実だった場合，津波の音かもしれないという説を唱えたことがある(注 206 の文献)．

248 太田陽子・石橋克彦・森脇広「完新世後期における伊豆諸島，式根島の隆起」『地震 2 輯』36 巻，587-595，1983 年(https://www.jstage.jst.go.jp/article/zisin1948/36/4/36_4_587/_pdf)．調査は式根島の東半に限られたが，数カ所の明瞭な離水海岸地形と離水したフジツボの年代から，西暦 670 年前後(± 100 年)に 3 m 前後の急激な隆起があった可能性が高いという結果を得た．その解釈として，火山活動にともなう隆起と，684 年白鳳地震の震源断層面が式根島の南東沖まで延びていた場合の地震隆起を可能性としてあげたが，後者では坂尻遺跡や川合遺跡の地震跡がやや説明しにくいと思われる．

249　注238を参照.

250　大長昭雄・山本武夫・藤田和夫「天平六年(七三四)の畿内地震──誉田断層の最新の活動はいつか」萩原尊禮編著『続古地震──実像と虚像』東京大学出版会，111-146，1989年.

251　例えば，「794年遷都直前に大地震」『毎日新聞大阪本社版』2012年4月18日付.

252　磯田道史「(磯田道史の備える歴史学)災いの記録ひもとく」『朝日新聞Be』2013年4月6日付.

253　保立道久『歴史のなかの大地動乱──奈良・平安の地震と天皇』岩波新書，2012年.

254　『類聚国史』の災異部は，四(旱)，五(地震)，七(火，蝗，凶年，三合歳，疾疫)しか伝存しない.

255　森田悌『日本後紀(上)全現代語訳』(講談社学術文庫，2006年)は地震としているが，それでも南海巨大地震であれば，『日本後紀』に五畿七道云々といった詳しい記事が書かれて，『類聚国史』がそれを(『日本紀略』もある程度)転載したはずだと考えられる．そういう記述が伝存しないことから，南海巨大地震だった可能性は低いとしてよいだろう．新聞記事は，南海地震の根拠として『日本紀略』延暦十五年二月廿五日条の南海道駅路付替えの勅命が地震(の被害)に関連しているという推測もあげているが，この勅命は地震から2年も経っており，原文どおり「遠回りで命令の伝達が困難」だったからだろう．石橋克彦「684年と887年の間に未知の南海トラフ巨大地震があるか？」『第30回歴史地震研究会(秋田大会)講演要旨集』24，2013年.

256　「987年に南海地震あった？　徳島県の寺に『激震に漂う漁船』の絵馬発見」『毎日新聞』2002年5月20日付高知面.

257　寒川旭『揺れる大地──日本列島の地震史』同朋舎出版，1997年．この液状化跡は注60の文献では触れられていない.

258　「歴史探訪 南海地震の碑を訪ねて──石碑・古文書に残る津波の恐怖」(毎日新聞高知支局，2002年)が絵馬を掲載してこの説を紹介している．都司嘉宣『千年震災──繰り返す地震と津波の歴史に学ぶ』(ダイヤモンド社，2011年)もこの絵馬が「忘れられた南海地震」の記録である可能性があると述べている.

【第 2 章】

1　プレートテクトニクス誕生の躍動感溢れる物語は，上田誠也『新しい地球観』岩波新書，1971 年．プレートテクトニクスの教科書は，例えば，瀬野徹三『プレートテクトニクスの基礎』朝倉書店，1995 年．最近の一般向け解説として，木村学・大木勇人『図解・プレートテクトニクス入門　なぜ動くのか？　原理から学ぶ地球のからくり』講談社ブルーバックス，2013 年．

2　例えば，都城秋穂『科学革命とは何か』岩波書店，1998 年．

3　DeMets, C., Gordon, R. G., and Argus, D. F., 2010. Geologically current plate motions, Geophysical Journal International, v. 181, no. 1, p. 1–80, doi: 10. 1111/j. 1365-246X. 2009. 04491. x (http://geoscience.wisc.edu/~chuck/MORVEL/index.html)．図 2-2 で説明を省略したプレートの略号は，AZ アゾレス；BE ベーリング；CP カプリコーン；CR カロリン；JF ファンデフーカ；LW ルワンドル；MQ マッコリー；OK オホーツク；RI リベラ；SC スコチア；SR スル；SW サンドイッチ．

4　中村一明「日本海東縁新生海溝の可能性」『地震研究所彙報』58 巻，711-722，1983 年 (http://repository.dl.itc.u-tokyo.ac.jp/dspace/bitstream/2261/12896/1/ji0583010. pdf)．小林洋二「プレート“沈み込み”の始まり」『月刊地球』5 巻，510-514，1983 年．なお，この説は「日本海東縁新生プレート境界説」とか「日本海沈み込み説」などとも呼ばれた．

5　地震調査研究推進本部地震調査委員会編『日本の地震活動——被害地震から見た地域別の特徴(第 2 版)』財団法人地震予知総合研究振興会地震調査研究センター，2009 年 (http://www.jishin.go.jp/main/p_koho05.htm)．

6　例えば，注 1 の瀬野(1995)参照．

7　例えば，拙著『大地動乱の時代』(第 1 章の注 32)．なお，1200 万年前頃から現在の巨摩山地・御坂山地・丹沢山地・伊豆半島が別々に衝突したという説と，丹沢などの一括衝突と伊豆の衝突の 2 回だけだという説があるが，丹沢のつぎに伊豆が衝突しているという見方は共通である(松田時彦「南部フォッサマグナ多重衝突説の吟味」『月刊地球』11 巻，522-525，1989 年)．

8　例えば，小山真人『伊豆の大地の物語』静岡新聞社，2010 年．

9　例えば，松浦律子「1605 年慶長地震は南海トラフの地震か？」『第 30 回歴史地震研究会(秋田大会)講演要旨集』(25，2013 年)は，「既に伊豆半島は力学

的に本州とほぼ一体化しており，本州とPSプレートの境界は伊豆半島の沖合の銭洲あたりになっていることが判った」「明応地震が銭洲の新しいプレート境界で発生したということもテクトニックに十分考えられることである」「銭洲が力学的プレート境界であり，駿河湾は偶にお付き合いする昔の古傷」と書いている．なお，青木治三「東海地方における大地震の可能性」『地震予知研究シンポジウム(1976)』(日本学術会議地球物理学研究連絡委員会・地震学会，56-68，1977年)は，早い段階で銭洲海嶺南東縁をふくむ「多重スラストモデル」を提唱した．私自身，プレート境界が駿河トラフから南東方に移ろうとしている可能性を1976年の「駿河湾地震説」と同時に指摘して，歴史地震を再検討したり，南伊豆や式根島の変動地形を調査したりしたが，確かな証拠は得られなかった．

10　第1章の注32.

11　石橋克彦「『伊豆マイクロプレート』は実在するか？」『月刊地球』25巻，161-167，2003年．「伊豆マイクロプレート」についての文献は，本文献を参照されたい．

12　波(波動)というのは一般に，ある場所の状態の変化がつぎつぎに隣の場所に伝わっていく現象．

13　「アスペリティ」の概念は1980年に提唱され，その後の研究を通じて，とくにプレート沈み込み境界での地震の起こり方を理解するための基本となってきた．しかし，それにもとづく地震発生論(アスペリティ・モデル)は，3.11東北沖地震の発生を予測できなかったことにより，再検討がなされている．例えば，大木聖子・纐纈一起『超巨大地震に迫る――日本列島で何が起きているのか』NHK出版新書，2011年．松澤暢「なぜ東北日本沈み込み帯でM9の地震が発生しえたのか？――われわれはどこで間違えたのか？」『科学』81巻，1020-1026，2011年．

14　ズレ破壊(くい違い)は，震源に「2対の偶力」(ダブル・カップル)が働くことと同等で，それによるP波とS波の初動の方位分布は顕著な規則性を示すという理論的・観測的な背景がある．

15　物体内の同じ点でも，想定する面によって応力は違ってくるのだが，互いに直交する3枚の面をうまい向きに選ぶと(いわば，サイコロをうまく回転してやると)，各面に関する応力が法線応力だけになる(せん断応力が0)．このと

き，3つの応力をその点での「主応力」，それらの方向を「主応力軸」と呼ぶ．3つの主応力は一般に大きさが異なっているから，最大，中間，最小が定義できる．圧縮を正にとれば，最大圧縮力が最大主応力になる．

16　その面でのせん断応力が，ほかの方位の面と比べて最大になるからである．

17　第1章の注32の『大地動乱の時代』，石橋克彦『阪神・淡路大震災の教訓』岩波ブックレット，1997年．

18　中小余震まで含めれば無数に発生しているが，被害を与えた代表的なスラブ内の余震は2011年4月7日深夜に宮城県沖で発生したM7.2の地震．栗原市と仙台市宮城野区で震度6強，死者4人ほかかなりの被害．

19　三好崇之・石橋克彦「2004年紀伊半島南東沖地震と紀伊半島下のスラブ断裂との関係」『地球惑星科学関連学会2005年合同大会予稿集』S045-007，2005年(http://www2.jpgu.org/meeting/2005/pdf/s045/s045-007.pdf)．英文論文は2005年．

20　気象庁が津波情報のなかで発表している「予想される津波の高さ」は，津波高の各津波予報区における平均的な値で，場所によっては1/2～2倍程度になりうるという(気象庁「津波について」〔http://www.jma.go.jp/jma/kishou/know/faq/faq26.html〕)．

21　津波の伝わる速さ(m/s)は，水深(m)と重力加速度g(9.8m/s^2)の積の平方根である．

22　例えば，佐竹健治「巨大津波のメカニズム」『巨大地震・巨大津波——東日本大震災の検証』朝倉書店，55-91，2011年．佐竹健治「どんな津波だったのか——津波発生のメカニズムと予測」佐竹健治・堀宗朗編『東日本大震災の科学』東京大学出版会，41-71，2012年．

23　佐竹健治・酒井慎一・藤井雄士郎・篠原雅尚・金沢敏彦「東北地方太平洋沖地震の津波波源」『科学』81巻，407-410，2011年，および注22の文献．

24　中田高・今泉俊文編『活断層詳細デジタルマップ』東京大学出版会，2002年．

25　例えば，『朝日新聞デジタル』の2013年4月14日17時3分配信の記事は，「淡路地震『未知の活断層で発生』調査委『阪神の余震』」という見出しのもとで，「13日早朝に兵庫県淡路島で起きた地震について，政府の地震調査委員会は14日，臨時の委員会を開き，今回の地震は今まで知られていなかった活断

層によって引き起こされたと発表した．広い意味で，阪神大震災の余震とみられるという．／今回の地震を引き起こした活断層は，淡路島中西部にある西傾斜の逆断層で，長さは南北方向に約10キロ．委員会は周辺のすでに知られている活断層とは断層の向きや位置が異なり，直接関係はないとした．／マグニチュード(M)6級の地震を引き起こす活断層は地表から見えることはあまりなく，委員会が把握していない活断層は多数ある」と書いている(http://digital.asahi.com/articles/TKY201304140073.html)．しかし，下線を施した「活断層」は誤用といえる．

26　地表地震断層が生じても，地下の震源断層面の全長にわたって現れることは少ないから，活断層も，地下の地震発生断層の長さより短い場合が多い．しかし，短くても地形に残っているということは，1回ごとのズレがある程度以上大きい(地震のMが大きい)ことを意味している．したがって，長さが短くても活断層があれば，M7クラスの地震が起こると考えたほうがよい．

27　例えば，遠田晋次「東北地方太平洋沖地震による地震発生場の変化」『科学』81巻，1049-1054，2011年．

28　かなり感覚的な話だが，「誘発地震」は本震によって起こされてしまったという受動的で従属的な感じが強い(語感だけではなくて，発生メカニズムの考え方の点でも)．それにたいして私が「続発地震」というのは，テクトニックな要因を本震と共有していて，独立性・主体性が高いという感じである．

29　注49の文献のうち「説明文」．

30　固着は摩擦によるわけで，摩擦特性の理論的研究もおこなわれている．また，プレート境界面付近には流体(おもに水)があって，それが固着力に大きな影響を与えると考えられている．

31　2001～05年に浜名湖直下付近の深さ20～30 kmで長期的SSEが発生した．M_w7クラスに相当し，想定東海地震との関連が注目されたが，無事に収まった．これに似たSSEは過去に何度かあったらしい．

32　3.11地震の余効すべりの規模は，2011年5月28日の段階でM_w8.4を超えたという(小沢慎三郎「東北地方太平洋沖地震後の余効変動」『科学』81巻，1044-1047，2011年)．

33　多くの解説があるが，私の書いたものとして，石橋克彦「『駿河湾地震説』小史」(『科学』73巻，1057-1064，2003年，「はじめに」の注2の石橋(2012)に

再録)，石橋克彦「東海地震防災対策の幾つかの問題点」(『日本の科学者』38巻，584-589，2003年)，および第1章の注4の石橋(2002)．

34　地震予知に関する調査・観測・研究の情報交換と学術的検討をおこなうための組織で，建設省(現，国土交通省)国土地理院(地震発生に関して重要な地殻変動の観測〔測地測量〕を担当している)に事務局が置かれた．2013年12月現在存続している(http://cais.gsi.go.jp/YOCHIREN/index.html)．

35　茂木清夫「水平変動の解釈について」『地震予知連絡会会報』2巻，85-87，1970年(http://cais.gsi.go.jp/YOCHIREN/report/kaihou02/06_02.pdf)．英文論文も1970年．茂木は，日本列島の水平変動と太平洋岸の大地震発生の関係を新たなモデルで考察し，それにもとづいて伊豆～東海地方東部に注目した．

36　茂木説とともに駿河湾西岸の明治以来の沈降や過去の大地震歴も考慮して，1969年11月の予知連会合で東海地方東部が「特定観測地域」として再確認された．これは社会的関心を集めて大きく報道された．「予知された駿河湾遠州灘超大型地震の全貌」という『週刊現代』1969年12月18日号の記事には，「明日起きるかもしれないし，百年後かもしれないのです」という萩原尊禮予知連会長のコメントも掲載された．

37　杉村新「日本付近におけるプレートの境界」『科学』42巻，192-202，1972年．

38　安藤雅孝「南海トラフ歴史上の巨大地震の断層モデル」『昭和48年度地震学会春季大会講演予稿集』69，1973年．安藤雅孝「東海地方の巨大地震の可能性とそれに伴う地殻変動・津波・震度」『昭和48年度地震学会秋季大会講演予稿集』140，1973年．英文論文は1975年．

39　金森博雄・安藤雅孝「関東大地震の断層モデル」『関東大地震50周年論文集』東京大学地震研究所，89-101，1973年．

40　石橋克彦「東海地方に予想される大地震の再検討――駿河湾大地震について」『昭和51年度地震学会秋季大会講演予稿集』30-34，1976年(http://historical.seismology.jp/ishibashi/archive/1976SurugaBayEq.pdf)．石橋克彦「東海地方に予想される大地震の再検討――駿河湾地震の可能性」『地震予知連絡会会報』17巻，126-132，1977年(http://cais.gsi.go.jp/YOCHIREN/report/kaihou17/04_13.pdf)．英文論文は第1章の注65のIshibashi(1981)．実際は1976年5月24日の第33回予知連会合に駿河湾地震説の資料を提出し，それ以来関係

者の間で検討が続けられた．

41　例えば，注40の石橋(1977)の127頁．

42　「連絡会記事」の「第35回地震予知連絡会」中の「東海地震について」『地震予知連絡会会報』17巻，171-172，1977年．

43　内閣府「東海地震対策について」(http://www.bousai.go.jp/jishin/tokai/pdf/gaiyou/gaiyou.pdf)．

44　内閣府「東南海・南海地震対策について」(http://www.bousai.go.jp/jishin/tonankai_nankai/pdf/gaiyou/gaiyou.pdf)．

45　地震調査研究推進本部地震調査委員会「南海トラフの地震の長期評価について」平成13年9月27日(http://www.jishin.go.jp/main/chousa/01sep_nankai/index.htm)．

46　「長期評価」は以下のように注記している．「『東南海地震』という用語は1944年に発生した地震について使われてきた．この地震以前に領域Y付近を中心にして発生した地震の震源域は領域Zまでを含むことが多く，『東海地震』と呼ばれている．例えば，1854年に発生した地震は安政東海地震と呼ばれる(地震調査委員会，1999)．しかし，ここでは，想定東海地震との区別を明確にするために，『東南海地震』と呼ぶことにした．以下読み易さに配慮して鍵括弧を省いた」．なお，「領域Y」とは本書のC+D領域，「領域Z」とは本書のE領域に，ほぼ相当する．

47　内閣府防災情報のページ「地震・津波対策」の「東北地方太平洋沖地震を教訓とした地震・津波対策に関する専門調査会」(http://www.bousai.go.jp/kaigirep/chousakai/tohokukyokun/index.html)．

48　内閣府防災情報のページ「地震・津波対策」からたどる「南海トラフの巨大地震モデル検討会」(http://www.bousai.go.jp/jishin/nankai/model/index.html)．

49　地震調査研究推進本部地震調査委員会「南海トラフの地震活動の長期評価(第二版)について」平成25年5月24日(http://www.jishin.go.jp/main/chousa/13may_nankai/index.htm)．

50　地震調査研究推進本部地震調査委員会「富士川河口断層帯の長期評価の一部改訂について」平成22年10月20日(http://www.jishin.go.jp/main/chousa/katsudansou_pdf/43_fujikawa_2.pdf)．

51　ただし，日向灘地域では深部低周波微動が起きていないので，プレート境界

面の深さ約 40 km までとされた.

52 例えば，第 1 章の注 165 の文献．宍倉正展・前杢英明・越後智雄・行谷佑一・永井亜沙香「潮岬周辺の津波石と隆起痕跡から推定される南海トラフの連動型地震履歴」『日本地球惑星科学連合 2011 年大会予稿集』SSS035-13，2011 年(http://www2.jpgu.org/meeting/2011/yokou/SSS035-13.pdf).

53 第 1 章の注 165 の文献.

54 石橋克彦「『アムールプレート東縁変動帯』における 1995 年兵庫県南部地震と広域地震活動(予報)」『地質ニュース』490 号，14-21，1995 年(http://www.gsj.jp/data/chishitsunews/95_06_03.pdf)．なお，「アムールプレート東縁変動帯」という概念の前段階の「西南日本東進説」にもとづき，南海トラフ巨大地震の原動力に関して，本節と基本的には同じ見方を 1994 年出版の『大地動乱の時代』にも書いた.

55 例えば，瀬野徹三「日本付近のプレートとその運動」『SEISMO』2003 年 2 月号，9-11(原稿が http://www.eri.u-tokyo.ac.jp/seno/Papers/seismo2003.plate.pdf にある).

56 この変動帯の原因を日本海溝で沈み込む太平洋プレートの圧縮力に求める考えが根強いが，北海道からサハリンでは千島海溝から遠ざかるから不自然である．それが，中村一明がここにプレート境界を考えた(注 4)1 つの理由でもあった.

57 石橋克彦「南部フォッサマグナ地域のプレート運動――日本海沈み込み説の適用」(『月刊地球』6 巻，61-67，1984 年)も参照.

58 注 54 の文献.

59 1995 年 3 月 20 日発行の日本火山学会・史料火山学 WG ニュースレター『歴史噴火』6 号に「別府-島原地溝帯にわずかに付加されたであろう歪／応力の増分が，鶴見岳活火山系や九重山・阿蘇山の火山活動を活発化する可能性も無視できないと思われる」と書いたが，偶然かもしれないが，その約半年後の同年 10 月 11 日に，200 年以上噴火記録のない九重山が噴火した.

60 鷺谷威・宮崎真一・多田堯「GPS で見た日本列島の変形」『月刊地球』21 巻，236-243，1999 年，英文論文は 2000 年.

61 1793 年 2 月 17 日に三陸沖で「3.11 地震に似ている」(総覧)といわれる巨大地震が起きており，同年 2 月 8 日の西津軽の地震はそれと関連づける見方もあ

ろうが，三陸沖地震のあとでも1804年象潟地震や1810年男鹿半島地震が起きているから，AMP東縁変動帯の地震活動の一環とみてよいと思う．なお，1944/46年東南海・南海地震の前も，但馬・北丹後・鳥取地震だけではなくて，1891年濃尾(M8.0)，1894年庄内(M7.0)，1896年陸羽(M7.2)，1909年姉川(M6.8)，1914年仙北(M7.1)，1939年男鹿(M6.8)，1940年積丹半島沖(M7.5)などの地震に注目すべきだろう．陸羽地震は，2カ月半前に起きた明治三陸地震と関連づける見方があろうが，三陸沖のプレート間地震が東北地方内陸の東西圧縮力の大地震(南北走向の千屋・川舟断層が逆断層運動)を起こすことは考えにくい．

62　第1章で昭和東南海・南海，安政東海・南海，宝永地震についてみたように，巨大地震の直後も西南日本内陸の地震活動が活発化する(主として中地震以下)．そして1858年飛越地震や1948年福井地震のようなM7級の被害地震が続発することもある．これは，南海トラフでAM–PSプレート境界が自由になったことによって直接的に西南日本内帯衝突域の東西圧縮応力場が強まるためだろう．

63　図示した期間の少し前に818年の関東の大地震があるが，旧著『大地動乱の時代』で述べたようにスラブ内地震だった可能性があり，そうであればAMP東縁変動帯の地震ではない．

64　この時期には，864〜66年に富士山の貞観大噴火(青木ヶ原溶岩を流出)が発生している(1707年宝永噴火と違って相模・駿河・南海トラフの巨大地震の前だが)．また，871年に秋田・山形県境の鳥海山が噴火した．

65　3月15日夜の静岡県東部の地震(M6.4)は南北圧縮だったが，南部フォッサマグナ衝突帯の中で発生し，AMP東縁変動帯の地震ではない．

66　例えば，古本宗充「東海から琉球にかけての超巨大地震の可能性」『地震予知連絡会会報』78巻，602-605，2007年(http://cais.gsi.go.jp/YOCHIREN/report/kaihou78/11_07.pdf)．古本宗充「日本近傍の超巨大地震」『科学』81巻，1047-1048，2011年．

67　富士川河口断層帯については本文140頁参照．糸静線断層帯の平均ズレ速度は3〜14 m／1000年である(地震本部・地震調査委員会「糸魚川-静岡構造線活断層系の調査結果と評価について」1996年，http://www.jishin.go.jp/main/chousa/katsudansou_pdf/41_42_44_itoigawa-shizuoka.pdf)．

68　糸静線断層帯の南端は甲府盆地西縁の市之瀬断層群あたりとされているが，

その南の巨摩山地・富士見山東麓の活断層，身延断層，入山断層を経て，駿河トラフのプレート境界断層に連続する可能性も示唆されている(水本匡起・田力正好・松浦律子・松田時彦・後藤秀昭・中田高・堤浩之「富士川沿いの活断層『身延断層』の断層変位地形」『日本地震学会講演予稿集 2013 年度秋季大会』190，2013 年)．また，地震本部の「主要活断層の評価結果」(2013 年 11 月 22 日現在，http://www.jishin.go.jp/main/p_hyoka02L.htm)によれば，2013 年 1 月 1 日から 30 年以内に M8 程度の地震を生ずる確率は，富士川河口断層帯で 10〜18%，糸静線断層帯で 14% である．これらは主要活断層のなかで高い値である．

69　AM プレートの運動がいつ始まったかは不明だが，仮に 300 万年間続いているとすると．年間 2 cm として駿河トラフの西側が 60 km 東進したことになり，そのすべてではないとしても，かなり幅が狭くなるのではないか．これにたいして北側の西南日本内帯は，糸静線断層帯をふくめて広く分散した断層運動や山地の隆起で内部短縮してきたと考えられる．

70　駿河湾はプレート衝突域だという見方はあったが，伊豆の衝突をイメージしていたし，衝突していれば震源断層運動は起きないとしていた．

71　ただし，私を含めて歴史地震研究者は，過去の地震が一つひとつ個性をもっていて単純なくり返しでないことは知っていただろう．科学研究のある段階での常道として，あえて共通項を抽出した面があったのだと思う．

72　瀬野徹三「南海トラフ巨大地震――その破壊の様態とシリーズについての新たな考え」『地震 2 輯』64 巻，97-116，2012 年(http://www.eri.u-tokyo.ac.jp/seno/Papers/jisin2012.nankai.pdf)．

73　「地震波生成域」「津波生成域」「地殻変動生成域」の瀬野のオリジナルな呼称は，それぞれ，seismic-b. eq，tsunami-b. eq，geodetic-b. eq である．b はバンド(帯域)の意味だという．

74　木本(現，三重県熊野市木本町)以南は震度 4，尾鷲以北はおおむね震度 5 弱だった．中央気象台の現地調査で推定された震度は，鳥羽 5 程度，吉津村(現，南伊勢町神前浦)5 弱(地震動被害ほとんどなし)，島津村(現，南伊勢町古和浦)5 弱，紀伊長島(現，紀北町紀伊長島区)4，尾鷲 5 弱の弱(地震動による全半壊は皆無，壁の亀裂も稀，墓石転倒・石垣破損は多少)．

75　注 41 参照．

76　吉田(豊橋市)付近では，手鞠にでもなって放り上げられるようで，天も地もわからない心地がしたという(新収史料，第5巻，別巻5-1，184).

77　瀬野は，安政東海地震と東南海地震の震度分布を比較したとき，前者は震度6以上の範囲，後者は地震そのものが小さいためとして震度5以上の範囲を用いた．だが，東南海地震の震度5以上の揺れを熊野灘の地震波生成域によるとするならば，安政東海地震でもその程度かやや強い地震波生成域が熊野灘にあったことを否定できないはずである.

78　石橋克彦「1707年宝永地震の震源域は駿河湾奥まで及ばなかったか？」『地震予知連絡会東海部会資料』建設省国土地理院，69-78，1977年(http://historical.seismology.jp/ishibashi/archive/1707Ho-eiEq77.pdf).

79　1854年安政東海・南海地震の史料は，武者史料に394頁，新収史料の第5巻別巻5-1・2に2528頁，補遺別巻に204頁，続補遺別巻に456頁で，合計3582頁．1707年宝永地震の史料は，武者史料に111頁，新収史料の第3巻・別巻に590頁，補遺別巻に82頁，続補遺別巻に58頁で，合計841頁.

80　中西一郎・矢野信「1707年宝永地震震源域の東端位置」『北海道大学地球物理学研究報告』68号，255-259，2005年.

81　安政東海地震では駿河湾西岸が顕著に隆起したのに，宝永地震では隆起の記録がないことからも，宝永地震の震源域は駿河湾内に及んでいなかっただろうといわれる．この点についても，海岸の顕著な隆起を伴わない(不十分な)震源断層運動も起こるだろうことを考える必要がある．また，本文で述べたように宝永地震の史料が少ないことも十分考慮しなければならない．清水地域が沈降したといわれるが(例えば，災害史事典)，これについては私が詳しく議論して，地殻変動による沈降ではないだろうとした(注78の文献).

82　Furumura, T., K. Imai, and T. Maeda, 2011, A revised tsunami source model for the 1707 Hoei earthquake and simulation of tsunami inundation of Ryujin Lake, Kyushu, Japan, J. Geophys. Res., v. 116, B02308, doi: 10. 1029/2010JB007918.

83　松浦律子・中村操・唐鎌郁夫「1707年宝永地震の新地震像(速報)」『歴史地震』26号，89-90，2011年(http://sakuya.ed.shizuoka.ac.jp/rzisin/kaishi_26/HE26_89_90.pdf).

84　気象庁「特集．12月22日の父島近海の地震」『平成22年12月　地震・火

山月報(防災編)』34-37, 2010年(http://www.seisvol.kishou.go.jp/eq/gaikyo/monthly201012.pdf). なお, Mはこの報告の後に改訂された.

85　原田智也・石橋克彦・佐竹健治「伊豆-小笠原海溝沿いに(超)巨大地震を想定した場合の津波シミュレーション」『日本地震学会講演予稿集2013年度秋季大会』186, 2013年.

86　注11の文献. なお, 明応地震の際に駿河湾西岸の焼津で沈降が生じ, それが駿河湾に震源域が入っていなかったことの傍証のように言われることがある. しかし, 焼津の災害に地殻変動としての沈降が絡んでいたのかどうか再確認する必要があるし, 仮に沈降が生じたとしても駿河トラフ沿いプレート境界面の逆断層運動と矛盾しないことを, 第1章の注65の石橋(1984)が論じている.

87　中田高・徳山英一・隈元崇・渡辺満久・鈴木康弘・後藤秀昭・西澤あずさ・松浦律子「南海トラフ南方の銭洲断層と1498年明応地震」『日本地球惑星科学連合2013年大会予稿集』SSS35-03, 2013年(http://www2.jpgu.org/meeting/2013/session/PDF/S-SS35/SSS35-03.pdf).

88　878年元慶地震については石橋克彦『大地動乱の時代』(第1章の注32), 1293年永仁地震については石橋克彦「1293年永仁鎌倉地震と相模トラフ巨大地震の再来時間」『地震学会講演予稿集1991年度秋季大会』, 251, 1991年(http://historical.seismology.jp/ishibashi/archive/1293EininEq91.pdf), 1495年明応地震については第1章の注156の石橋・佐竹(1998)を参照. なお, 金子浩之「宇佐美遺跡検出の津波堆積物と明応四年地震・津波の再評価」(『伊東の今・昔――伊東市史研究・第10号』102-124, 2012年)が1495年明応地震について詳しく論じている.

【第3章】

1　内閣府防災情報のページ「地震・津波対策」からたどる「南海トラフ巨大地震対策検討ワーキンググループ」(http://www.bousai.go.jp/jishin/nankai/taisaku_wg/).

2　第一次報告は, WGの被害想定は巨視的なものであり, 地方自治体が防災対策を検討する際には地域の実情を踏まえた詳細な検討をおこなう必要があると述べており, 2013年末までに15都府県が独自の推計をしたという. そのうちの10都府県で, 堤防が壊れて浸水地域が広がるなどの要因で, 最悪の死者数

がWGの想定の1.2〜18.4倍になった(例えば，「南海トラフ，10都府県で被害想定の死者数増加　国想定より多く」『日本経済新聞電子版』2013年12月29日〔http://www.nikkei.com/article/DGXNASDG29015_Z21C13A2CC1000/〕).
3　南海トラフ沿いの大規模地震の予測可能性に関する調査部会「南海トラフ沿いの大規模地震の予測可能性について」平成25年5月，2013年(http://www.bousai.go.jp/jishin/nankai/taisaku_wg/pdf/20130528_houkoku_s3.pdf).
4　気象庁「緊急地震速報とは」(http://www.seisvol.kishou.go.jp/eq/EEW/kaisetsu/Whats_EEW.html).
5　石橋克彦「地震防災行政と自然科学」『科学』81巻，10号，巻頭エッセイ，2011年.
6　一般論として，地震学の予測にもとづいて強震動や津波を精緻に計算し，被害想定を積み上げて防災対策を策定するという手法は，信頼性が高くて合理的であるようにみえる．しかし，(科学は不完全で，予測できるのは自然の一部にすぎないということは別にして)大自然にどう向き合うかという観点からいえば，西欧近代文明が生んだ「科学技術」(客観的法則として表される科学理論の生産実践への意識的適用としての技術〔山本義隆『福島の原発事故をめぐって——いくつか学び考えたこと』みすず書房，59頁，2011年〕)によって自然を征服できるという思想のもとで，資本と科学技術による欲望の実現がギリギリどこまで可能かを知りたいという発想のように思われる．例えば沖積低地の超高層ビルは，自然を畏怖して建てなければ問題ないわけだが，ギリギリの許容条件を評価したうえで建設したいということだろう.
7　例えば，「漂流がれき　日本回帰」『毎日新聞』2013年9月15日，朝刊，2013年.
8　もちろん，これだけを書いたのではなく，「しかし，防災対策で原発震災をなくせないのは明らかだから，根本的には，原子力からの脱却に向けて努力すべきである」と続けて，「(中略)全国の原発について，原発震災のポテンシャルが相対的に高い原子炉から順次廃炉にし，日本全体の原発震災の確率を段階的に下げていくというような道筋を，真剣に考えなければならない」と訴えた.
9　なお，3.11の東京電力福島第一原発1〜4号機の同時過酷事故は，けっして想定外のものではない．私は1998年10月のエントロピー学会第16回シンポジウム特別講演で「厳しい地震情勢の日本列島に，地震現象をきわめて甘くみ

た原発がほぼ満遍なくばらまかれている．どれかが当たる確率は低くないでしょう．そこに暮らしている私たちは，まさに風前の灯火といっても過言ではないと思います」と述べたが（石橋克彦『原発震災——警鐘の軌跡』〔七つ森書館，2012年〕に収録の「巨大地震と原発」），たまたま2011年3月11日に福島が「当たってしまった」のである．

10　2012年5月5日に北海道電力泊原発3号機が定期検査に入ったときから，同年7月1日に関西電力大飯原発3号機が再起動される（発電再開は5日）まで，稼働原発がゼロだった．

11　原子力利用における安全の確保を中立公正な立場で独立して一元的に司るための行政機関で，2012年9月19日に環境省の外局として発足した．事務局として原子力規制庁が置かれた．それ以前の原子力安全・保安院（経済産業省の外局である資源エネルギー庁の機関）と原子力安全委員会（内閣府の機関）に代わるものである．

12　改正された「原子炉等規制法」（正式名称は「核原料物質，核燃料物質及び原子炉の規制に関する法律」）に従って，原子力規制委員会規則として定められた．

13　原子力規制委員会「実用発電用原子炉に係る新規制基準について——概要」平成25年7月，2013年（http://www.nsr.go.jp/committee/kisei/data/0013_08.pdf）．

14　これに係るのは「実用発電用原子炉及びその附属施設の位置，構造及び設備の基準に関する規則」（http://www.nsr.go.jp/nra/kettei/data/20130628_jitsuyoufuzoku01.pdf）と「基準地震動及び耐震設計方針に係る審査ガイド」（http://www.nsr.go.jp/nra/kettei/data/20130628_jitsuyoutaishin.pdf）．

15　原子力規制委員会「原子力災害対策指針（平成25年9月5日全部改正）」（http://www.nsr.go.jp/activity/bousai/data/130905_saitaishishin.pdf）．

16　「国会事故調」というウェブページ（http://warp.da.ndl.go.jp/info:ndljp/pid/3856371/naiic.go.jp/index.html）に報告書が掲載されている．

17　国会事故調の委員だった田中三彦は，同事故調が2012年7月に終了したあとも検討を続け，1号機原子炉建屋の水素爆発が5階で起きたとされているが最初は4階で生じた可能性が高いこと，4階の水素は非常用復水器（IC）の配管が地震動で損傷したことによって供給された可能性が高いこと，を指摘した（田中三彦「福島第一原発1号機原子炉建屋4階の激しい損壊は何を意味する

か——改めて，地震動による IC 系配管破損の可能性を問う」『科学』83 巻，1055-1066，2013 年）．同事故調の協力調査員だった伊東良徳は，東京電力が 2013 年 5 月に初めて公表したデータも用いて，1 号機の非常用交流電源の A 系・B 系ともに電源喪失の原因は津波着岸前に生じていたことを論証した（伊東良徳「福島原発 1 号機の全交流電源喪失は津波によるものではない」『科学』83 巻，1045-1054，2013 年）．田中は，これら 2 編の論考を拠り所にして，2013 年 8 月 27 日付で衆参両院議長に，国会による事故原因等の調査継続と，国会による 1 号機原子炉建屋 4 階を中心とする現場調査の実施を要請した（http://www.cnic.jp/wp/wp-content/uploads/2013/09/c8bdd0da39b9cdb14f81af5192a93cb8.pdf）．

18　原子力規制委員会には「東京電力福島第一原子力発電所における事故の分析に係る検討会」（http://www.nsr.go.jp/committee/yuushikisya/jiko_bunseki/）があるが，そこでの 1 号機原子炉建屋 4 階に関する聴き取り調査などが杜撰であることを，田中（2013，前注）が指摘している．

19　石橋克彦「電力会社の『虜』だった原発耐震指針改訂の委員たち——国会事故調報告書の衝撃」『科学』82 巻，841-846，2012 年．

20　実は 5 号機は，2011 年 5 月に原子炉内に大量の海水が流入するという事故を起こし，機器の腐蝕がかなり確認されていて，再使用できるかどうかの目途が立っていない（例えば，原子力規制委員会「浜岡原子力発電所 5 号機の海水流入事象に関する監視・評価検討会について」平成 25 年 2 月 1 日，2013 年〔http://www.nsr.go.jp/committee/yuushikisya/hamaoka_5/data/0001_01.pdf〕）．

21　石橋克彦「浜岡原発震災で何が起こるか」石橋克彦『原発震災——警鐘の軌跡』七つ森書館，301-310，2012 年．

22　女川原発と川内原発は再稼働してもよいというわけではない．

23　フィリピンのマニラに近いバターン原発（マルコス政権下で建設された）が，1986 年に完成間際にアキノ大統領によって閉鎖され，その後内部を見学するツアーが組まれたりしたという（現状はわからない）．例えば，笹本潤「稼働中止になったバターン原発を訪れて～世界で唯一，実物を見ることができる原発～」『JALISA 機関誌　INTERJURIST』173 号，日本国際法律家協会，2012 年（http://homepage3.nifty.com/jalisa/kikanshi/k_173/173_010.html）．

24　石橋克彦「変動帯の日本列島で高レベル放射性廃棄物地層処分の適地を選定

できるか？」『学術の動向』18巻，6号，27-33，2013年(https://www.jstage.jst.go.jp/article/tits/18/6/18_6_27/_pdf)．石橋克彦「私の考え：地震学からみた高レベル放射性廃棄物地層処分について」(http://historical.seismology.jp/ishibashi/opinion/chisoushobun.html)．

25　東海旅客鉄道株式会社「中央新幹線(東京都・名古屋市間)環境影響評価準備書(平成25年9月)」(http://company.jr-central.co.jp/company/others/prestatement.html)，『中央新幹線(東京都・名古屋市間)環境影響評価準備書のあらまし』平成25年9月(http://company.jr-central.co.jp/company/others/prestatement/_pdf/alloutline.pdf)．

26　交通政策審議会陸上交通分科会鉄道部会中央新幹線小委員会『「中央新幹線の営業主体及び建設主体の指名並びに整備計画の決定について」答申』平成23年5月12日(http://www.mlit.go.jp/common/000144328.pdf)．

27　橋山禮治郎『必要か，リニア新幹線』岩波書店，2011年．

28　第2章の注68参照．

29　例えば，町田洋・松田時彦・海津正倫・小泉武栄編『日本の地形5 中部』東京大学出版会，2006年．

30　文部科学省「日本ユネスコ国内委員会：ユネスコエコパークの推薦決定について」平成25年9月4日(http://www.mext.go.jp/unesco/001/2013/1339323.htm)．

31　ユネスコエコパークは，生態系の保全のための「核心地域」，やや緩い「緩衝地域」，社会と経済の発展も図る「移行地域」の3つからなる．南アルプスの場合，前2者より移行地域がずっと広いが，地下トンネルを通すためだけに自然と環境を劣化させる新幹線計画は，移行地域にとっても不利益だけだろう．

32　JR東海は2007年12月に，自己負担を前提として東海道新幹線バイパスを推進すると発表した(http://company.jr-central.co.jp/company/others/_pdf/info_01.pdf)．

33　南海トラフ巨大地震は，起こり方によっては首都圏にも短周期強震動と長周期強震動による構造物被害や液状化災害を及ぼす恐れがある．また，その前後に首都直下地震が発生して首都圏大震災が生じる可能性も低くない．したがって，南海トラフ巨大地震に備えるということは首都圏の地震対策を本気で考えることと不可分である．2013年12月に中央防災会議・防災対策推進検討会議

の首都直下地震対策検討ワーキンググループは，M7 級の首都直下地震で最悪の場合約 2 万 3000 人の死者と約 95 兆円の経済的被害が想定されると発表した（中央防災会議・防災対策推進検討会議・首都直下地震対策検討ワーキンググループのウェブページ〔http://www.bousai.go.jp/jishin/syuto/taisaku_wg/index.html〕の「最終報告（平成 25 年 12 月 19 日公表）」）.

34　例えば淡路島では 2050 年の電力自給率 100% などを目指す「あわじ環境未来島構想」が動き始めている（https://web.pref.hyogo.lg.jp/kk08/documents/awaji-gaiyo121107-2.pdf）.

35　内橋克人『共生の大地――新しい経済がはじまる』岩波新書，1995 年.「協同労働の協同組合　労働者協同組合（ワーカーズコープ）」（http://www.roukyou.gr.jp/）. NHK クローズアップ現代「働くみんなが“経営者”～雇用難の社会を変えられるか～」2013 年 2 月 7 日放送（http://www.nhk.or.jp/gendai/kiroku/detail02_3307_all.html）.

36　内閣府「将来推計人口でみる 50 年後の日本」（http://www8.cao.go.jp/kourei/whitepaper/w-2012/zenbun/s1_1_1_02.html）.

37　例えば，C・ダグラス・ラミス『経済成長がなければ私たちは豊かになれないのだろうか』平凡社ライブラリー，2004 年. アンドリュー・J・サター，中村起子訳『経済成長神話の終わり――減成長と日本の希望』講談社現代新書，2012 年.